║║║║║ 롭 무어 ║║║║║
부와 성공의 기회

OPPORTUNITY

롭 무어
부와 성공의 기회

가능성을 현실로 만드는 방법

롭 무어 지음 | 이수경 옮김

ROB MOORE

한국경제신문

부와 성공을 꿈꾸는 당신에게

아버지는 나의 영웅이었다. 나는 어릴 적부터 아버지를 존경했다. 특히 스포츠와 사업 분야에서는 아버지를 따라올 사람이 없었고, 사업을 회생시키는 능력은 타의 추종을 불허했다. 아버지는 버려진 건물을 호텔로 변신시키고 망해가는 술집을 손님이 줄 서는 식당으로 바꿔놓았다. '악착같다'라는 말이 그렇게 잘 어울리는 남자도 없었다. 강한 남자, 진정한 강인함이란 무엇인지를 자신의 삶으로 보여주는 분이었다.

아버지는 직접 운영하는 호텔이나 술집에 필요한 물건들을 경매장 또는 점포 정리하는 곳에 가서 헐값에 사 오곤 했다. 가격 흥정을 세게 밀어붙이는 스타일이었고 물건값은 항상 현금으로 냈다. 반으로 접은 10파운드 지폐 다발을 오른쪽 뒷주머니에 넣고 다녔는데, 나는 아버지의 주머니에서 나온 두툼한 돈뭉치를 볼 때마다 눈이 휘둥그레지곤 했다.

아버지는 어떤 상황에서도 주눅들지 않았다. 원하는 게 있으면 당당하게 말했고 대개는 결국 손에 넣었다. 어머니와 결혼한 과정도 그랬다. 아버지는 종종 자신에게 너무나 과분한 여자(거의 열두 살 어린)를 아내로 얻었다고 이야기하곤 했다.

훗날 양극성 장애(조울증)가 심해졌을 때도 아버지는 특유의 매력으로 사람의 마음을 움직이는 재주만큼은 잃지 않았다. 경비가 철저한 피터버러 병원 제5병동에 갇혀 있을 때(특수 열쇠가 필요한 문을 네 개 이상 통과해야 했다) 아버지는 우리 회사 직원들에게 연락해서 첫 번째 문을 통과해 들어오도록 설득했다. 그다음에는 접수대 직원을 설득해 우리 회사 직원들이 두 번째와 세 번째 문을 통과하도록 했다. 마지막으로 간호사들을 구슬려 아버지가 네 번째 문밖으로 나왔다. 병실 밖으로 나온 아버지는 바지를 겨드랑이 아래까지 올려 입고 담배를 입에 문 채로 돌아다녔다.

한 번은 이런 일도 있었다. 아버지는 병원에서 자신이 진행 중인 '프로젝트' 때문에 사다리가 필요하다고 우리 회사 직원을 설득했다. 그리고 직원을 시켜 모든 보안 문을 통과해 사다리를 들여와(접이식 사다리라 부피를 줄일 수 있었다!) 3.5미터 높이의 담장을 넘었다. 아버지는 잠시나마 자유를 만끽했고 그때 자신이 얼마나 영리한 작전을 펼쳤는지 두고두고 얘기했다.

조울증이 깊어진 시기에는 DIY 가구 및 주택용 자재 판매점인 홈베이스(Homebase)에서 수천 파운드에 이르는 물건들을 훔쳐 체포된 적도 있었다. 그것도 환한 대낮에 말이다. 아버지는 바비큐용 그릴, 가스히터 등 큼지막한 물건들을 대형 손수레에 가득 싣고 매장 문을 유유히 걸어 나왔다. 그러고는 다시 매장으로 돌아가 바지를 한껏 추어올리며 경비원에게 말했다.

"방금 수천 파운드어치 물건을 훔쳐 나왔다네. 당신은 일을 진짜 엉망으로 하는구먼."

아버지는 그 일이 꽤 자랑스러웠던 모양이다. 경찰차 뒷좌석에서 홈베이스 경비실을 향해 손가락으로 V를 만들어 보였으니까.

아버지는 조증이 나타날 때는 자신감이 과도하게 넘쳐 어떤 사업이든 성공할 수 있다고 확신했고, 어떤 사업주나 갑부 앞에서도 주눅들지 않고 그들을 설득했다. 누가 봐도 터무니없는 사업 아이디어를 가지고도 용케 사람들을 설득하곤 했다.

그렇게 호텔, 술집, 자동차 정비소, 경마 사업, 부동산 그리고 다섯 살배기 내 딸아이가 떠올릴 법한 엉뚱한 사업 아이템들을 실현했고 내 학교 수업료를 위한 자금까지 확보했다. 뭐든 원하는 게 있으면 간곡히 부탁하거나 빌렸으며 대개는 그 자리에서 얻어냈다. 아버지는 새 사업을 시작할 만한 돈을 갖고 있었던 적이 없다. 언제나 무에서 뭔가를 창조했고 생각지도 못한 기회를 만들어냈다.

아버지는 새로 벌이는 사업에 대해서든, 자신이 사고 친 일에 대해서든 내게 숨기지 않았다. 오히려 나를 이곳저곳 데리고 다니면서 인생의 단맛과 쓴맛을 목격하게 해주었다. 새로운 기회를 붙잡을 때마다 늘 새로운 삶을 시작하곤 했던 아버지 덕분에 우리 가족은 이스트앵글리아와 케임브리지셔 일대를 수없이 옮겨 다니며 살았다. 우리는 술집에서도 살아봤고 호텔에서도 살아봤으며, 널찍한 개인 주택, 코딱지만 한 공동 주택에서도 살아봤다. 우리는 상황이 아무리 힘들어져도 결국엔 아버지가 우리를 구해줄 거라는 믿음이 있었다. 그리고 우리 모두 독특하면서도 흥미로운 라이프스타일을 기꺼이 받아들였다.

언젠가 아버지는 크리켓 선수 이언 보텀(Ian Botham)을 비난한 경찰관을 머리로 들이받아 코뼈를 부러뜨렸다. 영국 공군으로 해외에서 복무하는 동안 아버지의 첫 아내와 잠을 잔 남자의 자동차를 폭파한 일도 있었다. 내 여동생의 주변 25킬로미터 이내에 접근한 수많은 사내놈들을 무섭게 겁을 줘 쫓아버리는가 하면, 나이 예순에도 술집을 인수해 공사하는 도중에 젊은 인부들과 싸움을 벌이기 일쑤였다. 모두가 그런 아버지를 무서워하는 동시에 존경했다. 다들 아버지를 두려워하면서도 좋아했다. 나는 특히 더 그랬다.

아버지는 외롭고 힘든 어린 시절을 보냈다. 잉글랜드 북부 허더즈필드라는 도시의 가난한 집에서 자랐는데 두 살 때 어머니를 여의었다. 아버지에게 사랑을 눈곱만큼도 베풀지 않았던 할 아버지는 그저 자식들 키울 사람이 필요해서 재혼했고 아버지가 열여덟 살 때 세상을 떠났다. 그리고 아버지에겐 엄마와도 같았 던 누나마저 일찍 세상을 떠났다. 그 일로 아버지는 세상을 잃은 듯한 큰 슬픔에 빠졌던 것 같다.

어릴 때부터 고생을 많이 해서인지 아버지는 모험과 기회를 과감히 붙잡는 것을 두려워하지 않았다. 그처럼 인생 풍파를 겪 고 나면 뭔가를 시도하거나 요구할 때 웬만해서는 눈도 깜빡하 지 않는 배짱이 생기는 걸까?

아버지는 살면서 큰돈을 벌기도 했고 잃기도 했다. 여러 술집 과 호텔, 식당을 열어 성공적으로 운영했고 부동산도 여러 채 소 유했다. 사업 초반에 고객 대부분은 영국의 미군기지에 있는 군 인들이었고 아버지는 그들과 꽤 친하게 지냈다. 그러다 걸프 전 쟁이 일어나자 미군들이 하루아침에 썰물처럼 빠져나갔다. 호텔 과 술집도 문을 닫아야 했고 친구들도 사라졌다.

모든 것을 잃었지만 아버지는 다시 돈을 긁어모아 작은 식당 을 인수했고, 파리만 날리던 식당을 번창하는 카버리(carvery, 손님 에게 통째로 구운 고기를 즉석에서 썰어주는 식당 – 옮긴이)로 바꿔놓았다. 하지만 이번에는 근처에서 거의 2년 동안 진행했던 도로 공사 때 문에 망했다.

아버지는 또다시 돈을 긁어모아 피터버러에 있는 로열 암스

(Royal Arms)라는 허름한 술집을 인수했는데, 이곳에서는 툭하면 욱해서 소매를 걷어붙이고 손가락 관절을 우두둑 꺾곤 했다. 브루노라는 이름의 커다랗고 털이 긴 셰퍼드도 한 마리 샀다. 아니나 다를까, 개업한 지 몇 주 만에 손님들의 발길이 끊겼다. 나는 아버지가 사람을 때려 당구 큐를 부서뜨리고, 만취한 손님을 들이받고, 사람들과 과격하게 몸싸움을 벌이는 광경을 목격했다. 예순 살이 다 된 나이였지만 아버지는 브루노와 함께 골칫거리 술꾼들을 상대해야 했다.

물론 아버지는 몇 달 안 되어 또 재기했다. 술집 겸 카버리를 새로 열었는데 장사가 제법 잘됐다. 가족 모두가 달라붙어야 할 정도였다. 아버지는 가게 운영을 총괄하면서 구운 고기를 잘랐고, 어머니는 주방장이 되어 하루에 100인분이 넘는 음식을 만들었다. 여동생은 홀을 관리했고 나는 술을 판매하는 바를 맡았다.

언뜻 보기에는 마냥 행복한 가족 사업체 같았지만 실은 그렇지 않았다. 부모님은 저축액도, 연금도, 노후 계획도 없었다. 할 줄 아는 것은 요식업뿐이었으므로 묵묵히 계속 그 일을 하는 것 말고는 다른 도리가 없었다. 당시 나는 스물다섯 살이었고 부모님과 함께 식당 위층의 작은 집에서 살았다. 부모님은 힘든 가게 일 때문에 남들보다 훨씬 빨리 늙어가는 것 같았다.

2005년 12월 15일 오후 1시, 단골손님과 지인들로 가득한 식당에서 아버지와 우리 가족의 인생에 큰 전환점이 찾아왔다.

이런 장면을 한번 상상해보라. 어느 추운 겨울날 시트콤 〈폴티 타워즈(Fawlty Towers)〉의 주인공 바질 폴티(화가 많고 변덕스럽지만 매력적인 인물이다)와 〈원 풋 인 더 그레이브(One Foot in the Grave)〉의 빅터 멜드루(괴팍한 심술쟁이 노인)를 섞어놓은 것 같은 아버지가 큰 칼을 손에 쥔 채 고기를 추가로 주문하려는 사람들을 조용히 노려보고 있었다.

식당은 손님으로 붐볐다. 1시가 되어 밥을 먹으려는 사람들이 몰렸고 그럴 때면 아버지는 짜증 지수가 높아지곤 했다. 손님이 식사를 오래 하면 피크 타임에 테이블 회전율이 떨어지기 때문이다. 그날도 아버지는 스트레스를 잔뜩 받고 있었다. 여기까지는 늘 있는 일이었다.

갑자기 아버지가 동작을 멈추더니 멍하니 허공을 응시했다. 고기를 썰던 식당 주인이 한참을 멍하니 서 있으니 분위기가 싸해졌다. 줄 서 있던 손님들이 어리둥절한 표정으로 서로를 쳐다봤다. 나는 여동생을 쳐다봤다. 식당 안에 흐르던 음악이 갑자기 뚝 끊기는 느낌이랄까. 모든 풍경이 일시 정지했다. 잠시 후 아버지는 뭐라고 중얼대기 시작하더니 고함을 지르고 괴성을 내뱉었다. 급기야 꽥꽥 소리를 지르면서 미친 듯이 울부짖었다. 길고 날카로운 칼을 손에 쥔 채. 식당 안은 한순간에 얼어붙었다. 마치 서부 영화의 술집에서 총격전이 일어나기 직전의 고요한 장면 같았다.

아버지는 심리적 스트레스에 압도된 상태였다. 나는 아버지의 눈을 똑바로 보며 대화를 시도했지만 아버지는 내 얼굴을 보려고도, 내 말을 들으려고도 안 했다. 나는 손님들이 없는 바깥으로 아버지를 간신히 끌고 나갔다. 100킬로그램이 훌쩍 넘는 배불뚝이라 쉽지 않았다. 나는 아버지 몸을 붙들고 마구 흔들었다. 소리를 지르고 심지어 뺨도 때렸다. 아무 효과가 없었다. 손님들이 창가에 모여들어 우리를 구경했다. 곧 어머니와 여동생도 아버지가 있는 곳으로 달려 나왔다.

잠시 후 경찰차가 식당 앞에 도착했다. 경찰관 두 명이 내렸고 그중 앳돼 보이는 쪽이 경찰봉을 꺼내 들더니 아버지의 등과 다리를 때려 바닥에 쓰러뜨렸다. 두 경찰관은 아버지 몸 위에 올라타 아버지를 제압해서 엎드린 자세로 만든 후 줄로 묶어 경찰차에 태워 데려갔다. 그리고 아버지는 정신병원에 들어갔다. 나는 한동안 아버지를 볼 수 없었다. 경비가 삼엄한 정신질환자 병동에 입원했기 때문이다. 그날은 우리 가족이 아버지의 조울증을 처음 목격한 날이었다. 우리는 우리 앞에 놓인 불행의 크기를 가늠할 수 없었다.

그날은 아버지 생일이었다. 생일 선물이 경찰차에 호송되는 것이었다니. 12월 15일이라는 날짜를 영원히 잊지 못할 것이다.

아버지는 평생을 열심히 일했고 자식들이 행복한 삶을 살게 하려고 많은 희생을 했다. 자신은 결코 행복한 삶을 살지 못했으면서 말이다. 아버지는 없는 돈을 짜내 우리를 데리고 근사한 휴가 여행을 떠나곤 했다. 크리켓과 럭비, 골프를 배우는 내게는 이왕 하려면 제대로 해야 한다며 가장 좋은 스포츠 장비를 사줬다. 그리고 빠듯한 형편임에도 나를 사립학교에 보냈다. 아버지는 내게 첫 차를 사줬고 첫 집을 살 때도 돈을 내주셨다.

하지만 열심히 살아온 세월에 대해 아버지가 받은 보상은 공개적인 망신과 정신질환이었다. 그날은 내게도 인생 최악의 날이었다. 그 모든 일이 벌어지는 동안 그리고 이후로도 오랫동안 느낀 창피함과 죄책감과 수치심을 과연 어떤 말로 표현할 수 있을까. 내게도 책임이 있다는 생각을 떨칠 수가 없었다. 사람들은 내 잘못이 아니라고 했지만 나는 아버지가 무너진 원인 중에 가장으로서의 압박감과 아버지에게 의지했던 내 삶이 상당히 컸을 거라는 생각이 든다.

나는 스물다섯 살이었지만 여전히 모든 걸 부모님에게 의지하고 있었다. 둥지 속에서 먹이를 달라고 짹짹거리며 입을 벌리고 있는 아기 새 같았다. 나이만 먹었을 뿐 이뤄놓은 것 하나 없는 청춘이었다. 그동안 여러 기회가 있었고 부모님의 지원도 받고 약간의 재능까지 있었음에도 말이다. 스포츠를 잘했고 학교 성적도 좋았고 미술에도 제법 소질이 있었다. 나는 이런저런 일에 손을 댔지만 아무것도 제대로 해내지 못했다. 슬프지만 사실이 그랬다.

뭐 하나 내세울 것 없는 빌빌대는 인생이었다. 나도 알았지만 어떻게 해야 할지 막막했다. 자립하지 못하고 의존적이었던 나는 삶을 변화시킬 방법을 몰라 무력감에 휩싸였다. 더 나은 삶을 만들려면 처음부터 다시 시작해야 했다. 혼자 힘으로 세상에 나가야 했다. 두려움과 거절을 기꺼이 마주해야 했다. 그동안 나는 부모님이 이뤄놓은 것들에 의지해 편안하게 살고 있었다. 그것은 가짜 담요였고, 스물다섯 살짜리가 아기 침대에 들어가 있는 꼴이었다.

지금 돌아보면 2005년 12월 15일은 내 인생 최고의 날이기도 했다. 중요한 터닝 포인트이자 갈림길에 선, 새 삶의 시작일이었다. 그전 25년 동안은 아무런 기회도 만나지 못한 것 같았다. 적어도 피해의식에 갇혀 있던 내게는 그렇게 느껴졌다. 당시에는 몰랐지만 지금 나는 분명히 안다. 내 인생 최고의 기회가 역경을 가장해 나를 찾아왔었다는 사실을 말이다.

내 안의 수치심은 나를 움직이는 원동력으로, 절박한 마음으로 바뀌었다. 나는 뭔가를 찾기 시작했다. 머뭇거리며 시작했지만 곧 가속도가 붙었고 맹렬히 달렸다. 처음에는 내가 정확히 무엇을 찾는지 몰랐지만 내게 뭔가가 필요하다는 사실은 확실했다. 뭐라도 필요했다. 내게는 선택권이 없었다.

그때까지 25년을 살면서 부모님과 상관없이 나름대로 책임감 있게 했던 일 하나가 간간이 화가로 활동한 것이었다. 주말과 저녁에는 부모님 가게에서 일하고 낮과 밤늦은 시간에는 그림을 그렸다. 그림은 내가 잘할 수 있는 일이었고, 왠지 혼란스럽고 난해한 그림일수록 더 잘 팔릴 것 같았다. 그리고 나는 이미 충분히 혼란스러운 인생을 살고 있었으므로 그런 그림을 그려내기에 딱 알맞은 화가 같았다.

하지만 그림을 별로 팔지 못했다. 나는 장사꾼이 아니라 화가였기 때문이다. 피터버러 밖으로 나가는 일도 좀처럼 없었다. 사실 집 밖에도 거의 안 나갔다. 사람들을 안 만나고 외출도 안 하니 그림도 어둡고 고립된 느낌이 강했다. 그나마 이따금 가는 곳은 피터버러에서 번화가에 속하는 카우게이트 거리였다. 그곳에 새로 생긴 엘리먼츠(Elements)라는 인테리어 디자인 및 가구 전문점이 있었다. 심플하고 깔끔하면서도 고급스러운 스타일의 매장이었다. 문을 연 지 얼마 안 되어 내부 벽들이 썰렁했다.

그곳 주인 마이크 와일드먼(Mike Wildman)은 꽤 친절하고 다정했다. 나는 평소답지 않게 용기를 발휘해 내 그림을 보여주고 싶다고 제안했다. 마이크는 좋다고 했다. 다음 날 나는 내 포트폴리오를 가져가 보여주었다. 그는 몇몇 그림에는 눈살을 찌푸렸다. 좀 전에 내 그림이 '어둡다'고 말한 건 절제된 표현이다. 평소 나는 헤비메탈을(약간의 기분 전환이 필요할 때는 라디오헤드[Radiohead]를) 들으며 그림을 그렸다. 그림 분위기가 어땠을지 짐작하고도 남을 것이다.

마이크는 그림들을 꼼꼼히 살펴본 후 몇 점을 추려냈다. 그리고 팔리지 않은 그림은 반품하는 조건으로 자신의 갤러리에 전시하자고 했다. 나는 놀라고 흥분했다. 내 그림을 사람들이 많이 보는 곳에 전시해본 적이 한 번도 없었기 때문이다. 이게 진짜 화가로서의 삶을 시작하는 첫걸음이 아닐까? 물론 결과적으로는 전혀 다른 길을 갔지만 말이다. 하지만 당시에는 앞으로 상황이 어떻게 흘러갈지 몰랐다. 마이크는 내 삶의 중요한 시기에 너무나 큰 도움을 주었다. 나조차 나 자신을 믿지 못했을 때 믿어준 그에게 지금도 고마울 따름이다.

이후 몇 년간 나는 마이크를 통해 그림 여러 점을 팔았다. 그 돈으로 한동안 근근이 살아갈 수 있었다. 그렇게 화가로 활동하는 동안 가장 기뻤을 때는 마이크에게 걸려온 전화를 받을 때였다. 그는 그림이 팔리면 항상 직접 전화로 알려줬다. 어떤 사람이 그림을 샀는지 말해주고 판매가의 60퍼센트를 즉시 지불했다. 내가 그의 전화를 받고 신나서 자전거를 타고 카우게이트 거리로 달려가면 그는 수표를 써줬다.

이 모두가 좋은 경험이었지만 돌아보면 내가 걸어온 여정의 출발점에 불과했다. 어쩌면 진짜 기회로 눈을 돌리지 못하게 막은 방해 요인이었는지도 모른다. 진짜 기회가 코앞에 있는데도 나는 알아차리지 못했기 때문이다.

당시 마이크는 부업으로 부동산 투자를 하고 있었다. 2003~

2005년 영국 부동산 시장은 침체의 기미라고는 볼 수 없이 커다란 호황을 누리고 있었다. 마이크는 내게 지역 부동산 모임에 나가보라고 권유했다. 내 등을 떠밀다시피 하며 모임에 나가보라고, 부동산 투자를 하라고 1년 가까이 권했는데 그럴 때마다 내 대답은 똑같았다.

"제가 부동산에 대해 뭘 알겠어요. 예술가일 뿐인데. 그리고 투자할 돈도 없다고요."

사실 난 두려웠다. 새로운 일을 시도하는 것이, 작고 편안한 담요 바깥으로 나가는 것이 두려웠다(이는 아이러니였다. 나는 담요 안에서 결코 편안하지 않았다!). 그리고 기업가들과 고소득 전문직 종사자들에 대한 혐오감이 있었다. 사회비판적인 밴드 레이지 어게인스트 더 머신(Rage Against the Machine)의 가사 '웃기지 마, 난 네가 시키는 대로 안 해'를 속으로 중얼거리곤 했다. 나는 마이크의 권유를 정중히 거절했다. 조용한 자포자기가 만들어낸 나의 작은 안전망 밖으로 한 발짝도 나가지 않으려 했다.

그러나 12월 15일에 일어난 그 일이 모든 걸 바꿔놓았다. 물론 그때도 나는 두렵고 외로웠으며 나 자신이 하찮은 존재라고 느꼈다. 그러나 마음가짐은 도전해보겠다는, 세상과 부딪혀보겠다는 태도로 바뀌어 있었다. '까짓것, 부동산 모임에 나가보자. 왜들 그렇게 야단인지 알아봐야겠어.'

═══ 두려움을 마주할 때 비로소 기회가 보인다

아버지가 사람들 앞에서 경찰차에 실려 가고 일주일 후, 홀리데이 인(Holiday Inn) 호텔에서 부동산 모임이 열렸다. 나는 두려운 마음을 안고 그곳으로 향했다. 조악하나마 명함도 만들었는데, 뭔가 있어 보이도록 '화가 겸 투자자'라고 찍어 넣었다. 지독하게 추운 날이었지만 자전거를 타고 갔다. 참석자는 10명 남짓이었다. 나는 사람들과 대화하는 상황을 피하려고 행사 내내 방 뒤쪽에 혼자 앉아 있었다. 부동산에 대해 쥐뿔도 모르면서 앉아 있자니 사기꾼이 된 기분이었다.

마이크가 한 말이 머릿속에 맴돌았다. "롭, 모임 내내 혼자 뒤쪽에 앉아 있지 마요, 제발." 모임이 끝나고 남들 눈에 띄지 않게 조용히 출구로 향하다가 무슨 일인가로 멈추는 바람에 결국 바에 앉게 됐다. 잠깐만 있다가 나가야겠다고 생각했다.

그때만 해도 사람들과 관계를 맺는 데 얼마나 서툴렀던지. 나는 사람들과 눈도 안 마주치고 긴장된 손으로 악수를 한 후 싸구려 명함을 들이밀고는(또는 명함을 건네지도 못하고) 서둘러 대화를 끝냈다. 재빨리 모든 사람을 해치웠다. 마지막 남은 한 명은 바에 혼자 앉아 있는 남자였다. 나는 옆에 앉아 그를 몇 번 흘끗거렸지만 그는 줄곧 앞쪽 벽에 진열된 술병만 쳐다보고 있었다. 길고 어색한 침묵이 흘렀다.

그 무렵 나는 5만 파운드 가까이 빚이 있는 상태라 술 두 잔을 주문하는 것도 망설여졌다. 하지만 어색한 침묵을 더는 참을 수가 없었다. 결국 그 사람 쪽으로 살짝 옮겨 앉으며 조심스럽게 말을 건넸다.

"한잔하시겠어요?"

"다이어트 콜라요."

그는 고개를 돌려 나를 쳐다보지도 않고 무표정한 얼굴로 대답했다. 나는 다이어트 콜라를 사서 그 까칠한 자식에게 밀어준 후 악수를 청했다.

"전 롭이라고 합니다."

그는 웃음기라곤 하나 없이 내 눈을 똑바로 보며 말했다.

"마크 호머(Mark Homer)입니다. 만나서 반갑습니다."

악수할 때 그가 손을 어찌나 세게 쥐던지 온몸이 찌르르 저렸다.

우리는 의례적인 인사말을 주고받았다. 나는 멍청이처럼 보이지 않으려고 부동산 관련 단어를 아는 대로 주워섬겼다. 우리는 명함을 교환하고 각자의 삶에 대해 이런저런 얘기를 나눴다.

나중에 마이크가 내게 모임이 어땠느냐고 물었다. 사실 나는 실망스러웠다. 아무것도 얻지 못한 기분이었고 모임에서 오간 대화들을 이해하기도 힘들었다. 그는 인맥을 쌓는 일에는 시간이 걸린다고 설명했다. 사람이든 돈이든 하루아침에 들어올 거란 기대는 하지 말아야 한다고, 만남 이후의 후속 관리가 중요하다고 말했다.

내성적인 나 같은 사람에게는 두려운 부분이었다. 하지만 마이크의 조언을 따라보기로 했다. 나는 귀가 후 모임에서 받은 명함들을 꺼내 걱정 반, 기대 반으로 모두에게 이메일을 보냈다. 만나서 반가웠다고, 내가 도움이 될 만한 일이 있으면 알려달라고 썼다.

그때 받은 답장들 중에 마크 호머에게서 온 답장은 확실히 내흥미를 끌어당겼다. 그는 자신이 일하는 부동산 회사에 와보라고 초대하면서 그곳 사장을 만나게 해주겠다고 했다. 그리고 부동산 투자와 자기계발(당시 내게는 낯선 단어였다)에 도움이 되는 책 세 권을 추천했다. 좀 난처한 기분이었다. 분명 나는 뭔가를 갈구하고 있었고 의욕도 충분했고 한편으론 절박했다. 인생을 바꾸고 싶었다. 하지만 책을 읽어야 한다는 게 끔찍했다. 사실 태어나 처음부터 끝까지 읽은 마지막 책이 아홉 살 때 읽은 로알드 달의 동화책 《멋진 여우 씨》였다.

《멋진 여우 씨》는 물론 좋은 책이지만 부동산 전문가 두 명과의 미팅에는 도움이 안 되는 책이다. 나는 그들에게 잘 보이고 싶었다. 그래서 마크가 권한 책들을 사서 열심히 읽었다. 지금 생각해도 어떻게 일주일 안에 그걸 다 읽었는지 모르겠다. 머릿속으로 글자를 크게 소리 내어 읽는 타입이라 속도가 무척 느리기 때문이다. 어쨌든 미팅에 가기 전까지 다 읽는 데 성공했다. 그리고 의외로 꽤 재미있었다.

나는 작고 세련된 회사 건물에 도착했다. 숙제를 열심히 해왔다는 생각에 왠지 어깨에 힘이 들어갔다. 마크가 로비에서 나를 맞아주었다. 그는 나를 보자마자 책들을 읽었느냐고 물었다. 나는 책 내용 상당 부분을 기억해내 이야기했다. 마크에게 잘 보이려고 자산과 부채, 수익률, 마스터마인드 같은 어려운 단어들도 섞어 말했다. 내 평생 그렇게 활기차고 흥미로운 대화는 처음이었다(당시에는 몰랐는데 책 추천은 마크가 종종 쓰는 작전이었다. 그가 책을 추천하는 것은 사람들이 실제로 책을 읽어오는지 보려는 일종의 테스트였다. 수년 후 그는 자신을 만나러 올 때 책 세 권을 전부 다 읽은 사람이 나뿐이었다고 말해줬다).

미팅은 순조롭게 흘러갔다. 다행히 그들에게 좋은 인상을 준 것 같았다. 깔끔하고 세련된 옷차림의 그들은 딱 봐도 성공한 부자 사업가였다. 그들이 하는 일은 다중 수익원과 투자 기회들을 활용하는 진짜 사업이었다. 나도 그 세계에 끼고 싶다는 생각이 들었다. 한껏 고양된 기분으로 미팅 자리를 나왔지만 곧 가면 증후군(자신이 그저 운으로 성공했다고 생각하며 불안해하는 것. 스스로 성공할 자격이 없는 '가면을 쓴 사기꾼'이라고 믿으며 의심하는 심리 – 옮긴이)과 피해의식, 낮은 자존감이 발동했다.

'저 사람들이 도대체 뭘 보고 나를 택하겠어?'

나는 경험도 없는 초보에 돈도 없고 빚만 잔뜩 있었다. 빌빌 대는 예술가였다. 이런 내게 관심을 가질 리가 있겠어? 한참 동안 이런 생각에 휩싸여 자책했다. 그러다 갑자기 묘안이 떠올랐다. 무보수로 일하겠다고 제안하면 어떨까? 아버지 가게 일을 틈틈이 도우면서 평일 낮에는 부동산 회사에서 일하고 그림은 밤 늦게 그리면 되지 않을까? 나는 부동산 회사에 다시 연락해 미팅 약속을 잡았다. 내가 떠올린 묘안을 막 제안하려는데 마크가 이렇게 말했다.

"당신을 우리 회사에 채용하고 싶습니다. 연봉이 높지는 않겠지만 당신이 판매한 부동산에 대해서는 높은 수수료를 지불할 수 있습니다."

나는 충격과 경외감과 흥분을 감추려고 애썼지만 그러기가 힘들었다. 나는 그 자리에서 마크의 제안을 수락했다. 어차피 무보수로 일할 각오였으니 얼마를 준다 해도 그건 보너스나 다름없었다. 앞으로 얼마나 많은 새로운 기회를 만날까 생각하니 가슴이 마구 뛰었다. 그러다 곧 정신이 번쩍 들었다.

'나는 부동산이라곤 전혀 몰라. 심지어 이제껏 살면서 누군가에게 뭔가를 팔아본 경험도 없어. 파는 일이라면 질색이잖아. 나 같은 인간한테서 뭔가를 살 사람이 있을까? 난 가난뱅이 화가일 뿐인데.'

══ 성공의 기회는 언제나 그곳에 있었다

그 후 나의 15년을 요약하면 이렇다. 나는 그 부동산 회사에서 약 1년간 일하면서 빚 5만 파운드를 청산했고 여섯 자릿수에 가까운 수입을 벌었다. 마크와 나는 그때 이후로 지금까지 친구이자 사업 파트너로서 끈끈한 관계를 이어오고 있다. 내 인생에서 손에 꼽는 자랑스러운 일은 마크의 결혼식에서 들러리가 된 일이다. 마크 역시 내 결혼식 때 들러리가 돼주었다.

내가 부동산 회사에 들어간 해인 2006년에 마크와 나는 함께 약 20채의 부동산을 샀고 50 대 50으로 공동 소유했다. 마크와 그의 어머니, 양아버지가 모든 돈을 댔다. 이후 우리는 부동산 물색 및 매입을 전문으로 하는 부동산 회사를 차려 수백만 파운드의 매출을 올렸다. 그리고 사업 모델에 약간 변화를 가해 부동산 교육을 시작했고 1억 파운드 이상의 매출을 달성했다.

우리는 부동산 포트폴리오를 계속 확장하면서 수백 채의 임대용 건물을 매입했다. 그 과정에 내 자본은 거의 들지 않았다. 우리는 그 부동산 대부분을 지금도 소유하고 있으며 지속적인 소득을 얻고 있다.

부동산 포트폴리오가 계속 늘어나자 자체적인 임대중개 에이전시가 필요해졌고 적절한 기회에 에이전시 하나를 인수했다. 현재 이 에이전시는 약 1,000개의 임대물을 관리하고 있으며 우리

도시 최대의 에이전시가 되어가고 있다. 또한 우리는 부동산 교육 사업 및 브랜드를 확대하는 과정에서 자기계발 교육 회사 한 곳을 싼 가격에 인수해 수백만 파운드 규모의 기업으로 성장시켜 지금까지 성공적으로 운영하고 있다.

현재 우리가 운영하는 사업체들의 직원은 약 100명이고 영국 전역의 아웃소싱 인력도 100명쯤 된다. 우리는 2016년에 '올해의 기업' 상을 받았고 2017년에는 '올해의 부동산 교육 기업' 상을 받았다. 나는 20대 후반에 경제적 자유를 획득하고 31세 전에 백만장자가 됐다. 그리고 은퇴하려고 여러 번 시도했지만 지루한 생활을 참을 수 없었다. 몇 주도 안 되어 몸이 근질거렸다.

내게 찾아오는 기회가 늘어날수록 전부 붙잡고 싶었다. 25년 동안 기회라는 것을 거의 붙잡아보지 못하고 살아서 보상 심리가 작동했는지도 모른다. 그렇게 더 많은 도전을 즐기기 시작했다. 그중에서도 대중 앞에서 강연할 기회가 오면 주저 없이 붙잡았다. 처음에는 두렵기도 하고 실력도 별로였다. 하지만 나중에는 최장 마라톤 강연 세계기록 세 개를 깨기에 이르렀다. 나는 47시간이라는 개인 강연 세계기록, 120시간이 넘는 팀 강연 세계기록(두 개)을 세웠다.

또한 10권 이상의 책을 출간했다. 사업 파트너와 함께 쓴 것도 있고 나 혼자 쓴 것도 있다. 그중 다수가 베스트셀러 1위에 올랐다. 《머니: 새로운 부의 법칙》은 2018~2020년 영국에서 가장 많이 팔린 경제경영서 목록에 포함되었다. 내 책들은 펭귄(Penguin)의 뒤를 이어 두 번째로 큰 글로벌 출판사인 아셰트(Hachette)에서 나오고 있다. 아셰트의 관계자들과 일하는 것은 대단히 멋진 경험이었다.

때로는 전혀 예상하지 못한 일도 일어났다. 내 팟캐스트 '파괴적 기업가(The Disruptive Entrepreneur)'는 수백만 회의 다운로드 수를 기록했고 전 세계의 수많은 구독자를 보유하고 있다. 게다가 운 좋게도 수많은 유명 인사를 인터뷰하고 그들과 친분을 맺을 수 있었다. 그렇게 멋진 사람들이 나를 믿어주고 그들 삶에 나를 허락했다는 사실이 꿈만 같아서 지금도 가끔 볼을 꼬집어본다. 나는 그들의 우정을 얻기에 자격이 한없이 부족한 사람이다.

감사하게도 나는 페이스북의 서포터(Supporter) 프로그램을 이용하는 최초의 영국 인플루언서들 중 한 명이 되었다(수많은 구독자에게 독점 콘텐츠가 제공된다). 이후엔 페이스북 스타즈(Stars)를 통해 사람들의 후원을 받았고, 페이스북의 지원을 받는 라이브 행사도 열었다. 나는 초기부터 링크드인 라이브(LinkedIn Live) 동영상 스트리밍을 활용했다.

한편 부동산 포트폴리오 덕분에 나는 세계 곳곳을 돌아다닐 수 있는 시간과 경제적 자유를 얻었다. 또 그 덕분에 내 아들이 영국을 비롯한 유럽 및 세계 여러 곳에서 열리는 골프 챔피언십에 나갈 수 있었다. 내 인생에서 가장 자랑스러운 최고의 성취는

(물론 내가 이룬 성취는 아니지만) 내 아들이 여덟 살이 될 때까지 여덟 번의 홀인원을 한 사실이다. 첫 번째 홀인원이 세 살 때였으니 비공식적으로 홀인원을 기록한 역대 최연소 골퍼일 것이다. 일곱 번째와 여덟 번째 홀인원은 무려 일주일 만에 해냈다.

이 글을 쓰는 동안 마음이 조금 불편하다. 내 삶의 여러 성취에 대해 겸손한 척하며 은근히 자랑하는 사람이 된 것 같아서다. 하지만 내가 존경하는 멘토 한 분이 이렇게 말해주었다.

"롭, 사실은 사실이지. 그건 자랑이 아니야."

이 모든 행운이 찾아온 것은 내가 새로운 기회들에 기꺼이 마음을 열었기 때문이다.

현재 우리는 모든 사업체를 프로그레시브(Progressive)라는 하나의 브랜드로 통합하고 있으며 전 세계 청중을 대상으로 행사를 열고 있다. 지금은 1년에 세계 곳곳에서 진행되는 교육 및 행사 일수가 850일이지만 앞으로는 수천 일이 되어 훨씬 더 많은 사람을 도울 것이다. 또한 우리는 상업용 및 주거용 부동산 약 150채를 개발하고 있으며, 사업 포트폴리오를 확장하고 리스크를 분산하기 위해 몇몇 회사의 인수를 진행 중이다.

고백하건대 과거의 나는 돈이 중요했다. 그런데 역설적이게도 돈을 많이 벌수록 돈이 덜 중요해졌다. 사람들을 돕고 의미 있는 일을 하고 변화를 만들어내는 것이 훨씬 더 중요해졌다. 내 말을 오해하지 말기 바란다. 나는 여전히 돈을 버는 일이 즐겁다. 그렇지만 롭 무어 재단(Rob Moore Foundation)을 통해 열악한 환경에 있는 젊은이들이 더 나은 경제적 교육을 받고 사업을 시작해 발전시키도록 돕는 일에서 더 큰 성취감과 만족감을 얻는다. 내가 화가였던 시절에 마이크는 나를 믿어주었고 내게 기회를 주었다. 나도 변화와 성공에 절박한 젊은 사업가들에게 그런 사람이 되고 싶다.

당신의 인생 최악의 순간을 가장하고 찾아온 어떤 일이 소중한 기회를 만들어낼 수도 있다. 또한 그것은 앞으로 당신이 만날 모든 좋은 기회의 출발점이 될 수도 있다. 그것이 기회의 진정한 힘이다.

내가 수많은 기회를 놓치거나 무시하거나 거부하거나 전혀 알아보지 못해도 다음 날이 되면, 다음 순간이 되면 또 다른 기회가 언제나 나타난다. 나는 지금은 그걸 알지만 과거에는 몰랐다. 나는 시야가 좁았고 자기 연민에 함몰돼 있었다. 눈을 뜨고 있어도 앞을 보지 못했고 엉뚱한 생각만 했다.

당신만의 세계에서 나와 정신을 차리고 주변과 눈앞과 당신의 내면을 둘러보기 시작하면 놀라운 것이 눈에 들어오기 시작한다. 그리고 그것이 지금껏 죽 거기 있었음을 깨닫는다. 왜 그토록 오랫동안 보지 못했을까?

≡≡≡ '오늘'을 붙잡아라

승리하는 인생은 하루하루 만들어가는 것이다. 현재의 주인이 돼야 멋진 미래를 만들 수 있으며 그 현재는 오늘이다. 모든 성공은 오늘 이뤄진다. 오늘을 놓치지 마라. 지금, 이 순간을 충실하게 살아라. 내일은 없다.

오늘 아무리 힘들어도 당신에게는 항상 다시 시작할 수 있는 다음 날이 찾아온다. 그러면 다시 현재를 붙잡고 삶에서 승리하면 된다. 도전하고 시도할 기회, 성공할 기회는 생각보다 훨씬 더 많이 있다. 당신이 할 일은 날마다 오늘을 놓치지 않고 최선을 다하는 것이다.

인생의 승리는 결국 어떤 기회를 붙잡고 어떤 결정을 내리느냐에 달렸다. 기회는 한 달에 한 번, 일주일이나 하루에 한 번 찾아오는 것이 아니다. 기회는 매 순간 찾아온다. 기회는 끝이 없이 무한하다. 당신의 주변에 무한한 기회가 널려 있음을 잊지 마라. 어떤 기회가 당신을 위한 기회인지 찾아내라. 삶에서 승리하려면 오늘 그 기회를 붙잡아라.

이 책은 흔한 자기계발서나 마음가짐에 관한 책이 아니다. 사실 이것 때문에 (내가 너무도 좋아하는) 출판사 담당자와 옥신각신했다. 출판사에서는 마음가짐에 관한 책을 원했지만 나는 그런 책을 또 쓰고 싶지 않았기 때문이다.

이 이야기는 중요하므로 편집 과정에서 삭제되지 않았으면 좋겠다. 나는 좀 다른 책을 쓰고 싶었다. 다른 자기계발서 저자들과 차별화되는 책을 쓰고 싶었다. 제목에 자극적인 문구도 들어가지 않고, 마법 같은 기술을 가르쳐준다는 책도 아니어야 했다. 기존에 나온 책들 가운데 '기회'라는 한 가지 주제만을 집요하게 파고든 책은 거의 없다. 하지만 내 생각에 결국 인생이란 기회의 문제다. 성공도, 발전도, 성장도, 행복도, 성취도 기회를 찾아내 붙잡는 것에 달려 있다.

인생이 그렇다는 걸 생각하면, 나의 믿음직한 사업 파트너이자 최고의 친구인 마크 호머에게 무척이나 고마울 따름이다. 우리는 15년 전 부동산 모임에서 처음 만나 지금까지 함께해왔고 우리의 관계는 시간이 갈수록 더 단단해지고 있다. 우리는 서로에게서 기회를 보고 모험을 걸었다. 확실한 건 아무것도 없었다. 우리는 실패할 수도 있었다.

그동안 우리의 우정을 위협하는 역경과 도전도 종종 만났다. 하지만 지금도 우리는 변함없이 기회를 붙잡고 성장하면서 서로에게 든든한 힘이 되어주고 있다. 더 자세한 이야기는 본문에서 들려주겠다. 당신이 기회를 붙잡는 삶을 사는 데 도움이 될 것이라 확신한다.

마크와 함께 사업을 시작한 건 내 인생 최고의 결정이었다. 그리고 그 결정으로 건강, 재정, 개인적 성장, 행복 등 내 삶의 모든 영역을 완전히 바꿔놓은 수많은 기회가 꼬리에 꼬리를 물고 찾아왔다. 그렇게 까칠한 자식이 내 인생을 통째로 바꿔놓을 줄 누가 알았겠는가!

기회는 준비된 자에게만 보인다

기회는 다양한 모습으로 찾아온다. 최근에 만난 기회가 무엇이었는지 떠올려보자. 그것이 기회라는 것을 어떻게 알았는가? 그것이 어째서 '기회'였는가? 기회의 사전적 정의를 찾아보면 다음과 같다.

— **기회** 「명사」 어떤 일을 행하거나 성취하기에 적절한 시기나 상황.

사람마다 기회를 다르게 정의할 수 있다. '유리하거나 적절한 때'일 수도 있고 '적절한 일련의 상황'일 수도 있다. '객관적으로 적절한 때'이거나 '자기 자신에게 적절한 때'일 수도 있다.

기회는 가능성을 붙잡는 순간이다. 행운을 만들어내는 순간이며 작은 가능성을 큰 가능성으로, 실제적인 무언가로 만드는 순간이다. 기회는 상상을 현실로 변화시킨다. 선택지들을 만들어내는 힘, 선택으로 변화를 만들어내는 힘이 있다.

기회는 곧 새로운 시작이다. 그 어느 때라도 성공의 기회는 계속 찾아온다. 앞으로 나아갈 길을 발견하는 것, 해법을 찾아 나서는 것, 남들이 놓친 것을 발견해 문제를 해결하는 것, 이 모두가 기회가 가져다주는 결과다. 비즈니스 세계에서는 기회를 '결과는 불확실하지만 자원을 투입하고 리스크를 고려해 이용해볼 만한 일단의 상황'이라고 정의한다.●

기회를 만나려면 수많은 낯선 것, 거기에 숨겨진 끝없는 잠재력을 믿어야 한다. 집요함과 인내의 기묘한 균형이 이뤄질 때, 성공을 위해 실패를 무릅쓸 때 기회를 발견할 수 있다.

기회는 하나의 창이자 문이다. 때로는 그 문이 당신의 앞에 활짝 열리고, 때로는 손님처럼 다가와 당신의 방문을 두드린다. 하지만 기회란 발견하고 붙잡아야만 비로소 의미가 생긴다. 그러려면 결정과 전념이 필요하다.

기회는 자유와 동의어다. 통제력을 잃고 갇혀 있는 상태에서 해방되는 통로다. 기회는 변화할 자유를 선사한다. 침체나 안일

● 이는 비즈니스딕셔너리닷컴(Businessdictionary.com)의 정의다.

한 자기만족, 편안함, 지루함에서 빠져나오게 해준다. 기회는 우리가 예상치 못한 계획 변경이나 장애물, 숨겨진 위험을 끌어안게 한다. 기회는 발전하고 성장하고 새로운 것을 배우고 과거보다 더 잘 해낼 가능성에 눈뜨게 해준다. 개인적 차원에서든, 팀원으로서든, 가족 관계에서든, 건강이나 재정, 행복, 사업의 문제에서든 말이다.

기회는 보려는 준비가 된 사람에게만 보인다. 세상에 뛰어들어 당신의 존재를 알리고 기회를 만나라. 멋진 일이 일어나길 기다리지만 말고 직접 만들어내라. 스스로 행운을 개척하라. 오늘을 놓치지 마라.

기회는 하나의 구체적인 대상이자 상황이다. 이를 어떻게 다룰지는 당신이 선택해야 한다. 당신은 기회를 알아볼 수도, 놓칠 수도 있다. 붙잡을 수도, 그냥 낭비해버릴 수도 있다. 받아들일 수도, 멀리 밀어버릴 수도 있다. '예스'라고 말할 수도, '노'라고 말할 수도 있다.

나는 내 페이스북 그룹인 파괴적 기업가 커뮤니티의 회원 2만 5,000명(지금도 계속 늘어나고 있다)에게 기회가 무얼 의미하느냐고 물어봤다. 그들의 대답은 많은 걸 일깨워주었다. 무엇보다도 기회를 붙잡으려면 자신을 이해하는 것이 중요하다는 사실을 분명히 느꼈다. 우리는 자기 자신을 제대로 알아야 하고 기회가 나타나기 전에 준비가 되어 있어야 한다. 이미 존재하는 기회든, 스스로 만들어낸 새로운 기회든 말이다.

기회를 어떻게 대하느냐에 따라 기회의 정의는 달라진다. 내 질문에 어떤 사람은 "알아보지 못한 기회는 아무 가치도, 의미도 없다"라고 말했다. 또 어떤 사람은 "자신에게 긍정적인 경험과 결과를 가져다줄 수 있는 상황을 최대한 이용하는 것"이 중요하다고 말했다.

"기회란 세상에 이미 존재하면서 누군가에게 발견되기를 기다리는 것"이라고 말한 사람도 있었다. "기회란 일종의 외부 요인이다. 이를 잡겠다는 마음으로 움직이면 긍정적 결과를 얻을 수 있고, 때론 예상치 못한(그러나 싫지는 않은) 상황으로 이어지기도 한다." 그 밖에 "나를 위해 스스로 만드는 것", "남들이 보지 못하거나 실천하지 못하는 것을 하면서 스스로 만들어내는 것"이라고 기회를 정의한 이도 있었다.

기회가 일시적인 속성을 지닌다고 말한 이들도 있었다. 나타났을 때 곧장 붙잡지 않으면 사라져버린다고 말이다. 기회는 누구에게나 보이지만 대부분이 붙잡지 못하는 것 또는 대다수 사람에게 보이지 않는 것이라고 말한 이도 있었다. 어떤 사람은 힘든 시기에 기회가 더 잘 보인다고 했다. 삶의 모든 것, 특히 실패를 기회로 볼 수 있어야 한다고 했다. 오히려 '성공이 형편없는 교사'일 수 있으며 실수와 실패에서 훨씬 더 많은 것을 배울 수 있다고 말이다.

조금씩 의견이 달랐지만 대다수가 동의하는 한 가지가 있었다. 바로 '행동'해야 한다는 것이다. 기회가 방문을 두드리면 당신은 문을 열고 행동해야 한다. 그리고 깨어 있어야 한다. 현재에 충실해야 한다. 정신적으로든, 육체적으로든 적시에 뛰어들 준비가 돼 있어야 한다.

역사상 가장 끈질긴 행동가라고 할 수 있는 발명가 토머스 에디슨은 이렇게 말했다. "대다수 사람이 기회를 알아보지 못하는 것은 대개 기회가 작업복 차림으로 찾아온 힘든 일감처럼 보이기 때문이다." 나는 기회란 무궁무진하다고, 마음만 먹으면 금방 찾을 수 있는 곳에 숨어 있다고 믿는다.

≡ 마음을 열어 눈앞의 기회를 보라

기회는 언제 어디서나 풍부하게 존재한다. 2005년 12월 15일에도 그 사실은 변함이 없었다. 다만 변한 것은 나의 마음이었다. 나는 절박했고 마침내 주변의 기회들에 마음을 열었다. 비록 괴로운 경험이 계기였지만 말이다. 그 후 기회란 어디에나 존재하며 사실상 무한하다는 것을 계속해서 목격했다.

뭐든 지나고 나면 명확히 보이기 마련이다. 어쨌든 내 삶의 터닝 포인트였던 그날은 새로운 세계로 이어지는 웜홀 같은 통로였다. 그날 이후 나는 완전히 다른 사람이 됐다. 나와 관련이 있거나 내가 잡을 수 있다고 생각하지 못했고 아예 존재하는지조차 몰랐던 기회들을 만났다.

일단 마음을 열자 나와 내 인생을 다른 시각으로 보게 됐다. 언제나 그 자리에 있었지만 과거에는 보이지 않던 것이 보였다. 빚더미에 올라앉아 세상에 잔뜩 화가 난 가난한 화가라는 자아상에서 벗어날 수 있었다.

비전은 기회라는 주제에서 매우 중요한 개념이다(이 부분은 뒤에서 다시 살펴보겠다). 기회를 발견하려면 (비유적 의미로) 눈을 크게 뜨고 주변을 둘러봐야 한다. 그리고 기회를 만들어내려면 마음속에 생생하게 그려야 한다.

눈을 크게 뜨면 어디든 기회가 있다는 사실을 알게 된다. 이 글 첫머리에서 나는 최근에 기회를 만난 때를 떠올려보라고 했다. 혹시 그것이 지금인가? 만일 아니라고 생각한다면 당신은 기회 하나를 놓치는 것이다. 기회는 '지금' 당신의 눈앞에 있다. 다만 보지 못했을 뿐이다. 이 책의 목적은 눈앞의 기회를 알아보도록 돕는 것이다.

물론 '본다'는 것은 주관적 행위다. 뭔가를 볼 때 우리는 각자의 관점으로 본다. 자신의 상황과 맥락 속에서, 두려움과 결함과 심리적 장애와 어려움과 가치관과 비전을 갖고 본다. 그런데 때로 이런 주관적 관점이 기회를 차단할 수 있다. 기회를 발견하려면 한 걸음 물러나 주변을 '제대로' 보는 법을 배워야 한다. 자기 안에 있는 '기회 필터'를 통과해 들어오는 것이 아니라 실제로 존재하는 기회를 보려면 말이다.

자신의 판단과 과거의 경험으로 만들어진 기회 필터를 무조건 신뢰해서는 안 된다. 기회 필터는 오랜 세월에 걸쳐 굳어진 사고와 자기 회의, 가면 증후군에 의해 혼탁해졌고 우리의 마음속 두려움에 겹겹이 둘러싸여 있다. 그 필터를 깨끗이 청소해서 눈앞에 존재하는 기회를 인지해야 한다. 눈에 안 보인다고 해서 존재하지 않는 것은 아니다.

기회를 인지했다면 그다음은 행동이다. 기회를 붙잡아야 한다. 오늘을 놓치지 말아야 한다. 그러려면 '할 수 있다'는 마음 자세가 필요하다. 대개 처음에는 그런 자세를 갖기 쉽다. 누구나 초반에는 성공만 하면 모든 게 바뀔 거라며 열정적으로 몰두하지 않는가? '하기만 하면' 인생이 바뀔 거라면서. 하지만 일단 하겠다는 것과 추진력을 유지하는 것은 다른 문제다. 새로운 일이 주는 설렘이 사라지고 상상과 다른 현실을 마주해도 추진력을 잃지 말아야 발전할 수 있고 결과물을 얻는다. 그러기 위해서는 자신만의 루틴을 관리할 줄 알아야 한다. 루틴을 관리하는 방법에 대해서는 나중에 설명하겠다.

한편 성공에 대한 갈망도 있어야 한다. 상황이 힘들어져도 내면의 불을 계속 타오르게 하는 뭔가가 있어야 한다. 내 경우 그것은 절박함이었다. 나는 반드시 뭔가를 이뤄내야 했다. 발전도, 희망도 없는 삶이 너무 괴로웠기 때문이다. 나는 성공하기 위해 뭐든 할 준비가 되어 있었다. 너무 오랫동안 산송장처럼 살았지만 마침내 정신을 차렸다. 빚이 5만 파운드였던 가난한 화가의 마음속은 인생을 바꿔야겠다는 열망으로 가득했다.

하지만 그런 갈망과 열망에는 적절한 현실 인식이 따라야 한다. 모든 것에 '예스'라고 해서는 안 된다는 이야기다. 장밋빛 색안경을 쓰고 세상을 낙관적으로만 보는 것은 도움이 되지 않는다. 모든 기회를 행운이라 생각하고 무조건 달려든다면, '노'라고 말하기 힘들어한다면 곧 상황에 압도되고 집중력을 잃을 것이다.

무엇이 더 중요한지 우선순위가 흐릿해지고, 능력을 초과하는 일을 하게 되고, 결국 실패해서 주변 사람들을 실망시키고 자책하게 된다. 나는 그런 결과에 이르는 사람을 수없이 봤다. 특히 사업가들이 그렇다. 나 역시 갈등이 생기거나 사람들을 실망시키는 것을 두려워하는 탓에 종종 그런 문제로 고민한다.

예전에 '예스'라고 말하기가 잠시 유행한 적이 있다. 영국의 코미디언 대니 월리스(Danny Wallace)가 쓴 《예스맨(Yes Man)》이라는 책이 있다. 그가 버스에서 우연히 만난 남자로부터 지금보다 더 자주 '예스'라고 말하라는 이야기를 들은 후 시도한 일들을 기록한 책이다. 그는 그 조언을 삶을 바꿀 기회로 여기고, 앞으로 모든 일에 '예스'라고 말하기로 했다. 그리고 실제로 모든 제안과 초대와 질문에 '예스'라고 답하는 모험을 감행했다. 이 모험은 재밌는 책을 탄생시켰고(짐 캐리 주연의 영화로도 만들어졌다), 사람들 사이에 예스라고 말하는 운동을 일으키기도 했다.

그러나 월리스 자신도 말하듯 '예스'는 부작용을 낳을 수도 있다. 사업, 데이트, 건강 문제를 비롯해 삶의 어떤 영역에서든 '예스'를 너무 많이 하면 오히려 압도당할 수 있다. 무턱대고 예스만 하다 보면 좌절하거나 우울해지기도 하고, 일을 자꾸 미루게 되고 자존감까지 낮아질 수 있다. 결국에는 그 무엇도 끝내거나 완성하지 못하는 탓이다. 역설적이게도 너무 많은 것을 하다 보면 아무것도 이루지 못하고 만다.

어쩌면 당신은 여기까지 읽으면서 기회라는 것이 굉장히 다면적이고 복잡한 것처럼 느껴질지 모른다. 물론 실제로 그렇기도 하다. 기회는 바깥에만 있는 것이 아니라 당신의 내면에도 있다. 그리고 당신만큼이나 복잡한 무엇이다. 기회는 내면 깊은 곳의 감정들과 긴밀히 연결돼 있으며, 사람들은 '이거다!'라고 느껴지는 기회는 붙잡고 그렇지 않은 기회는 거부한다.

이처럼 기회를 발견하는 데 감정이 어떤 역할을 하는지는 뒤에서 자세히 살펴볼 것이다. 기회를 만날 가능성을 극대화하려면 자기 자신을 제대로 알고 변화시키는 것, 감정을(그리고 필터와 태도와 접근법을) 관리하는 것이 중요하다.

하지만 한편으로 생각하면 간단하다. 기회를 보거나 보지 못하거나, 붙잡거나 놓치거나, 만들어내거나 만들어내지 못하거나, 둘 중 하나다. 동전 던지기처럼 순식간에 결정이 내려진다. 그리고 기회의 수는 무한하다.

이 책의 1부에서는 기회란 무엇이고 어디에 있는지, 기회가 운이나 순수한 잠재력과 어떤 관계가 있는지 살펴본다. 이는 당신의 삶에 더 많은 기회를 끌어오기 위한 기초 작업이다. 그런 다음에는 필기할 준비를 하고 연습과 실행을 위한 마음의 준비도 해야 한다. 결국 말보다 행동이 중요하기 때문이다.

2부에서는 기회를 만나기 위해 준비하는 법을 설명한다. 당신 자신과 삶을 바꾸고 개발함으로써 기회가 나타날 조건을 만드는 법을 알려줄 것이다.

3부에서는 기회를 발견하고 평가하고 붙잡는 실용적 접근법과 기술을 소개한다. 여기에는 진정한 변화를 위한 현실적 조언이 들어 있다. 알면서도 실천하지 않는 건 모르는 것과 같다는 사실을 명심하라. 그런 다음 소매를 걷어붙이고 일정표를 꺼내라.

4부에서는 오늘을 붙잡기 위한, 내가 직접 효과를 본 검증된 방법을 알려줄 것이다. 계획과 실행과 평가를 위한 팁, 더 좋은 기회를 지속적으로 끌어당기는 팁을 소개한다.

오늘을 붙잡는 것은 승리하는 인생과 어떻게 연결돼 있을까? 인생에서 승리한다는 것은 무엇을 의미할까? 5부에서는 성공과 발전, 즉 '승리하는 인생'에 대해 생각해볼 것이다. 이는 당신의 관점을 바꾸고 기회를 효과적으로 이용하는 데 도움을 줄 것이다. 아울러 일단 시작하는 것과 책임감을 강화하는 것의 중요성도 살펴본다. '당장 시작하라. 나중에 완벽해져도 된다'가 5부의 핵심 메시지다.

자, 이제 당신의 삶에 기회를 맞이할 준비가 되었는가?

SUMMARY

기회는 사람마다 다르게 정의할 수 있다. 기회는 하나의 구체적인 대상이자 상황이다. 이를 어떻게 다룰지는 스스로 선택해야 한다. 당신은 기회를 알아보거나 놓칠 수도 있고, 붙잡거나 낭비해버릴 수도 있으며, 받아들이거나 멀리 밀어버릴 수도 있다. 또는 '예스'라고 말하거나 '노'라고 말할 수도 있다. 이 책은 기회를 만들고 발견하고 손에 쥐는 방법, 오늘을 붙잡아 인생에서 승리하는 습관과 기술과 전술을 알려줄 것이다.

TAKE ACTION   기회란 무엇인가?

- 내가 생각하는 '기회'의 정의를 적어보자.
- 지난 한 주 동안 있었던 상황이나 사건 중 그 정의에 들어맞는 것들을 적어보자.
- 그 기회를 잡았는지, 못 잡았는지 각 항목 옆에 O 또는 X로 표시하자.

이 목록은 본문에서 다시 언급할 것이다.

OPPORTUNITY
ROB MOORE

1부

기회가 당신의 방문을
두드릴 때

1장

기회란 무엇인가

어떤 일이 일어날 확률이 어느 정도로 낮으면 사실상 일어날 수 없는 일일까? 1,000분의 1? 100만분의 1? 2016년 캐나다 과학자들이 진행한 연구에 따르면 사람들은 확률에 대해 크게 오해하고 있다.

흔히 우리는 발생 가능성이 극히 낮은 일을 말할 때 벼락을 맞을 확률에 비유한다. 하지만 올해에 당신이 벼락을 맞을 확률은 70만분의 1이며, 이는 상어에 물려 죽는 것보다 약 5배 높고 복권에 당첨되는 것보다 500배 높은 확률이다. 또한 당신이 네 잎 클로버를 발견할 확률은 1만분의 1이고 이로치 포켓몬을 잡을 확률은 8,000분의 1이다. 당신이 백만장자가 될 확률은 그보다 약 150배 더 높다. 그런데 이 모든 확률을 우습게 만드는 것이 하나 있다. 바로 당신이라는 존재다. 당신이 세상에 태어날 확률은 5조 5,000억분의 1이다.

생각해보자. 당신이 태어나려면 당신의 어머니가 임신해야 하고, 그전에 아버지를 만나야 한다. 그리고 어머니와 아버지의 만남이 이뤄진 것은 그분들이 태어났기 때문이며, 그분들이 태어난 건 그분들의 부모님이 만났기 때문이다. 이런 식으로 끝없이 위로 거슬러 올라가면 당신이 지금 여기 존재하는 것은 발생 확률이 낮은 수많은 기회가 연이어 나타난 결과다.

그렇다면 지구상에 생명체가 탄생한 시점으로 거슬러 올라가보자. 지구는 약 45억 년 전에 형성됐고 그로부터 약 5억 년 후 원시 바다 깊은 곳의 열수구 주변에서 분자들이 서로 부딪치기 시작했다. 이 분자들은 서로 합쳐지거나 분리되기를 수없이 반복하다가 마침내 그중 일부가 막 안에 다른 분자들을 가두는 작은 기포를 형성했다. 한편 지구 생명체의 씨앗이 우주에서 왔다는 가설도 있다. 지구에 떨어진 운석 속에 있던 분자들이 생명체의 기원이 되었다는 이론이다.

최초 시작이야 어찌 됐든 그런 과정들이 오랜 세월 지속되다가 가장 단순한 형태의 생명이 탄생했다. 이들 원시 세포는 온갖 악조건에도 불구하고 서서히 분화하고 진화해 결국 박테리아와 식물이 그리고 훨씬 나중에 동물이 생겨났다.

내가 말하려는 포인트는 이것이다. 당신을 비롯한 세상 만물은 억겁과도 같은 시간 동안 극도로 발생 가능성이 낮은 사건들이 연속적으로 일어나 생긴 결과다. 당신이 존재한다는 사실은 의식적으로든 무의식적으로든, 작위적으로든 무작위적으로든 적시에 포착된 기회들이 있었음을 의미한다.

≡ 기회 추구는 본능이자 습관이다

우리는 생존과 번식에 필요한 기회를 발견하도록 진화해왔다. 동물들을 생각해보자. 동물은 감각을 이용해 기회를 찾는다. 시각이나 청각, 후각으로 먹잇감을 찾아낸다. 또한 짝짓기 상대를 감지하고 쫓아가며, 알을 낳을 안전한 장소를 찾아낸다. 이처럼 기회를 추구하는 본능은 생물학적으로 우리에게 내장돼 있다.

오늘날의 인간도 마찬가지다. 언젠가 당신을 몹시도 흥분시켰던 기회를 떠올려보자. 그때 기분이 어땠는가? 어디서 경험했는가? 가슴속이 몽글거리는 느낌이었는가, 짜릿한 뭔가가 온몸을 관통했는가, 아니면 말 못 할 흥분이 거세게 일었는가?

이와 같은 반응은 투쟁-도피(fight or flight) 호르몬인 아드레날린 때문이다. 두려움을 느끼면 우리 몸속에서는 아드레날린이 증가해 도망치거나 맞서 싸울 태세를 갖추게 한다. 생명의 위협을 느끼는 극적인 상황에서는 아드레날린 분비량이 급속히 증가한다. 어떤 사람이 의식을 잃은 자식과 함께 불이 난 건물에 갇혀 있는 상황이라고 하자. 그는 초인적인 힘을 발휘해 문을 부수고 아이를 안전한 곳에 옮길 것이다. 바로 이런 놀라운 힘을 발휘하게 하는 것이 아드레날린이다.

그런데 이 아드레날린은 두려움뿐 아니라 긍정적 흥분에도 급증한다. 그래서 두려움과 긍정적 흥분은 마치 동전의 양면과도 같다. 경기 시작을 앞둔 스포츠 선수의 인터뷰를 들어본 적이 있는가? "긴장됩니까?"라는 질문에 "아니요. 흥분됩니다"라고 대답하는 선수들이 종종 있다. 두려움을 긍정적 흥분으로 바꾸면 압박감 속에서도 훨씬 좋은 경기를 할 수 있다.

대중 강연도 마찬가지다. 사람들 앞에서 말하는 것은 '가장 두려운 상황' 목록에서 1위를 차지하곤 한다(때로는 죽음보다 강연을 더 두려워할 때도 있다!). 무대에 올라본 사람이라면 그 순간 아드레날린이 급증한다는 것을 잘 알 것이다. 이때 어떤 이들은 무대공포증에 휩싸여 굳어버린다. 하지만 어떤 이들은 두려움을 긍정적 흥분으로 변화시킬 줄 안다.

나는 지금까지 수많은 사람 앞에서 수없이 강연했고 강연 세계기록도 세웠다. 하지만 강연이 처음부터 식은 죽 먹기처럼 쉬웠던 것은 아니다. 처음엔 나도 벌벌 떨었다. 수백 명을 대상으로 생애 첫 강연을 하기로 약속했을 때 손바닥이 땀으로 축축하게 젖었던 게 지금도 기억난다. 나는 속으로 계속 되뇌었다. '챔피언도 모두 처음에는 아마추어였어. 최고에 오른 사람들도 한때는 실력이 형편없었어.' 그러면서 집중해서 연습하고 훈련했다. 내가 깨달은 사실 하나는 마음속 두려움을 그냥 무시하면서 아드레날린을 억누르려고 해서는 안 된다는 것이다. 아드레날린을 최대한 유리하게 이용해야 한다.

이 방법이 효과적임을 보여주는 연구 결과가 있다. 2014년 하버드대학교 심리학자들의 연구에 따르면, 무대에 오르기 전에 속으로 '나는 긍정적인 흥분을 느끼는 중이야'라고 말한 사람들이 '나는 차분해'라고 말한 사람들보다 더 훌륭한 강연을 했다. 이같은 접근법을 '불안 재평가(anxiety reappraisal)'라고 부른다. 이는 두려움을 기회로 전환하는 프로세스로서 삶의 다른 많은 영역에서도 활용할 수 있는 전술이다.

인간은 동물과 다른 차원으로 기회를 다룰 수 있다. 의식적 사고를 하는 존재인 우리는 언어와 이성과 논리를 이용해 더 많은 기회를 낳는 조건을 만들 수 있다(이에 대해서는 2부에서 자세히 살펴볼 것이다. 형광펜을 꼭 준비하길 바란다).

우리 조상들은 생존을 위협받는 상황을 수시로 겪었지만 오늘날 우리는 그렇지 않다. 하지만 우리도 여전히 특정한 기회를 만나면 마치 생사가 달린 것처럼 몸속에 아드레날린이 급증한다. 가령 이메일함에 새 메일이 도착했다는 알림을 보면 가슴이 쿵쾅댄다. 입사 지원을 한 회사에서 채용 제안이 온 게 아닐까? 붐비는 술집에서 누군가와 눈이 마주치면 심장이 빨리 뛰기 시작한다. 저 사람 혹시 나한테 끌린 게 아닐까?

아드레날린 분비는 중독성이 있다. 어떤 이들은 그런 설렘과 흥분을 계속 느끼길 갈망한다. '반짝이는 동전 증후군(shiny penny syndrome, 낡은 동전보다 반짝이는 새 동전이 더 좋아 보이듯이 새로운 대상과 기회에 쉽게 끌리는 경향 – 옮긴이)'과 같이 눈앞에 나타난 새로운 기회를 붙잡았을 때 벌어질 일을 생각하며 설레는 것이다. 그 기회는 새로운 강의를 듣는 것일 수도 있고, 창업하거나 새 직장에 취업하는 것, 새로운 인생 파트너를 만나는 것일 수도 있다.

- 어떤 사람은 새로운 트렌드를 타고 창업해서 페이스북이나 우버 같은 완전히 새로운 산업을 만들어낸다. 반면 어떤 사람은 계속 새로운 일을 벌이기만 하고 어느 것 하나 제대로 마무리하지 못한다.

- 어떤 사람은 붐비는 술집에서 이상형을 발견하고 데이트 신청을 해서 행복한 연인이 된다(이에 대해서는 뒤에서 다시 언급할 것이다). 반면 어떤 사람은 가슴 설레는 사랑을 꿈꾸며 끊임없이 새로운 사람을 만나지만 결국 혼란과 외로움만 커지고 심지어 불륜이나 중독에 빠진다.

- 어떤 부모는 자녀가 컴퓨터 코딩에 열정을 갖고 실력을 키울 수 있게 교육한 후 기회가 왔을 때 코딩 대회에 참가시켜 그

분야에서 남보다 유리한 출발을 하게 돕는다. 반면 어떤 부모는 자녀에게 온갖 교육을 제공하고 눈에 띄는 모든 기회를 붙잡게 하지만 결국 자녀가 지쳐 나가떨어지고 만다.

- 어떤 사람은 지역 축구 동호회에 가입해 운동으로 건강한 몸을 만들고 시합에 나가 우승도 경험한다. 반면 어떤 사람은 갖가지 운동 도구를 쓰고 최신 유행하는 운동법과 연예인의 몸매 단련법을 전부 따라 하고도 자신에게 꼭 맞는 방법을 찾지 못한다.

이들은 모두 기회에 접근했지만 다른 결과를 맞았다. 전자는 '적절한' 때 '적절한' 기회를 붙잡아 좋은 결과를 내는 데 집중했다. 그들은 어떤 기회를 붙잡고 어떤 기회를 지나쳐야 할지 안다. 이 과정에 대해서는 2부에서 자세히 살펴볼 것이다.

기억하자. 우리는 본능적으로 기회를 추구하는 존재다. 생물학적으로 우리는 기회를 발견하는 능력이 있으며 기회가 가져오는 것들에 끌리는 경향이 있다. 새로움, 낙관적 전망, 희망, 탐험과 성장 같은 것 말이다.

다시 말해서 우리는 지금의 상태에서 얼마든지 벗어날 수 있다. 자신이 기회를 발견하는 능력이 형편없다고 생각하는가? 두려움을 긍정적 흥분으로 변화시킬 수 없을 것 같은가? 반짝이기만 하고 실속 없는 기회를 쫓아다니는 버릇을 고치기 힘들 것 같은가? 그렇지 않다. 누구나 변화할 수 있다. 한 번의 결심이면 된다. 우리의 뇌는 우리가 적응하고 발전하도록 돕는다.

뇌는 뭔가를 배우거나 새로운 대상을 경험할 때, 새로운 방식에 적응하는 훈련을 할 때 실제로 재조직된다. 이는 뇌의 신경가소성(neuroplasticity) 때문이다. 뇌세포 간의 연결이 변화해 새로운 신경 회로가 만들어지는 것이다.

이 신비로운 과정에 대해서는 아직 밝혀지지 않은 것이 많지만, 연구 결과에 따르면 우리의 경험은 이런 변화를 촉진할 뿐 아니라 여러 다양한 방식으로 두뇌를 훈련시킨다. 따라서 우리는 변화할 수 있으며 얼마든지 새로운 습관을 만들 수 있다. 우리는 죽을 때까지 부모님과 똑같은 삶을 살 운명이 아니며 현재 삶에서 되풀이되는 조건들을 언제까지나 겪을 필요도 없다. 과거는 현재를 규정할 수 없고, 미래를 좌우하지 않는다. 2부와 3부에서는 이렇게 기회를 만들고 발견하고 붙잡도록 자기 자신을 재훈련하는 방법을 살펴볼 것이다.

기회는 누구도 기다려주지 않는다

기회는 우리의 마음을 사로잡는다. 기회 추구가 인간의 생물학적 본능임을 감안하면 당연히 그럴 법하다. 최근에 본 소설이나 영화를 떠올려보자. 분명 주인공이 어떤 기회와 마주치는 전환점이 있었을 것이다. 선택의 순간이나 갈림길 같은 것 말이다. 영화 〈스타워즈〉에서 루크 스카이워커가 로봇 R2-D2를 통해 레아 공주의 메시지를 받는 순간, 〈매트릭스〉의 네오가 매트릭스에 관한 수수께끼 같은 메시지를 받는 순간, 〈오즈의 마법사〉의 도로시가 노란 벽돌 길을 따라서 오즈의 마법사를 찾아가기로 한 순간을 생각해보자.

이런 순간은 영웅의 여정 일부이자 모험의 시작점이다. 우리가 좋아하는 이야기들에는 대개 이런 구조가 들어 있다. 이는 주인공들에게 주어진 기회가 우리의 호기심을 끌어당기기 때문이다. 기회는 우리의 생물학적 본능뿐 아니라 상상력도 자극한다. 우리는 영화나 소설 속 인물을 보며 '나라면 어떻게 할까?' 또는 '그들이 기회를 붙잡지 않으면 어떤 일이 벌어질까?'를 상상하곤 한다.

기회는 아주 오래전부터 인간의 문화사에서 중요한 키워드였다. 그리스·로마 문명에서는 기회가 신화적 존재로 표현되기도 했다. 기회의 신은 그리스 신화에서 '카이로스', 로마 신화에서는 '템푸스'다(카이로스, 템푸스 모두 시간을 뜻하는 단어). 고대 그리스에서는 첫 올림피아 제전 개최 장소에 카이로스 조각상을 세워놓았다. 선수들과 관람객들에게 기회와 관련해 때가 중요함을 상기시키기 위해서였다. 그런 걸 보면 고대 그리스인들은 지혜로웠다. 시간과 기회는 아무도 기다려주지 않는다는 사실을 이미 알았던 것이다.

앞으로 나는 시간에 대해 자주 이야기할 것이다. 신속하면서도 신중한 사고의 중요성, 빠른 결정을 내리거나 시간을 들여 조사하는 일의 중요성, 기회를 최대화하기 위해 시간을 관리하는 법 등. 결국 시간과 기회는 본질적으로 밀접히 연결돼 있다.

시간은 기회의 기본적인 요소다. '어떤 일을 행하거나 성취하기에 적절한 시기나 상황'이라는 정의에도 시간 개념이 들어 있다. 그래서 기회는 '내용'뿐 아니라 '때'도 중요하다.

시간을 바라보고 활용하는 방식은 우리가 만나는 기회에 영향을 미친다. 마케팅 구루 세스 고딘(Seth Godin)은 팟캐스트 '아킴보(Akimbo)'에서 "시간은 우리가 다스릴 수 있는 몇 안 되는 것 중 하나"라고 말했다(그는 내 팟캐스트 '파괴적 기업가'에도 게스트로 출연했다). 그는 시간을 어떻게 사용할지는 우리 자신이 선택하는 것이라면서 이렇게 묻는다. "당신은 시간을 흘려보낼 것인가, 아니면 사용할 것인가?"

고딘은 일명 '석기시대 경제학'을 설명하면서 이렇게 말한다. 만일 석기시대 아기를 현대로 데려온다면 그 아기는 우리 모두와 크게 다를 바 없는 성인으로 성장할 것이다. 그러나 석기시대에 살며 성인이 되었다면 하루에 두세 시간을 사냥 등 생존을 위한 활동에 보내고 나머지 시간은 휴식을 취했을 것이다.

하지만 오늘날 우리는 시간을 일종의 자원처럼 사용한다고 고 딘은 말한다. 그 때문에 기회비용이 중요해진다. 우리는 시간을 특정 방식으로 사용할 때마다 그 시간을 어떻게 사용할지(어떤 기회를 잡을지)만을 결정하는 것이 아니라 어떻게 사용하지 않을지 (어떤 기회를 거부할지)도 결정하는 것이다.

이 지점에서 우리는 기회의 매력적인 속성 하나를 떠올리지 않을 수 없다. 희귀하거나 한정된 것처럼 보일수록 더 매력적인 기회로 느껴지는 것이다. 사실 이는 시간의 유한성, 다시 말해 우리 모두 언젠가는 죽는다는 사실 때문이다. 그래서 특정 기회가 더 근사하게, 때로는 더 두렵게 느껴진다.

시간은 많은 이에게 기회와 관련해 큰 스트레스를 발생시키는 요인이다(이와 관련된 해결책은 3부에서 소개한다). 장담하건대 당신도 시간이 더 있었으면, 하루가 24시간보다 더 길었으면, 시간이 멈추거나 천천히 흘러갔으면 하고 바란 적이 있을 것이다. 하지만 정말로 그렇게 된다면 끔찍할 것이다. 왜일까? 그렇게 해서 시간이 무한정 길어지면 기회비용이 낮아지고 못 견디게 지루해지기 때문이다. 시간 제약 없이 무엇이든 할 수 있다면 아무런 흥미도, 재미도 없을 것이다.

영화 〈하이랜더〉의 주인공 코너 매클라우드를 생각해보자. 죽지 않는 불사의 존재인 코너는 세상의 다른 불사신들과 검투를 벌여 살아남아야 하는 운명으로 살아간다. 그는 수백 년 동안 다양한 인간사를 목격하고 많은 기회를 붙잡거나 놓치기도 하지만 결국엔 그 모든 기회가 다시 생기는 것을 깨닫는다. 그는 유한한 삶을 바라게 된다. 우리가 뭔가 해야겠다고 결심하게 만드는 원동력인 삶의 유한성 말이다. 고딘은 이렇게 말했다. "우리는 시간을 어떻게 쓸 것인지 선택하는 일을 감정적으로 즐긴다." 그런 선택이 없다면 설렐 일도 없을 것이다.

세네카(Seneca), 마르쿠스 아우렐리우스(Marcus Aurelius) 등 고대 로마의 스토아학파 철학자들은 항상 제자들에게 삶의 유한성을 일깨웠다. 후대에는 '죽는다는 것을 기억하라'라는 뜻의 라틴어 문구 '메멘토 모리(memento mori)'가 조각과 그림, 글 등 곳곳에 사용되었다. 카이로스 조각상처럼 사람들에게 기회를 놓치지 말라는, 시간을 허비하지 말라는 경고를 보내기 위해서였을 것이다. 지금의 우리에게라면 넷플릭스를 보며 마냥 시간을 흘려보내지 말라는 경고일 것이다(그래도 나는 훌륭한 다큐멘터리는 못 끊겠다).

한번 생각해보자. 만일 앞으로 딱 1년밖에 못 산다면 무엇을 하겠는가? 하고 싶은 것, 해야 할 것을 목록으로 적어보자.

이제 그 목록을 보며 생각해보자. 그중 두려워서 실행을 망설이는 일이 있는가? 다음에 해야지 하면서 미루고 있는 일이 있는가?

목록을 다시 보면서 앞으로 한 달밖에 못 산다면 할 것 같은 일에 밑줄을 그어보자. 그것들은 당신의 삶에서 우선순위가 높은 일인가? 현재 당신이 하고 있는 일을 생각해보자. 당신은 우선순위가 높은 일에 집중하고 있는가?

만일 아니라 해도 낙담하거나 자책할 필요는 없다. 이 질문을 통해 실제 삶과 원하는 삶 사이에 차이가 있다는 사실을 깨닫는 것 자체가 하나의 기회다. 이 책이 그 차이를 좁히는 법을 깨닫게 도와줄 것이다. 언제나 내일은 새로운 날이다. 그리고 언제나 새로운 길이 있다.

≡ 기회는 불운을 가장하고 찾아온다

앞서 말했듯이 우리는 기회가 보이면 행동하는 본능을 지녔다. 우리는 감각과 의식을 동원해 기회를 붙잡는다. 기회를 만들어내거나 알아채거나 붙잡기 위해서는 모든 감각과 능력을 동원해야 한다. 기회는 굉장히 다양한 모습으로 나타나기 때문이다.

당신에게 일어난(또는 당신을 지나쳐 간) 어떤 일이 기회였는데 미처 알아채지 못했다는 사실을 나중에야 깨달은 적이 있는가? 시간이 지난 후 뒤돌아보면서 그때 다른 시각으로 봤다면 제대로 알아봤을 것이라고 생각했던 적이 있는가?

기회는 하나의 구체적인 대상이지만 세상 모든 것이 그렇듯 기회도 우리의 주관적 지각 속에 존재한다. 따라서 기회다, 아니다 하기보다는 우리의 모든 감각으로 그 기회를 감지하는 것이 관건이다.

기회란 '발견'하는 것일까, '창조'하는 것일까? 이를 둘러싸고 많은 연구와 이론이 있어왔다. 기회는 우리가 발견해 붙잡아주기를 기다리고 있는 대상일까? 아니면 우리의 지각과 경험을 통해 만들어내는 것일까? 나는 둘 다라고 생각한다. 이에 관해서는 뒤에서 자세히 살펴볼 것이다. 지금은 기회가 매우 다양한 형태로 나타난다는 사실만 강조하고자 한다.

지금까지 많은 사람이 이 주제를 가지고 저마다의 주장을 펼쳤다. 나폴레온 힐(Napoleon Hill)은 1937년 저서 《생각하라 그리고 부자가 되어라》에서 이렇게 말했다(내가 강력히 추천하는 책이다). "기회는 불운이나 일시적인 패배의 형태로 가장하고 찾아올 때가 많다." 나는 많은 기회가 힘든 도전이나 문제, 실수, 사람들이 불운이라고 느끼는 사건 속에 숨겨져 있다고 믿는다. 내 팟캐스트 '파괴적 기업가'에서 성공한 기업가들에게 어디서 사업 아이디어를 얻는지, 어디서 기회를 발견하며 어떻게 사업을 성공시키는지 질문하면 그들은 우리가 흔히 부정적 경험이라고 여기는 것들을 언급한다.

우리는 실패와 실수, 문제, 힘든 도전, 역경을 부정적으로만 생각한다. 그러나 사실 그것들이 없다면 성공도 할 수 없다. 삶의 어떤 영역에서든 그렇다. 성공하려면 먼저 실패해야 한다. 해결책을 찾으려면 문제를 겪어야 한다. 개구리에게 키스해야 왕자님 또는 공주님을 만날 수 있다. 실수를 발판 삼아 거대한 제국을 일궈낸 이들의 사례는 무수히 많다(버진그룹의 창업자 리처드 브랜슨[Richard Branson]이 대표적이다). 앞으로도 그런 이들의 사례를 많이 만날 것이다.

지금까지 '기회'라는 이름의 그림을 그려서 보여주려고 노력했는데 잘됐는지 모르겠다. 어쩌면 아직은 잭슨 폴록(Jackson Pollock)의 추상화처럼 느껴질지도 모르겠다. 하지만 본문을 읽어나갈수록 그림이 더욱 명확해지면서 우리의 삶에서 기회가 어떤 형태로 나타나고 어떤 역할을 하는지 이해할 수 있을 것이다. 스포일러를 한 가지 하자면, 당신은 바로 지금 기회에 둘러싸여 있다.

SUMMARY

우리 인간은 의식적 사고를 하는 동물로, 우리의 상상을 사로잡는 기회에 본능적으로 반응한다. 기회는 수천 년 전부터 인간의 문화사에서 중요한 키워드였다. 역사 속 수많은 사람이 기회란 놓치기 쉬운 것이며 시간과 밀접히 연관돼 있다고 말했다. 기회는 다양한 얼굴을 하고 있다. 때론 불운과 역경을 가장한 채 나타날 수도 있다.

TAKE ACTION 앞으로 살날이 딱 1년이라면 무엇을 하고 싶은가?

본문을 읽으며 이 목록을 만들지 않았다면 지금이라도 해보자. 남은 인생이 앞으로 1년이라면 당신은 무엇을 하겠는가? 이것은 단순한 버킷리스트가 아니라(솔직히 말해서 버킷리스트를 만들면 기분만 더 허무해진다) 당신의 인생을 원하는 모습으로 변화시키기 위한 '현실적인' 목록이다.

목록을 다 썼는가? 그러면 이제 살날이 한 달 남았다고 생각해보자. 그 기간에 하고 싶은 일에 밑줄을 그어라.

밑줄이 그어진 항목과 현재 삶을 비교해보자. 당신은 중요한 일에 집중하며 살고 있는가? 당신이 우선순위로 생각하는 일들은 당신의 가치관에 부합하는가?

2장

기회는 어디에나 있다

앞서 기회는 변장하고 나타날 때가 많다고 했다. 아마 당신도 경험해봤을 것이다. 물론 나도 경험했다. 뭐든 지나고 나서야 보이는 법이라 당시에는 알지 못했을 뿐이다.

나는 빚에 허덕이고 세상에 대한 불만으로 가득한 가난뱅이 화가였다. 누군가가 내 그림을 원할 것이라는 상상은 하지도 못한 채 꼭꼭 숨어서 그림을 그렸다. 내 기분과 딱 맞아떨어지는 음악인 헤비메탈(물론 지금도 헤비메탈에 열광하지만)만 들으면서 말이다. 그때의 나는 누가 코앞에 기회를 들이민다고 해도 못 알아봤을 것이다. 피터버러에는 갤러리가 없다고 확신했고 런던 같은 대도시는 싫었다. 그러니 내 작품을 남들에게 보여줄 방법도, 기회도 없는 게 당연했다. 얼마나 바보 같은 생각인가!

지금 돌아보면 분명히 그때 피터버러에서도 미술 애호가를 찾을 방법은 얼마든지 있었다. 아니면 케임브리지나 버밍엄 같은 주변 도시에서 갤러리를 찾아볼 수도 있었고, 지역 화가들이나 아트 딜러들을 만나 친분을 쌓을 수도 있었다. 큰맘 먹고 예술 작품과 미술 애호가들이 넘치는 런던으로 가볼 수도 있었다. 아무리 가난했더라도 버스비는 있었으니까. 자전거로 죽어라 달리면 돈 안 들고 하루 안에는 도착했을 것이다.

기회는 힘든 일감으로 변장하고 있었다. 고통과 분노, 두려움의 얼굴을 하고 있었다. 기회는 늘 내 곁에 있었지만 나는 발견할 준비가 안 되어 있었다.

아버지는 오랫동안 내게 집을 사라고 잔소리를 했다. 하지만 나는 그때마다 고개를 저었다.

'대체 그게 말이 돼? 내가? 집을 산다고?'

터무니없는 이야기로만 느껴졌다. 다른 누군가가 그 기회를 붙잡아 해마다 돈을 불리는 것을 지켜볼 뿐이었다. 내가 멍하니 구경만 하는 동안 그 기회는 그대로 있었다. 마침내 그 기회를 붙잡은 것은 단지 내가 변했기 때문이었다.

나는 오랫동안 나만의 세계에 갇혀 있었다. 세상에 나가 관계를 만들려고 하지 않았다. 부동산 모임은 늘 열리고 있었지만 한 번 가볼 생각조차 하지 못했다. 매주 기회가 내 옆을 획획 지나쳐 가고 있었다. 기회는 두려움에 가려 보이지 않았다.

'사람들이 나를 어떻게 생각할까? 돈도, 경험도 없는 놈이 집을 사겠다고? 무슨 수로?'

한심하게 보일 것 같았다. 하지만 결국 두려움을 극복하고 부동산 모임에 나갔고, 거기서 내 인생에서 가장 소중한 사업 파트너를 만났다.

기회는 언제나 그 자리에, 바로 내 코앞에 있었다. 나는 보고 있으면서도 제대로 알아보지 못했다. 그림을 전시할 기회가 있었는데도 내게는 장애물만 보였다. 집을 살 기회가 있었는데도 불가능하다고만 생각했다. 사업 파트너를 만나고 인맥을 쌓을 기회가 있었는데도 두려움에 휩싸여 움직이지 않았다. 나는 기회의 진짜 모습은 못 보고 변장한 모습만 보고 있었다. 그것은 내가 만들어낸 가짜 모습이었다. 나는 준비되지 않은 인간이었다.

기회는 우리 주변에 널려 있다. 말 그대로다. 당신이 보는 모든 방향에, 모든 모퉁이 다음에, 어떤 상황에서도, 어떤 문제의 한가운데에도, 당신이 겪는 모든 두려움과 실패와 희망과 꿈과 욕망 속에도 기회가 존재한다. 일단 문을 열어젖히면 기회가 무한하다는 것을 알게 된다. 이미 존재하는 기회뿐이 아니다. 당신이 만들어낼 기회, 상상을 현실로 바꿀 기회도 마찬가지다.

우리 모두에게 기회는 무궁무진하다. 그것을 볼 준비가 돼 있느냐가 관건이다.

≡≡≡ 열린 마인드로 기회를 붙잡아라

혹시 '케빈 베이컨의 6단계 게임(Six Degrees of Kevin Bacon)'을 해 본 적이 있는가? 배우 한 명에서 시작해 그와 연결된 사람의 이름 을 대면서 여섯 단계 안에 케빈 베이컨에 도착하는 게임이다. 예 를 들면 줄리아 로버츠는 한 단계면 연결된다. 그녀는 영화 〈유혹 의 선(Flatliners)〉에 케빈 베이컨과 함께 출연했기 때문이다. 케빈 하트는 두 단계다. 그는 영화 〈40살까지 못해본 남자〉에 스티브 카렐과 함께 출연했고, 스티브 카렐은 〈크레이지, 스투피드, 러브 (Crazy, Stupid, Love)〉에 케빈 베이컨과 함께 출연했기 때문이다.●

이 게임은 세상 모든 사람이 최대 여섯 단계로 연결돼 있다는 이론을 토대로 한다. 이런 연결 관계는 항상 풍부한 기회를 만들 어내며 나 역시도 이를 경험했다. 나는 팟캐스트 '파괴적 기업가' 에서 유명 인사들을 인터뷰하는데, 그중 다수는 인맥을 통해 알 게 된 이들이다. 내 팔로워가 아는 사람의 아는 사람, 그의 친구 의 친구, 사업 파트너의 사업 파트너로 연결되는 식이다. 이렇게 알게 된 사람들과는 관계를 트기도 쉽다. 불과 몇 초면 왓츠앱

● 케빈 베이컨 게임은 사실 게임의 주인공인 케빈 베이컨에게 변장한 모습으로 찾아온 기 회였다. 케빈은 처음엔 이 게임을 싫어했지만 나중에는 세상에 긍정적 영향력을 미치는 기회로 활용했다. 그는 2007년 식스디그리즈(SixDegrees.org)라는 자선 재단을 설립 했다. 케빈 베이컨 게임의 관점에 착안해 만들어진 이 재단은 사람들이 의미 있는 자선 활동을 지원할 수 있게 하고 세계 곳곳에 자선단체들의 설립을 도왔다.

(WhatsApp) 메시지나 이메일을 보낼 수 있다. 그리고 모든 관계 각각이 기회에 해당한다.

인생은 결국 사람과 관계가 좌우한다. 이런 기회들은 언제나 존재하고 있었다. 그런데 기술의 급속한 발전으로 기회는 거의 무한할 정도로 늘어났다.

디지털 기술 덕분에 빛의 속도에 가까운 커뮤니케이션이 가능해지면서 기회의 숫자도 늘어나고, 그런 기회에 접근할 수 있는 속도도 빨라졌다. 이제는 누군가를 직접 찾아가 대화를 나눌 필요가 없다. 편지를 부치거나 전화를 걸 필요도 없다. 인터넷 덕분에 영국의 인적 드문 시골에 살아도 뉴욕의 일자리에 지원할 수 있으며 비행기를 타지 않고도 면접을 볼 수 있다.

심지어 집 안에서 실내화를 신은 채 데이트 앱을 켜고 화면을 밀어 넘겨서 멋진 데이트 상대를 만날 수 있으며, 저렴한 비용으로 집 안에서 세계 최고 트레이너와 함께 운동할 수 있다. 남아프리카공화국에 있는 파트너, 독일에 있는 프로듀서들과 합심해 자선단체를 만들어 아시아의 재해 지역에 깨끗한 식수를 공급하는 프로젝트를 진행할 수도 있다.

마음만 열려 있다면 곳곳에서 기회를 볼 수 있다. 그리고 이미 존재하는 기회만 기회가 아니다. 앞에서도 말했지만 기회가 이미 존재하는 것을 발견하는 것인지, 아니면 우리가 만들어내는 것인지는 논쟁이 분분하다. 이런 토론은 특히 기업가정신과 관련해 많이 벌어지곤 한다.

그중에서 '개인-기회 결합(individual-opportunity nexus)' 이론이 있다. 기업가정신 분야의 전문가 조너선 에크하트(Jonathan Eckhardt)와 스콧 셰인(Scott Shane)에 따르면 일각에선 기업가가 기회를 창조한다고 주장하지만 사실 비즈니스 세계의 기회는 객관적 대상으로 존재한다. 기업가가 기민하게 움직이고 변화하면서 이미 존재하던 특정한 기회를 발견한다는 것이다. 이들의 관점에 따르면 기업가가 창의성을 발휘한 듯 보일지 모르지만 실제로 이는 탐색의 결과다. 이미 존재하던 기회들이 누군가에게 발견되고 이용된다는 것이다.

그러나 연구자들이 기업가들에게 사업 아이디어를 어떻게 얻었느냐고 묻자 그 반대를 암시하는 대답도 나왔다. 즉 기업가가 자신의 경험을 이해하고 활용한 결과물로서 기회가 생겨나기도 했다. 그들은 고정된 기회를 발견한 것이 아니라 세상에 없던 기회를 상상하고 창조한 것이다.

이는 기회와 아이디어의 밀접한 관계를 보여준다. 기회에는 창의적 요소가 동반된다. 즉 기회를 만나려면 상상력과 마음속 시각화, 심지어 몽상도 필요하다. 당신이 마음속에 선명한 그림을 그릴수록 그림은 진짜처럼 느껴져 당신의 뇌는 상상인지 현실인지 분간할 수 없게 된다. 그러면 당신의 행동 방식이 바뀌고, 이로써 당신이 삶을 대하는 태도 또한 바뀌고, 결국은 당신이 처한 상황이 바뀐다. 이에 관해서는 3장에서 살펴볼 것이다. 이는 얼핏 비과학적인 현상처럼 보일지 몰라도 실제로 꽤 큰 힘을 발휘한다.

이 주제와 관련된 이론들은 상반되는 두 주장으로 나뉘지만 나는 이것이 꼭 이분법적으로 볼 문제만은 아니라고 생각한다. 정답이 하나라고 단정할 수 없다는 이야기다. 나는 현실에서는 이 두 관점이 동시에 적용된다고 본다. 즉 기회는 이미 존재하기도 하고 창조되기도 하며, 어떤 기회는 발견하고 어떤 기회는 창조한다고 말이다. 두 경우 필요한 기술을 단련할수록 더 많은 기회를 만날 수 있다(이에 대해서는 2부에서 살펴본다).

이 모두에서 중요한 역할을 하는 것은 마음가짐이다. 마음가짐과 성공의 관계에 대해서는 할 말이 많지만 여기서는 너무 깊이 들어가지 않겠다. 일단은 한 가지만 강조하고 싶다. 우리는 각자의 필터를 통해 세상을 이해하고 경험한다. 그 필터란 자신의 경험, 편견, 내면의 비판적 목소리, 온갖 가정과 신념이다. 스스로 인지하든 못하든, 우리는 끊임없이 무언가를 끌어당기거나 거부한다. 어떤 경우에는 이미 준비가 돼 있어 기회를 붙잡고, 어떤 기회는 보지 못하고 지나쳐버린다.

마음가짐을 관리하면 이 필터를 조정할 수 있다. 낙관적 마음가짐을 유지하면 문제에만 집중하지 않고 주변의 더 많은 기회를 발견하게 된다. 비관적 마음가짐이 있었더라도 올바른 접근법을 취하면 어려운 상황을 기회로 변화시킬 수 있다.

내가 강조하고 싶은 것은 기업가적 마음가짐이다. 연애, 일, 건강, 경제적 문제 등 삶의 어떤 영역에서든 기업가적 마음가짐은 기회를 붙잡는 기술의 단단한 기초가 될 수 있다. 일단 그 마음가짐을 장착하면, 그래서 기회를 찾는 능력을 발휘하기 시작하면 사방에 기회가 널려 있음을 깨닫기 시작할 것이다.

나는 실제로 이런 과정을 경험했다. 이제부터 그 과정이 어떤 단계로 이루어지며 그 이면에 무엇이 있는지 이야기를 들려주고자 한다.

SUMMARY

기회는 당신의 주변 어디에나 있다. 제대로 보려면 당신의 필터를 조정하기만 하면 된다. 기회란 객관적으로 존재하는 동시에 상상해서 만들어내는 것이다. 이에 필요한 기술을 익히고 마음가짐을 바꾸면 당신 앞에 무한한 기회의 세계가 펼쳐질 것이다.

TAKE ACTION   내 앞에 변장하고 나타난 기회는 무엇인가?

앞서 우리는 지난 한 주 동안 만난 기회들을 적어봤다. 그 목록을 보며 생각해보자. 빠뜨리고 적지 않은 것, 즉 목록을 만들 때는 몰랐지만 지금 다시 생각해보니 기회라고 판단되는 것이 있는가? 오늘, 지금, 이 순간에 집중해보자. 다른 것으로 가장하고 당신 앞에 온 기회가 무엇인가? 기회 다섯 가지와 그것들이 무엇으로 가장하고 나타났는지 적어보자. 거기에 어떤 패턴이 있지는 않은가?

3장

바라는 것을 마음속에 그려라

과거에 나는 고집스러운 인간이었다. 코앞에 있는 기회를 잡으라는 모든 조언을 귓등으로 흘려보냈다. 하지만 조언을 받아들이고 기회를 붙잡기 시작하자 인생도, 사업도 크게 도약했다. 성공은 또 다른 성공을 불러왔다. 여기에는 자기계발의 여정을 시작한 것도 큰 역할을 했다.

2006년은 내게 큰 발전이 일어난 해였다. 직업적 성공에 가속이 붙으면서 큰돈을 벌었고 더 이상 가난뱅이 화가가 아닌 삶에 서서히 익숙해졌다. 여러 기회가 계속 나를 찾아왔다. 나는 내가 경험하고 있는 상황의 영적 측면을 깊이 들여다보고 싶다는 호기심이 생겼다.

나는 성공을 갈망했다. 승리하고 싶었고 더 세게 밀어붙여 더 많은 돈을 벌고 더 많은 가치를 만들어내고 싶었다. 다음 단계로, 그다음 단계로 도약하고 싶었다. 하지만 나의 그런 갈망이 절박함으로 보이기 쉽다는 것 또한 알고 있었다.

당시 나는 끌어당김의 법칙을 공부하고 있었다. 그레고리 가르시아(Gregory Garcia)의 《비밀: 끌어당김의 법칙(The Secret: Law of Attraction)》을 읽으며 실체화(manifestation)와 연관된 개념들을 탐구했다. 원하는 결과와 사람들을 내 삶으로 끌어당기기 위해 무작정 열심히 일하는 것보다 더 쉬운 방법을 알고 싶었다. 내가 게을렀다는 이야기가 아니다(하지만 어떤 이들은 실제로 일하기를 싫어하고 게으르다. 만일 당신도 그렇다면 이 점을 기억하라. 당신은 원하는 모든 것을 현실로 만들 수 있지만 아무것도 하지 않으면 아무것도 얻지 못한다). 사실은 너무 열심히 하려고 해서 그런 모습이 절박함으로 비칠 수도 있었다.

세상에 절박한 모습을 좋아하는 이는 없다. 너무나 절박해 보이는 상대와 데이트를 한다고 상상해보라. 그런 사람과 계속 시간을 보내고 싶지는 않을 것이다. 나는 비즈니스 세계에 막 입성한 상태였고 꼭 성공하고 싶었다. 사실 성공을 절박하게 원했다. 하지만 남들에게 그런 마음을 들키고 싶지는 않았다. 그러면 남들이 나를 싫어할 것만 같았다.

그러던 어느 날 디자이너 닉 힐슨(Nick Hillson)과 이야기를 나누게 되었다. 그 역시 자기계발에 관심이 많은 친구였는데, 내가 느끼는 딜레마를 들려주자 디팩 초프라(Deepak Chopra)의 책을 읽어보라고 권했다. 나는 초프라가 쓴《성공을 부르는 일곱 가지 영적 법칙》을 구해 읽었다. 이 책은 내 사고방식을 통째로 바꿔 놓았다 해도 과언이 아니다. 순수 잠재력의 법칙을 처음 알게 된 것도 이 책을 통해서였다.

═══ 마음속 시각화 연습

잠깐 언급해둘 것이 있다. 나는 실체화와 끌어당김의 법칙('원하는 삶을 상상하면 마법처럼 눈앞에 나타날 것이다')에 흥미를 느끼기는 했지만 확신이 들지 않았다. 신비롭고 초자연적인 메시지라서 나와는 맞지 않았다. 좀 더 이론적 토대가 견고한 뭔가가 필요했다. 그 틈을 메워준 것이 순수 잠재력의 법칙이었다.

순수 잠재력의 법칙(The Law of Pure Potentiality)은 요가의 첫 번째 영적 법칙이다. 20세기 전반 서구 사회에 요가와 영적 가르침을 전파한 파라마한사 요가난다(Paramahansa Yogananda)는 이렇게 말했다. "우리는 매 순간의 주인이다." 이 말은 순수 잠재력의 법칙을 한마디로 설명해준다.

순수 잠재력의 법칙에 따르면 인간 정신의 본질은 순수의식이다. 이 순수의식의 영역은 우리의 직관과 균형, 조화로움이 존재하는 곳이다. 순수의식은 창의성의 근간이자 우리 의식의 정수이며 기회와 가능성의 원천이다.

우리는 이 순수의식의 영역을 통해 모든 타인과 연결된다. 순수의식을 충분히 활용하기 위해서는 행위를 멈추고 침묵하면서 그저 '존재하기'에 집중해야 한다. 간단하지 않은가? 이는 서양과는 성격이 완전히 다른 동양 철학의 사상으로 많은 사람이 수천 년간 실천해온 수행법이다. 요가에서 사용하는 '옴 바밤 나마(Om Bhavam Namah)'도 그와 같은 맥락의 만트라다. 이는 '나는 절대적 존재다' 또는 '나는 모든 가능성의 장(場)이다'라는 뜻으로 우리가 침묵을 통해 존재의 본질인 순수한 에너지를 활용할 수 있게 되면 무엇이든 이룰 수 있다는 것이다.

분명히 말해두지만, 이 법칙을 접했을 당시 나는 요가 수행자와는 우주만큼이나 멀리 떨어진 사람이었다. 그전에 명상을 시도해본 적은 있었지만 죽을 만큼 지루해서 금세 집어치우고 말았다. 나는 빨리 생각하고 행동하는 타입이라서, 일상을 멈추고 삶의 여유를 음미하는 것 따위와 거리가 멀었다.

하지만 순수 잠재력의 법칙은 강렬하게 와닿았다. 무한한 가능성과 잠재력과 기회로 가득하지만 깜깜했던 머릿속에 딸깍하고 불이 켜진 것만 같았다. 어두운 방 안에 있다가 갑자기 시야가 밝아진 기분이랄까. 이 법칙과 가르침을 좀 더 깊이 공부하고 싶었다. 그러다가 사업 때문에 바빠져서 그러지 못했다.

하지만 바쁜 와중에도 실천한 것이 하나 있었는데 바로 마음속 시각화였다. 나는 나폴레온 힐의 《생각하라 그리고 부자가 되어라》를 읽은 후 끌어당김의 법칙을 실천하기 시작했다. 힐은 의도적으로 조직된 전문가 집단인 마스터마인드 그룹(mastermind group)의 중요성을 강조했는데, 실제로 만나 경험과 조언을 공유하는 집단이 아닌 상상 속의 집단에 대해서도 언급했다.

상상 속 마스터마인드 그룹은 이렇게 구성한다. 먼저 눈을 감고 당신의 문제나 힘든 과제, 목표 또는 욕구를 마음속에 그려 시각화한다. 그리고 나이 지긋한 전문가와 현자들이 모여 있는 회의실을 상상한다. 모두 각자의 분야에서 성공했으며 당신의 문제나 목표에 관해 훌륭한 조언을 해줄 수 있는 사람들이다. 그들은 회의실 테이블에 둘러앉아 있다.

쉽지 않을 수도 있지만 상상력을 최대한 동원해 이들이 가상 회의실에 모인 장면을 시각화한다. 그런 다음 당신이 그 회의실로 들어가 안건을 제시한다. 당신의 문제나 목표 또는 욕구가 주제다. 그들이 당신의 문제를 가지고 토론하는 모습, 다양한 관점과 의견이 나오는 장면, 그들이 제시하는 해법들을 상상해본다.

나는 이 연습을 정기적으로 하기 시작했다. 그리고 매일 잠자리에 들기 전 마음속으로 나만의 만트라를 외우는 루틴도 만들었다. 내가 하는 방식을 잠깐 들려주면 이렇다.

나는 침대에 누워 눈을 감고 "부, 성공, 건강, 강인함, 행복, 자신감, 판단하지 않기, 풍요, 사랑, 감사하는 마음"이라는 만트라를 외운다. 그런 후 나의 목표와 비전, 도전 과제, 어려움, 문제를 상상하며 시각화한다. 그것들의 해결책도 시각화한다. 해결책을 때로는 언어로, 때로는 그림으로 떠올린다. 나는 이 기법으로 원하는 결과를 얻는 데 큰 효과를 봤다. 내가 원하는 결과와 목표와 사람을 끌어당길 수 있었다.

물론 내게는 효과가 있었지만 당신에게는 아닐 수도 있다. 하지만 해봐서 손해 볼 건 없지 않은가. 밑져야 본전이다. 어차피 잠을 자려면 누워야 하니 따로 시간이나 에너지가 드는 일도 아니다.

하지만 시각화만으로는 한계가 있다. 이를 행동으로 옮기는 적극적인 태도가 반드시 따라야 한다. 세상에 당신을 알리고 적절한 방식으로 당신을 포지셔닝해야 한다. 원하는 것을 적극적으로 구해야 한다(구하지 않으면 당신에게 오지 않는다). 일단 부딪히고, 완벽하지는 못할지언정 여러 시도를 해보고, 사람들과 좋은 관계를 맺고, 얻고자 한다면 먼저 베풀어라. 시각화는 마법의 특효약이 아니다. 하지만 놀라운 힘을 발휘하는 것은 맞다.

내가 시각화 연습을 시작한 것은 2006년이었다. 이후 10년쯤 지나 나는 친구인 맷 야누셰크(Matt Januszek)와 대화를 나눴다. 맷은 현재 이스케이프 피트니스(Escape Fitness)라는 회사를 운영하고 있으며 '이스케이프 유어 리미츠(Escape Your Limits)'라는 멋진 팟캐스트도 진행 중이다. 그와 나는 공통점이 많고 잘 통해서 1년에 몇 번은 꼭 만난다. 보통은 와가마마(Wagamama) 레스토랑에서 만나 읽고 있는 책이나 즐겨 듣는 팟캐스트, 영감을 얻은 인물 등에 대해 수다를 떤다.

당시 그는 내게 조 디스펜자(Joe Dispenza)의 책을 읽어보라고 권했다. 디스펜자의 책을 읽고 나서 마음가짐의 중요한 변화를 겪었다면서 말이다. 나처럼 맷도 시각화를 활용하고 있었는데, 그 기법의 효과를 한층 높일 새로운 관점을 디스펜자를 통해 발견했다는 것이었다.

명상하거나 만트라를 외우거나 끌어당김의 법칙을 활용할 때 사람들은 대개 특정 이미지를 상상하거나 특정 단어를 말하거나 마음속으로 되뇐다. 그런데 여기에는 하나가 빠져 있다. 바로 감정이다. 디스펜자를 비롯한 여러 전문가의 말에 따르면 감정은 에너지를 발생시키고 에너지는 높은 진동을 만들어낸다. 그리고 우리가 원하는 감정 상태로 들어갈수록, 즉 자신이 원하는 결과를 달성할 때 느끼는 감정 상태가 될수록 에너지의 진동과 주파수가 더 강해진다. 그러면 '통일장(unified field)'을 통해 끌어당기는 힘이 작동하기 시작한다.

여기에는 과학에서 차용한 개념이 들어 있다. 방금 언급한 조 디스펜자는 척추 지압사이자 뇌 전문가로 다양한 과학 영역에 관심이 있으며 신경과학과 물리학의 개념들을 자주 활용한다. 알

베르트 아인슈타인은 전자가 진동하면 전자기파가 생기는 것처럼 중력장의 요동이 중력파를 발생시킨다고 하는 일반 상대성 이론을 발표했지만, 말년에는 중력과 전자기력을 통합하려는 통일장 이론에 몰두했다. 이 통일장 이론을 완성하기 위해 이론물리학자들은 모든 것을 연결하는 물리학 법칙을 찾기 위해 지금도 고심하고 있다.

디스펜자를 비롯한 많은 이가 이 이론에서 연결이라는 개념을 차용했다. 그들은 세상의 모든 것이 힘과 입자와 진동을 통해 연결돼 있으며 시공간의 모든 지점에 무한한 가능성이 존재한다고 말한다. 그리고 우리는 그것을 활용할 수 있다. 이런 접근법과 순수 잠재력의 법칙 같은 동양 철학의 개념을 합치면, 이는 기회에 대해 완전히 다른 관점을 가질 수 있는 토대가 된다. 즉 시각화와 높은 에너지를 발생시키는 감정을 활용하면 우리는 세상에 실제로 영향을 미칠 수 있다. 다시 말해 새로운 가능성들을 만날 수 있다.

나는 팬티만 입고 거실에 앉아 하루에 여덟 시간 명상하는 경지에 아직 오르지 못했고, 가만히 있는데 백만장자가 찾아와 우리 집 현관을 두드린 적도 없으며, 내가 원하는 회사를 손가락 하나 까딱하지 않고 단돈 1파운드에 인수하라는 제안을 받아본 적도 없다. 하지만 위에서 말한 접근법들의 힘을 믿고 내 삶에 적용하려고 노력해왔다. 나는 내 몸 안에 에너지를 만들어내고 나의 감정을 상상하고 더 높은 에너지 진동과 주파수를 만들어내는 데 집중한다.

앞에서도 말했듯이 내 생활의 기본 모드는 열심히 일하는 것이다. 아버지는 나를 그렇게 키웠다. 아버지는 여섯 살 때부터 내게 일을 시켰다. 밤늦게까지 손님이 북적이고 난 다음 날 홀을 청소하고 술병 선반을 채우는 일을 해서 일주일에 1파운드를 받았다. 그래서인지 몰라도 나는 시각화 및 위에서 말한 접근법을 활용해 최대의 효과를 얻으려면 열심히 노력하는 태도가 전제돼야 한다고 생각한다.

그러나 다른 한편으로 보면(모든 일에는 역설적 측면이 있다) 그저 열심히 일하는 것만으로는 원하는 것을 얻을 수 없다. 열심히 일하는 것은 때로 비생산적이다. 쉽게 지치기 때문이다. 에너지가 완전히 바닥나서 결국 일을 그르치거나 실수를 저지르기도 한다. 절박하게 발버둥 친다는 인상을 줄 수도 있다. 따라서 열심히 일하는 것과 똑똑하게 일하는 것의 균형이 필요하다. 나는 이 균형을 잡는 데 시각화 기법이 큰 도움이 됐다.

내가 페라리를 산 것, 많은 유명 인사와 성공한 인물과 억만장자를 만나고 인터뷰한 것, 나를 괴롭히는 문제와 두려움에 대한 해결책을 찾은 것, 여러 회사를 소유하고 책 여러 권을 출간한 것, 팟캐스트를 만든 것, 개인 브랜드를 구축하고 강연에서 세계기록을 세운 것, 이 모든 성공의 상당 부분은 시각화와 만트라 외우기를 꾸준히 실천하고 원하는 결과를 생생하게 마음속에 상상한 덕분이다.

≡ 생각하는 것은 현실이 된다

마음속 시각화는 왜 효과가 있을까? 마음속 시각화가 힘을 발휘하는 이유에 관한 심리학 연구가 오랫동안 이어져왔다. 앞에서도 말했지만 실제로 경험해서 기억하는 내용과 상상한 내용을 두뇌가 항상 분간할 수 있는 건 아니다. 하버드대학교에서 진행한 연구에 따르면 과거를 기억하는 것과 미래를 상상하는 것은 긴밀하게 연결돼 있다. 이 두 활동을 할 때 동일한 두뇌 신경망이 작동한다. 즉 우리는 과거를 돌아볼 때와 미래를 내다볼 때 동일한 두뇌 프로세스를 사용한다.

이와 같은 사실은 기억이 문제 해결에 영향을 미치는 방식에 대해 많은 시사점을 던져준다. 그리고 마음속 시각화가 힘을 발휘하는 이유도 설명해준다. 뭔가를 마음속으로 상상할 때 경험을 기억할 때와 똑같은 두뇌 신경망이 사용된다면, 두뇌는 상상한 내용을 기억과 똑같이 취급할 것이다. 따라서 상상한 내용을 신뢰하고 확신하게 된다.

이는 두려움을 극복하고 목표 달성을 위한 행동을 취하는 데 도움이 된다. 일종의 최면 효과와도 비슷한데, 해낼 수 없다고 믿는 뭔가를 이루는 모습을 상상하면 그런 제한적인 믿음을 끊어내고 실제로 해낼 가능성이 커지는 것이다.

내가 가장 좋아하는 설명 방식은 시각화를 라디오 주파수 맞추기에 비유하는 것이다. '생각이 현실이 된다'라는 말이 있다. 뭔가에 관심이 생기면 그곳으로 에너지가 이동하고 결과가 나오는 법이다.

우리는 이런 현상을 일상생활에서 수시로 목격한다. 뭔가에 관심을 두고 집중하면 그것에 변화가 생긴다. 즉 중요하게 여기는 일을 가장 잘 해내곤 한다. 만일 건강해지고 싶다면 〈왕좌의 게임〉을 정주행하는 대신 건강관리를 1순위에 놓고 근력 운동과 심장 강화 운동을 열심히 하면 건강해질 가능성이 커진다.

내면도 마찬가지다. 우리의 마음을 원하는 주파수에 맞추면 목표를 달성할 가능성이 커진다. 생각과 에너지가 사방으로 분산돼 쓸데없는 감정과 두려움이 들어앉게 놔두는 대신, 중요하게 여기는 일이나 목표에 생각과 에너지를 쏟는다면 말이다.

일각에서는 이런 현상이 두뇌의 망상활성계(reticular activating system)와 연관돼 있다고 본다. 망상활성계는 뇌와 신체의 여러 다양한 기본 시스템을 통제하며 1장에서 말한 투쟁-도피 반응에도 관여한다. 어떤 이들은 망상활성계가 일종의 필터 역할을 한다고 말한다. 주변 환경의 특정 신호들을 감지해서 우리가 관심을 두거나 집중하는 것이 더 많이 눈에 들어오도록 만든다는 것이다. 마음속으로 자주 상상한 것을 이룰 가능성이 큰 이유도 같은 맥락으로 볼 수 있다.

하지만 더 설득력이 큰 심리학적 설명이 있다. 이는 목표 설정과 관련되는데, 목표를 세울 때 구체적으로 정할수록 끌어당기는 힘이 강해져 이룰 가능성이 커진다는 것이다. 'SMART 목표'라는 말을 들어봤을 것이다. 이는 구체적이고(specific) 측정할 수 있고(measurable) 달성할 수 있으며(achievable) 현실적이고(realistic) 기한이 있는(time-bound) 목표를 말한다. SMART 목표가 효과적인 이유는 명확한 가이드라인 역할을 하기 때문이다. 여기에 시각화를(그리고 더 강력한 감정도) 추가한다면 끌어당기는 힘은 훨씬 강력해진다.

마음속 시각화는 나와 나폴레온 힐의 공통적인 습관으로 여기고 넘어갈 게 아니다. 정말로 효과가 있기 때문이다. 미국의 연구팀이 한 달간 진행한 실험에 따르면 감사하는 연습을 하는 것보다 '될 수 있는 최고의 자신'을 상상하는 것이 사람들에게 더 긍정적인 영향을 미친다고 한다. 또 다른 실험에서는 긍정적인 미래를 상상한 이들이 실제로 긍정적인 미래를 맞이할 가능성이 큰 것으로 나타났다. 시각화는 우리의 기분과 낙관적 태도, 기대치에 영향을 미친다. 나중에 살펴보겠지만 우리의 마음가짐은 기회를 붙잡는 데 결정적인 역할을 한다.

≡ 부와 성공을 불러들이는 상상의 힘

SMART 목표와 달리 마음속 시각화에는 정해진 기간이 없다. 즉 원하는 것을 마음속에 상상하고 그것을 현실로 만들 수 있지만 언제 어디서 이루게 될지 정확히 알지는 못한다. 나는 내가 바라는 결과를 실현할 수 있다고 믿는다. 원대한 계획도 세워놨고 아직 구체적으로 밝힐 수는 없지만 현재 순조롭게 진행 중인 일들도 있다. 그러나 나는 그것이 이뤄지는 때를 완벽히 알지는 못한다.

때로는 '앞으로 n주 안에 수익을 100만 파운드 올리겠다' 같은 구체적인 목표를 세운다. 하지만 항상 그대로 되지는 않는다. 이는 약간 골치 아픈 점이기도 했다. 생각해보면 어느 정도는 마음을 비우고, 원하는 목표를 위해 노력하는 것 못지않게 현실을 받아들이는 것도 필요하다. 이는 딜레마이자 균형의 문제로 논란의 여지가 많은 주제다. 나는 지금도 이 문제를 풀 방법을 계속 배우고 있다. 아직 나는 완벽한 요가 수행자의 경지에 오르지 못했다.

지금도 나는 이 세상과 우주에서 어떤 일이 벌어지고 있으며 그 안에서 나의 위치는 어디일까 생각해본다. 더 많은 지식을 쌓을수록 내가 모른다는 사실을 깨달을 뿐이다. 평생 공부하고 배워야 할 것이다. 그래도 그 모든 현상을 움직이는 힘을 다 깨달을 수는 없겠지만 말이다.

그동안 살아오면서 얻은 결과들을 어떤 문맥에 놓고 이해해야 할까? 그 결과들은 어떻게 나타났을까? 운 때문일까? 운이란 무엇일까? 운이 기회를 만들어낼까? 행운은 저절로 끌려오는 것일까, 아니면 열심히 노력한 결과로 얻는 것일까? 행운이란 명확한 비전을 갖는 걸 말할까? 이 모든 것을 종합적으로 분석해 답을 찾고 있지만 아직 갈 길이 멀기만 하다. 이 주제를 탐구하는 사상가들은 연구할 게 더 많을 것이다. 심리학과 신경생물학, 우주에 관한 인류의 지식은 계속 쌓이고 있다. 앞으로 우리는 그런 지식과 기회라는 주제가 맞물리는 지점을 더 확실히 알 수 있을 것이다.

한 가지 확실한 것은 우리 모두 내면의 잠재력을 다 사용하지 못하고 있다는 사실이다. 우리는 계속해서 기회를 놓친다. 이런저런 가능성이 그냥 지나가 버린다. 오늘을 붙잡고 인생에서 승리하려면 우리 자신을 바꿔야 한다. 배우고 적응하고 변화해야 한다. 믿음과 인내심과 투지를 가져야 하며 근면함이라는 윤리도 갖춰야 한다. 두려움을 극복하고 자신감을 찾고, 낙관적 시각을 갖고 자기 자신을 믿어야 한다.

나는 그 모두에서 마음속 시각화가 중요한 역할을 한다고 굳게 믿는다. 시각화는 잠재력을 일깨우고, 마음가짐을 변화시키고, 내 주파수를 중요한 일들에 맞추게 한다. 또한 시각화는 행운이라고 착각할 수 있지만 실은 행운이 아닌 놀라운 결과를 낳는 연결들을 활성화한다.

SUMMARY

마음속 시각화는 기회를 만들어내는 강력한 도구다. 특히 목표나 바람과 연관된 감정을 함께 떠올리면 더 큰 효과를 낸다. 시각화 기법 중에서도 마스터마인드 그룹 상상하기는 생각지 못한 해결책의 발견에 도움이 될 수 있다. 순수 잠재력의 법칙, 통일장 이론 등 시각화의 힘을 설명하는 여러 이론이 있는데, 그중 심리학 연구는 시각화가 마음가짐에 긍정적 영향을 미칠 수 있음을 보여준다. 시각화는 기회를 이용하기 위한 핵심 열쇠다.

TAKE ACTION   하루에 한 번 시각화를 실천하라

다음 내용을 글로 적거나, 그림을 그리거나, 비전 보드로 만들어보자.

- 암송할 만트라: 긍정적 확언, 목표, 집중하고 싶은 대상들을 열거하는 문장.
- 원하는 대상이나 이루고 싶은 목표의 이미지: 집, 자동차, 연인이나 배우자, 가족, 휴가, 특정한 능력 등.
- 감정: 목표를 이루면 어떤 감정을 느낄 것 같은가? 원하는 것을 상상하는 내내 그 감정을 내면에 재현하려고 노력하라.

4장
행운을 발견하는 법

가난한 화가였을 때 나는 빚을 자그마치 5만 파운드나 떠안고 있었다. 게다가 모기지 대출금도 있었다. 어느 시점이 되자 그림을 팔아 얻는 수입으로는 이자를 감당할 수 없는 지경에 이르렀다. 그래서 갖고 있던 차를 팔기로 했다. 5년 만기 자동차 대출로 산 1만 파운드짜리 차였고 한 달에 250파운드씩 갚고 있었다. 당시 20대 초반이었던 내겐 적지 않은 금액이었다.

나는 3,500파운드에 차를 팔았다. 대출 만기가 3년이나 남은 상태였다. 차를 판 돈으로 급할 때 쓰곤 했던 신용카드들의 빚 일부를 처리했다. 그리고 남은 500파운드로 자전거를 샀다. 어딜 가든 그 자전거를 타고 다녔다(차도 없고 돈도 없으니 어쩔 도리가 없었다). 나는 자전거를 타고 피터버러 곳곳을 돌아다니며 고급 주택들의 우편함에 직접 만든 전단지를 넣었다. 그림 의뢰를 받는다고 광고하는 전단이었다.

그렇게 매일 돌아다니는데 유독 눈에 띄는 집이 하나 있었다. 피터버러에서도 가장 근사한 동네에 있는, 1880년대에 지어진 빅토리아 양식의 3층짜리 주택으로 외관에서부터 웅장한 느낌을 주는 집이었다. 지하실이 딸려 있었고 차 여러 대를 거뜬히 수용할 길고 아름다운 진입로도 있었다. 심지어 집 앞에 깃발 게양대까지 있었다. 시내에서 가까운 위치에 그 정도 규모와 분위기의 주택을 찾기는 힘들어 보였다.

나는 그곳을 지나칠 때마다 잠시 자전거를 세우고 10초쯤 그 집을 쳐다봤다. 그리고 다짐했다. '언젠가는 이 집을 꼭 사야지.' 당시 나는 미혼에 아이들도 없었으므로 그런 집이 필요 없었다. 꽤 크기는 했지만 피터버러에서 가장 큰 집도 아니었다. 단순히 집의 크기가 관심을 끌어당긴 것은 아니었다. 꼭 집어 설명할 순 없지만 왠지 그 집이 내게 말을 거는 것 같았다. 내가 꿈꾸던 집의 모든 요소와 매력을 지닌 집이었다.

그로부터 몇 년이 훌쩍 흘러 나는 그림을 접고 부동산 사업에 매진했다. 마크와 함께 차린 부동산 회사를 통해 성공적인 포트폴리오를 관리하며 돈을 꽤 많이 벌었다. 어려웠던 시절 자전거를 멈추게 했던 그 동네와 집은 여전히 마음속에 남아 있었고, 마침내 나는 그 동네에서 살기로 했다. 그 무렵 아내를 만나 결혼했는데 아내 역시 그 동네를 마음에 들어 했다.

하지만 때는 부동산 시장이 침체기에 빠진 2009년이었다. 아무래도 집값이 더 내려갈 것 같았기에 집을 사지 않기로 했다. 그보단 1년 동안 임차한 집에 살면서 시장 상황을 지켜보는 게 낫겠다는 판단이 들었다(이런 전략을 언제나 추천하는 건 아니다. 다만 당시에 내가 택한 전략일 뿐이다). 집값이 훨씬 내려가면 매물로 나온 집 중에서 괜찮은 곳을 건져야겠다고 생각했다.

우리는 6개월에서 1년쯤 살 생각으로 방 다섯 개짜리 집을 임차했다. 그리고 그 집에서 3년을 살았다. 그러는 동안 보비가 태어났고 추억도 쌓여갔다. 그렇게 정신없는 나날을 보내다 보니 예전에 자전거로 지나다 멈춰서 바라보던 그 집은 거의 잊고 살았다.

시간이 흐르자 몸이 근질대기 시작하면서 그 동네에서 뭔가 매입하고 싶은 마음이 굴뚝같아졌다. 임차한 집에 사는 건 단기적으로만 의미가 있었다. 나는 괜찮은 매물이 나타나길 바라며 '집 팝니다' 푯말이 세워진 집들을 계속 예의 주시했다. 그리고 거짓말같이 원하는 매물이 나타났다.

어느 날 단골 미용실에서 이발을 하고 있었다. 앤서니 제임스라는 미용사가 내 머리를 깎아주었는데, 오래전부터 나는 그에게 비즈니스 코칭을 해주고 있었다. 우리는 꽤 중요한 사장과 손님 사이였다가 나중에는 많이 친해져서 만나기만 하면 온갖 주제로 수다를 떨곤 했다. 그런데 그날 앤서니가 가위질을 하다 불쑥 이렇게 말했다.

"글쎄, 아버지가 집을 파신대요."

그는 그 한마디가 내게 어떤 의미였는지 몰랐을 것이다. 이야기를 들어보니 그의 아버지 집은 내가 수년 전 매일 자전거를 세워놓고 잠깐씩 쳐다보던 그 집이었다. 내가 그토록 갖고 싶었던 집, 깃발 게양대와 널찍한 진입로가 있는 웅장한 빅토리아 양식의 주택 말이다.

"혹시 X번지의 집인가요?"

나는 마음속으로 이미 확신하면서 물었다.

"네, 맞아요."

그가 대답하자마자 나는 집을 사고 싶다고 말했다. 두 번 생각할 것도 없었다. 살 돈이 있었고 사고 싶은 집이 나온 것이다. 이후 앤서니는 아버지를 찾아갔고 일은 일사천리로 진행됐다. 나는 심지어 집값 흥정도 하지 않고 앤서니의 아버지가 원하는 가격(합리적인 가격이었다)을 그대로 지불했다. 부동산 중개인을 통하지 않았으므로 수수료 걱정도 할 필요가 없었다.

마침내 나는 그 집의 주인이 됐다. 앤서니의 아버지는 아는 사람에게 집을 팔게 돼서 기쁘다고, 게다가 같은 지역 주민이고 피터버러에서 성공한 사업가라서 기분이 좋다고 했다. 모두가 만족한 거래였다. 우리는 집 구조를 바꾸고 대대적으로 리모델링한 후 이사했다. 몇 년이 지나 앤서니와 가족들이 놀러 왔는데, 집이 훨씬 좋아졌다며 감탄했다. 내게 팔아서 정말 다행이고 뿌듯하다고 했다.

우리 가족은 지금도 그 집에 살고 있다. 나는 죽을 때까지 이 집에 살고 싶다. 아내는 교외 한적한 곳에 멋진 집을 짓고 살자고 하지만, 앞으로 어떻게 될지는 지켜봐야 할 것 같다.

═══ 운 좋은 사람들의 네 가지 법칙

우리는 누구나 행운의 주인공이 되고 싶어 한다. 당연한 이야기다. 불운이나 안 좋은 일이 생기기를 바라는 사람은 없다(자학적 성향이 아니라면 말이다). 행운이라는 개념은 생각보다 사람들의 마음을 많이 점령하고 있다. 설문조사에 따르면 사람들의 절반 이상이 미신을 믿으며 70퍼센트 이상이 행운의 부적 역할을 하는 물건을 갖고 있는 것으로 나타났다(혹시 지금 당신의 호주머니에도 행운을 가져온다는 토끼 발 장신구가 있지는 않은가?).

뭔가 희망적이라는 점에서는 그런 물건이 의미가 있을지도 모르겠다. 어쩌면 정말로 행운을 가져올지도 모른다(하지만 실험에 따르면 사람들은 행운의 부적을 지녀도 운이 좋아지는 것을 느끼지 못했으며 심지어 어떤 이들은 운이 더 나빠졌다고 느꼈다). 나는 행운이 우리에게 어느 날 우연히 찾아온다는 생각에 동의하지 않는다. 오히려 반대로, 우리에게 행운을 좌우할 힘이 있다고 생각한다.

혹자는 내가 그 집을 산 것이 우연히 찾아온 행운이라고 할지 모른다. 사전적 정의에 따르면 운이란 '개인의 행동 때문이 아니라 우연히 찾아온 좋은 일이나 나쁜 일'이다. 물론 내 경우에도 그런 측면이 있다. 나는 때마침 적절한 장소에 있었다. 미용사가 아버지의 집을 언급한 것도 우연이었고, 그 집이 내가 꿈꾸던 집인 것도 우연이었다.

그러나 자세히 들여다보면 이 모든 상황이 전적으로 운만은 아니었다. 오히려 차근차근 계획된 일처럼 보이기까지 한다. 물론 행운이 간간이 등장했을지는 몰라도 말이다.

- 나는 빚 문제를 해결하려고 차를 팔고 자전거를 샀다.
- 그림 의뢰를 받기 위해 전단지를 만들어 우편함에 뿌렸다.
- 꿈의 집을 발견하고 그 집에 사는 나를 마음속으로 상상했다.
- 부동산으로 인생의 방향을 틀고 사업을 성공시키는 데 모든 에너지를 쏟았다.
- 내가 좋아하는 동네에 있는 집을 임차했다.
- 미용사와 도움을 주고받으면서 좋은 관계를 쌓았다.
- 미용사의 이야기에 귀를 기울였다.
- 내가 알던 정보를 활용해 기회를 발견했다.

- 신속하게 결정을 내렸다.
- 그리고 기회를 붙잡았다.

위 내용을 보면 나는 순서대로 행동을 취했고 그 행동들이 마치 행운처럼 보이는 결과를 낳았다. 나는 여러 결정을 내려 기회를 붙잡았고 이로써 꿈에 그리던 집으로 들어갈 수 있었다.

우리는 스스로 행운을 만들어낼 수 있으며 얼마든지 기회를 창조할 수 있다. 행운은 그냥 생기는 것이 아니다. 행운이란 어떤 상황이 되기까지 취했던 행동들의 결과가 좋았을 때 이를 표현하는 방식이다.

'닭이 먼저냐, 달걀이 먼저냐'와 비슷한 질문을 하나 던지겠다. 우리는 운이 좋아서 기회를 만나는 걸까? 아니면 기회 때문에 행운을 얻는 걸까? 나는 후자라고 생각한다. 행운이란 적절한 순간에 적절한 기회를 붙잡을 때 누리는 것이다. 따라서 우리는 행운을 만들어낼 수 있다. 설령 그 순간에는 그 사실을 모른다고 해도 말이다. 이스라엘의 경영 구루 엘리 골드렛(Eliyahu Goldratt)은 이렇게 말했다. "행운은 기회가 준비를 만날 때 찾아오고, 불운은 준비의 부재가 현실을 만날 때 찾아온다."

어떤 이들은 '운'이라는 단어를 부정적으로 사용한다. 모욕의 뉘앙스를 담아서 말이다. 내 성공이 순전히 운 덕분이라고 말하면서 비난조로 나를 '운 좋은 놈'이라고 부르는 사람이 꽤 많았다. 그들의 말에는 적의나 냉소가 섞여 있었다. 내가 누리는 성공이 온당하지 않다는 듯한 어조였다.

운에 대해 나 같은 관점을 가진 이들은 또 있다. 많은 과학자가 운을 연구한 후 나와 똑같은 결론을 내렸다. 스탠퍼드대학교의 심리학자 앨프리드 반두라(Alfred Bandura)에 따르면 "인생 경로를 결정하는 가장 중요한 요인 일부는 사건이나 상황의 가장 사소한 측면에서 발견되는 경우가 많다"고 한다. 그런 우연한 만남이나 사건, '때마침'이라는 단어가 어울리는 순간들은 우리 삶에서 중요하다. 하지만 그것은 그냥 우연히 찾아오는 걸까? 나는 그렇지 않다고 생각한다.

하트퍼드셔대학교의 심리학 교수인 리처드 와이즈먼(Richard Wiseman)은 운과 관련해 왜 어떤 사람은 행운을 더 많이 누리는 것처럼 보이는지, 무엇이 운에 영향을 미치는지 연구했다. 그의 저서 《잭팟 심리학》을 보면 400명을 10년에 걸쳐 관찰한 결과가 나와 있다. 와이즈먼은 사람들을 실험에 참여시키고, 질문지를 작성하고 일기를 쓰게 했으며 그들의 삶을 추적 관찰했다.

그들 중 일부는 자신이 운이 좋다고 생각했고 일부는 운이 없다고 생각했다. 심지어 어떤 참가자는 자신은 지독하게 운이 없는 사람이므로 타인에게 행운을 빌어주는 말도 안 한다고 했다. 아무리 좋은 말도 자신의 입에서 나오면 저주가 될지 모른다는 것이다.

실험 결과에 따르면 행운은 마법도 아니고 무작위로 찾아오는 결과도 아니었다. 와이즈먼은 책에 이렇게 썼다. "운이 좋은 사람들과 나쁜 사람들 모두 각자의 행운과 불운을 초래한 진짜 원인은 잘 모르지만, 그들의 생각과 행동은 그들이 겪은 운의 상당 부분을 초래한 원인이었다." 그는 사람들의 운에 영향을 미친 네 가지 요인, 즉 네 가지 법칙을 소개했는데 그 내용은 다음과 같다. 이는 앞으로 이 책에서 다룰 내용과도 많이 겹치므로 집중해서 읽고 기억하길 바란다.

첫 번째 법칙: 기회를 만들거나 알아채는 능력이 있다

와이즈먼은 신문을 이용한 실험으로 이를 명확히 보여주었다. 그는 사람들에게 신문을 주면서 사진이 몇 장 실려 있는지 말해달라고 했다. '운이 없는' 사람들은 몇 분이 걸렸지만 '운이 좋은' 사람들은 단 몇 초 만에 끝났다. 운이 좋은 사람들은 사실 운이 좋았던 게 아니라 신문 안에 적혀 있는 '사진 세기는 그만하십시오. 이 신문에는 사진이 43장 들어 있습니다'라는 메시지를 발견했던 것이다.

두 번째 법칙: 직감에 귀를 기울여 운 좋은 결정을 내린다

직감은 빠른 결정으로 중요한 기회를 붙잡아야 할 때 매우 큰 역할을 한다(이는 2부에서 다시 살펴보겠다).

세 번째 법칙: 긍정적 기대를 통해 자기충족적 예언을 한다

앞서 설명한 마음속 시각화를 떠올려보자. 자신이 최고가 된 모습을 상상하면 더 긍정적인 기대치가 생겨난다. 와이즈먼은 그 기대치와 자기충족적 예언이 밀접히 연관돼 있음을 발견했다. 우리가 상상하는 것은 현실이 된다.

네 번째 법칙: 불운을 행운으로 바꾼다

기회가 무엇을 의미하느냐고 물으면 많은 사람이 이 회복력을 언급한다. 운이 좋은 사람은 회복력이 강해서 불운을 행운으로 변화시키곤 한다.

═══ '나에게' 일어난 일, '나를 위해' 일어난 일

와이즈먼이 연구한 사람들처럼 많은 이가 자신은 지지리도 운이 없다고, 반면 남들은 운을 타고났다고 생각한다. 그들은 '나는 운이 없어'라고 믿어버린다. '왜 항상 내게만 이런 일이 일어날까?' '남들은 어째서 저렇게 운이 좋을까?' 그러면서 인생이 불공평하다고 투덜댄다. 자신을 불행한 운명의 피해자라고 여기며 이를 바꿀 방법이 없다고 생각한다. 또는 이런 운명 때문에 아무것도 하지 못한다고 변명한다.

이런 생각은 기회가 다가오는 것을 막는 커다란 장애물이다. 자신을 피해자로 여기면서 '나에게' 나쁜 일만 일어난다고 믿으면 기회를 만들 수도, 발견할 수도 없다. 결국에는 불운이 더 악화되는 악순환에 빠진다.

그런 관점을 바꿔야 한다. 세상에는 자신의 인생을 180도 변화시킨 수많은 사람이 있다. 이는 내 팟캐스트에서 성과 전문가이자 기업가인 에드 마일렛(Ed Mylett)과 함께 이야기한 주제이기도 하다. 이런 사람들은 어떤 일이 '나에게' 일어난 것이 아니라 '나를 위해' 일어났다고 생각한다.

생각해보자. 어떤 일이 '나에게' 일어났다고 생각하면 나는 피해자이고 상황을 다스릴 힘이 없으며, 원인이 아니라 결과에 해당하는 존재다. 나는 그 상황의 결과를 바꿀 힘이 없다. 상황의 긍정적 측면이 아니라 부정적 측면만 눈에 들어온다. 그러나 어떤 일이 '나를 위해' 일어났다고 생각하면, 심지어 힘든 도전이나 역경도 '나를 위한' 것이라고 여기면 그 일은 장애물이 아니라 나를 이롭게 하는 뭔가가 될 수 있다.

당신이 만나는 모든 일이 다음 단계로 도약하기 위한 준비 단계라고 믿어보라. 그러면 안 보이던 기회가 보인다. 아무것도 변한 게 없고 당신 앞에 놓인 거지 같은 상황도 그대로일지 몰라도, 당신의 관점은 변했다. 기회와 가능성을 보지 못하게 했던 눈가리개가 사라진 것이다.

오프라 윈프리가 살아온 이력을 모르는 사람은 그녀를 행운아로 여길지 모른다. 추정 순자산이 40억 달러 이상인 오프라는 블룸버그 억만장자 명단(Bloomberg Billionaires Index)에 이름을 올린 최초의 흑인 여성 사업가다. 하지만 그녀의 성공, 우리가 흔히 말하는 '행운'은 오랜 고난과 시련 뒤에 찾아온 것이다.

가난한 유년기를 보낸 오프라는 어머니의 사랑과 관심을 받지 못하고 자랐다. 그리고 아홉 살 때 성폭행을 당했다. 그녀는 친척과 지인의 성적 학대를 견디다 못해 집을 뛰쳐나갔고 열네 살에 임신했다. 그녀가 낳은 아기는 조산아로 태어나 몇 주 만에 세상을 떠났다. 이후 아버지와 함께 살기 시작하면서 학업이 자신의 삶을 바꿀 기회라고 믿고 무섭게 공부에 매진했다. 할머니의 격려 속에서 열심히 공부해 우등생이 됐고 곧 학교에서 두각을 나타냈다.

오프라는 1970년대 중반 내슈빌에 있는 WLAC-TV의 최연소 뉴스 앵커이자 최초의 흑인 여성 앵커가 되면서 방송계에 첫발을 내디뎠다. 경력 초반에는 앵커 자리에서 해고되는 일도 겪었지만 그런 실패는 그녀에게 방해물이 되지 않았다. 결국 그녀는 가난과 성적 학대로 물든 삶에서 탈출해 방송계 거물이자 20세기의 가장 부유한 아프리카계 미국인이 되었다.

오프라는 자신의 '운'을 바꿀 수 있음을 보여주는 훌륭한 사례다. 부정적 상황이나 위기를 기회로 바꾸는 일은 특히 사업가들이 능숙하지만 이는 비즈니스 분야에서만 활용 가능한 기술이 아니다. 삶의 어떤 영역에서도 마찬가지다. 당신은 얼마든지 고통을 보상으로 변화시킬 수 있고 힘겨운 상황을 멋진 삶으로 나아가는 발판으로 삼을 수 있다. 그리고 그 경험을 이용해 남들도 그렇게 하도록 도울 수 있다.

앞서 언급한 리처드 와이즈먼은 실제로 운을 바꾸는 것이 가능한지도 실험했는데, '행운 학교(Luck School)'를 만들어 사람들에게 운 좋은 사람의 행동 방식을 따라 하도록 가르쳤다. 그 결과 참가자의 80퍼센트가 자신의 운이 좋아졌다고 대답했다. 그들이 가장 먼저 한 일은 기회를 만날 가능성을 최대한 높이는 것이었다. 2부에서 이에 대해 살펴볼 것이다.

SUMMARY

행운이 기회를 가져올까? 아니면 기회가 행운을 가져올까? 사람들은 어떤 결과에 대한 핑계로 운을 들먹이곤 한다. 자신에게 안 좋은 일이 일어나면 불운 탓을 하는 것이다. 그러나 운을 좌우하는 네 가지 법칙을 기억하자. 이 법칙을 활용하면 불운도 행운으로 반전시킬 수 있다.

TAKE ACTION   행운의 주인공이 될 준비가 되어 있는가?

아래 네 가지 항목에 대해 10점 만점으로 점수를 매겨보자.

- 나는 기회를 만들거나 알아챌 줄 안다.
  _____ 점
- 나는 내 직감에 귀를 기울인다.
  _____ 점
- 나는 긍정적인 미래를 상상한다.
  _____ 점
- 나는 나쁜 일을 극복하는 회복력이 강하다.
  _____ 점

자신에게 부족한 항목의 점수를 높이려면 무엇을 해야 할지 생각해보자.

OPPORTUNITY
ROB MOORE

2부

기회를 맞이할 준비가 되어 있는가

5장

스스로 만드는 변화의 씨앗

— 만일 당신이 배우는 일에 전념한다면 삶의 지루함을 느끼지 않을 것이며 낮에 진저리가 나서 밤을 갈망하는 일도 없을 것이다. 또한 자기 자신에게 짐 같은 존재가 되거나 타인에게 쓸모없는 존재가 되지 않을 것이고, 많은 친구가 생길 것이며, 가장 멋진 이들이 당신의 주변에 모여들 것이다.

세네카, 《인생의 짧음에 관하여(On the Shortness of Life)》

지금까지 살펴봤지만 우리 삶 곳곳에는 기회가 가득하다. 그리고 당신은 삶의 기회를 발견하기 위한 여정에 올라섰다. 당신에게 기회가 무엇을 의미하는지 정의했고, 살날이 앞으로 1년밖에 안 남았다면 무엇을 할지 생각해봤으며, 인생 전체를 훑어보면서

(아직) 붙잡지 않은 기회가 무엇인지 찾아봤다. 또한 마음속 시각화를 연습했고, 운 좋은 사람이 되기 위한 네 가지 항목의 점수도 매겨봤다.

여기까지 잘 따라온 자신을 칭찬해주길 바란다! 여기까지는 별로 어렵지 않은 워밍업 단계였다면, 지금부터는 좀 더 어려운 심화 단계를 설명하고자 한다. 일단 커피 한잔이라도 마시고 본격적으로 배울 준비를 하길 바란다.

2부에서는 자기계발을 중점적으로 다룬다. 나는 배우는 일에 관해, 당신의 행동과 생각과 반응과 마음속 가정을 조정하고 변화시키는 일에 관해 이야기할 것이다. 또한 기회를 붙잡고 삶을 바꾸기 위해 당신이 하고 있는(그리고 하지 않고 있는) 일을 점검하라고 이야기할 것이다.

약간 괴로운 과정일지도 모른다. 자기계발에는 심리적 불편함이 동반되기 마련이다. 변화를 받아들이고 새로운 행동 방식에 적응해야 하기 때문이다. 사실은 그동안 안간힘을 다해 피하고 싶었던 것들을 마주하거나 받아들여야 한다. 나는 지난 15년에 걸쳐 자기계발을 해온 결과 완전히 다른 사람이 됐다. 분명히 말해두지만 그 과정은 지독하게 힘들었다. 툭하면 이런 생각이 들었다. '그 전화를 꼭 해야 할까?' '악플을 정말 무시하는 게 맞을까?' '이 새로운 방식을 정말 시도해야 할까?' '소파에 앉아 맥주를 홀짝이면서 텔레비전이나 보면 안 될까?'

변화를 피하는 것은 인간의 본능이다. 우리는 본래 낯선 것을 싫어하고, 새로운 뭔가를 배우는 데 시간과 에너지를 쓰는 것을 싫어한다. 우리는 모두 동굴에 사는 혈거인(穴居人)이었으며 생존을 위해 매일매일 똑같은 일을 반복해왔다. 손에 쥔 나무 몽둥이가 스마트폰으로 바뀐 것 외에는 달라진 게 없다.

변화는 불쾌함이나 두려움을 초래할 수 있다. 하지만 당신 안의 혈거인도 기회를 만들고 발견하고 붙잡는 방법을 얼마든지 배울 수 있다. 전문가들도 기회를 발견하는 기술을 학습할 수 있다고 말한다. 기회 발견 능력은 비즈니스 및 기업가정신 영역의 교육에서도 점점 더 중요해지고 있다. 이 분야 전문가들은 기회 발견 능력을 중요한 역량으로 간주한다. 커뮤니케이션이나 의사결정, 리더십처럼 말이다. 여러 연구 결과에 따르면 학생들은 기회 발견과 관련된 기술 및 프로세스를 배우면 더 많은 기회를 찾아내고 혁신적인 아이디어를 생각해낸다.

요컨대 당신이 기회 발견 능력을 타고나지 않았다고 해도, 아니 이 능력이 눈곱만큼도 없다고 해도 충분히 배워서 전문가가 될 수 있다. 여기서부터는 기회를 만날 준비를 하는 법에 대해 내가 아는 모든 것을 알려주고자 한다. 기회와 관련된 프로세스는 다음 네 단계로 이뤄진다.

- 조건 만들기: 마음가짐과 행동과 환경을 바꾼다.

- 기회 발견하기: 기회를 알아채고 포착한다.
- 기회 평가하기: 비판적 시각으로 기회를 살펴보고 결정을 내린다.
- 기회 붙잡기: 기회를 붙잡는다(또는 붙잡지 않는다).

1부에서 이론적인 측면을 다뤘다면 여기서부터는 좀 더 현실적인 측면을 이야기한다. 지금까지 우리가 도로 규칙을 익혔다면 이제는 운전대를 잡을 시간이다. 2부에서는 기회에 준비된 사람이 되는 법을 살펴보고, 3부에서는 기회가 나타났을 때 어떻게 해야 하는지 살펴볼 것이다.

이 장 첫머리에 고대 로마의 철학자 세네카의 말을 인용했다. 스토아 철학자인 세네카는 우리가 끊임없이 배우고 자신을 발전시켜 더 나은 인간이 될 수 있다고 믿었다. 그러면 스스로와 사회에 더 쓸모 있는 존재가 될 수 있고 좋은 사람들이 곁에 모여든다. 나는 그 말에 전적으로 공감한다. 세네카를 비롯해 스토아 철학자들은 역경을 기꺼이 견뎠다. 그들은 그들이 믿는 가치를 실천했으며 선을 달성하기 위해 고통을 감내했다.

흔히 고난을 겪으면서도 징징대거나 불평하지 않는 사람을 '스토아적'이라고 표현한다. 암이나 실직, 화재 같은 역경을 만나도 용기 있고 당당하게 헤쳐나가는 사람들, 그런 사람들을 보면 별것 아닌 일로도 툴툴댔던 자신이 한없이 못나 보이지 않는가?

그 기분을 기억해두자. 당신이 겪은 고난은 사실 별것 아닐 수도 있음을 말이다. 우리는 모두 각자만의 환경에서 각자의 사건과 문제와 감정을 경험한다. 하지만 당신보다 더 힘든 일을 겪으면서 당신보다 덜 불평하는 누군가는 항상 존재한다.

스토아 철학의 관점에서 '스토아적'이 된다는 것은 곧 배우는 걸 의미한다. 설령 과정이 힘들다 할지라도 지식을 쌓고 새로운 기술을 익히고 최고가 되는 것을 뜻한다. 정말로 기회를 붙잡고 인생에서 승리하고 싶은가? 그렇다면 변화하겠다는 용기와 투지와 패기를 지녀야 한다. 기회를 붙잡는 열쇠는 올바른 마음가짐에 있다. 오래전 내게 강연을 지도해준 코치는 이렇게 말하곤 했다. "기술만 있고 올바른 마음가짐이 없는 사람은 절대 훌륭한 강연을 할 수 없습니다."

마음가짐은 늘 사람들의 입에 오르내리는 단어다. 그런데 마음가짐을 다룬 책들을 보면 별로 실속이 없는 경우도 많다. 내가 마음가짐에 관한 책《확신: 최고의 나를 이끌어내는 부의 심리학》을 쓰지 않으려고 한동안 버틴 것도 그 때문이다. 이미 많고 많은 책에 비슷한 또 한 권을 추가하는 일은 하고 싶지 않았다. 결국 고심 끝에 스포츠, 정치, 예술, 비즈니스 등 다양한 분야에서 큰 성공을 거둔 사람들의 마음가짐을 분석한 책을 썼다. 그들의 공통점은 집중력과 유연성, 자기 확신을 갖춘 태도였다.

태도 또는 마음가짐에 대해서라면 할 말이 무척 많지만 나중에 다시 다루고자 한다. 지금은 이것만 당부해두고 싶다. 확고한 태도를 갖추고 인생을 변화시킬 준비를 하라.

≣ 준비하라, 그러면 언젠가 기회가 온다

일단 기회가 생길 수 있는 조건을 갖춰야 기회를 붙잡을 수 있다. 기회가 올 수 있는 분위기와 환경을 만들어야 한다는 이야기다. 즉 당신 자신과 주변 환경이 준비돼 있어야 한다.

그냥 가만히 앉아 기회가 나타나길 기대하는 것은 집 벽에 상자도 가져다놓지 않고 새가 날아와 둥지를 틀기를 기다리는 것과 비슷하다. 복권을 사지도 않고 복권이 당첨되길 바라는 것, 씨앗을 심지 않고 나무가 자라길 기다리는 것과 마찬가지다.

1854년 프랑스의 화학자 루이 파스퇴르(Louis Pasteur)는 이렇게 말했다. "관찰이라는 영역에서 기회는 준비된 자에게만 찾아온다." 사람들이 파스퇴르의 이 말을 반복하는 것은 단순히 실험 과학뿐만 아니라 삶의 많은 영역에 널리 해당되는 말이기 때문이다. 우리는 본능적으로 그 사실을 아는 것 같다. 내가 기회에 관해 물었을 때 사람들이 한 대답을 떠올려보면 많은 사람이 파스퇴르와 비슷한 말을 했다. 준비가 돼 있어야 기회를 알아볼 수 있다고 말이다.

구글에서 '기회'와 '준비'라는 단어를 검색해보면 역사 속 인물들의 수많은 조언과 경구가 나온다. 배우 밀튼 버얼, 카레이서 보비 언서, 미국 대통령 에이브러햄 링컨은 기회와 관련해 아래와 같은 유명한 말을 남겼다. 이들의 말에는 '기회와 준비는 연결돼 있으며, 승리하는 인생을 원한다면 기회를 잡기 전에 준비돼 있어야 한다'라는 공통된 메시지가 담겨 있다.

- "기회가 노크하지 않는다면 문을 만들어라."   밀튼 버얼
- "성공은 준비와 기회가 만날 때 이뤄진다."   보비 언서
- "나는 준비할 것이다. 그러면 언젠가 내게 기회가 올 것이다."

에이브러햄 링컨

준비된 사람이 되는 법, 즉 기회가 나타나게 하거나, 기회를 끌어당기거나, 한층 좋은 기회로 무르익게 하는 조건과 환경을 갖추는 방법은 여러 가지가 있다. 그중 가장 중요한 것들을 추려보면 다음과 같다.

- 나 자신을 알라.
- 사람들이 나를 알게 하라.
- 균형을 유지하라.
- 머릿속을 채워라.

- 머릿속을 비워라.

- 안전지대 밖으로 나가라.

- 실패를 활용하라.

지금부터 하나씩 살펴보자. 준비가 되었는가? 기회가 오고 안 오고는 모두 당신에게 달려 있다.

SUMMARY

지금쯤이면 그동안의 삶을 자세히 들여다보면서 개선할 영역을 탐색하기 시작했을 것이다. 이제부터는 좀 더 현실적인 단계로 들어간다. 기회가 생길 조건을 만들려면 먼저 자신을 업그레이드해야 한다. 쉬운 변화는 아니다. 그러나 올바른 마음가짐과 맛 좋은 커피만 있다면 곧 변화의 궤도에 올라설 것이다.

TAKE ACTION　　　　당신의 불평은 진짜 불평인가?

최근에 불평한 일이 무엇인지 생각해보자. 지난 한 주 또는 한 시간을 되돌아보며 불평한 일들을 적어보자. 그중에서 조치하거나 상황을 개선할 수 있는 것은 몇 개인가? 사실 당신이 행동을 안 해서 일어났거나 악화된 일인데 남의 탓만 하고 있는 일은 몇 개인가? 조치할 수 있는 항목 하나를 골라라. 그리고 어떤 행동을 할지 결정하라. 그 행동을 하는 데 15분이 안 걸린다면 지금 당장 하라. 그보다 오래 걸린다면 나중에 해도 좋다. 이제 당신은 행동하는 마음가짐에 불을 붙인 것이다.

6장

나 자신을 알라

당신은 누구인가? 진지하게 생각해보자. 당신은 어떤 사람인가? 당신은 당신 자신을 잘 아는가? 자신을 발전시키려는 노력 말고 자신이 어떤 사람인지 알려는 노력을 기울여봤는가?

나는 나 자신을 계발하기 위해 15년 동안 정말 열심히 노력했다. 내 실력과 마음가짐을 발전시키기 위해 매우 많은 시간과 비용을 들였다.

첫 10년 동안은 내가 부동산 분야에서 배우고 깨달은 것을 사람들에게 가르쳤다. 부동산은 내 첫 분야였다. 그 후 5년 동안은 비즈니스와 기업가정신으로 활동 영역을 넓혔고 최근에는 인생 전반에 관해서도 조언을 제공하고 있다. 또한 페이스북 라이브 활동을 비롯해 수백, 수천 건의 동영상을 찍어 사람들과 공유했다.

나는 나에 대한 정보를 온라인에 끊임없이 올린다. 현재 하는 일, 나의 고민과 도전, 괴로움, 성공한 일과 실패한 일, 일진이 좋은 날과 나쁜 날, 낙담한 일과 불만스러운 일, 나쁜 경험과 승리한 경험을 사람들과 공유한다. 물론 정보가 지닌 유의미함과 가치의 적정선은 관리한다. 내가 어떤 양말을 신었는지, 아침에 뭘 먹었는지는 굳이 공개하지 않는다는 이야기다.

그렇게 소셜 미디어에 개인적인 콘텐츠를 올리기 시작했을 때, 즉 누구나 일과 삶의 영역에서 매일 겪을 법한 문제와 고민을 공유했을 때 사람들의 반응은 꽤 뜨거웠다. 내 동영상을 보고 댓글을 다는 이들이 늘어났고 사람들은 나에 대해, 있는 그대로의 내 모습에 대해 더 알고 싶어 했다.

≡ 부와 성공의 열쇠는 나 자신에게 있다

2019년은 내 콘텐츠 게임을 한층 높은 단계로 도약시킨 해였다. 그해에 나는 40세가 되었고, 2019년을 내 인생 최고의 해로 만들겠다는 목표를 세웠다. 디자이너 알렉산더 매퀸(Alexander McQueen)의 삶을 다룬 감동적인 다큐멘터리 〈매퀸(McQueen)〉을 본 것이 계기였다. 나의 내면을 뒤흔든 인상적인 다큐멘터리였다. 우울증을 앓고 있던 매퀸은 2010년 40세에 목을 매 자살

했다.

나는 천재적이고 놀라운 디자인을 선보이는 매퀸을 존경했다. 또 정신 건강의 문제를 겪는다는 것이 어떤 일인지 아버지를 통해 직접 목격한 사람이기도 했다. 나는 매퀸이 세상을 떠날 때와 똑같은 나이를 앞두고 있었고, 더 의미 깊은 뭔가를 해야겠다는 생각이 강하게 들었다. 내게 오는 모든 기회를 하나도 놓치지 말아야겠다고 다짐했다.

나는 더 많은 사람을 돕기로 마음먹었다. 팔로워도 더 늘리고 돈도 더 많이 벌어야겠다고 다짐했다. 새로운 마스터마인드 그룹들을 만들고 새 강좌와 프로그램을 시작했으며, 소셜 미디어에서도 한층 과감한 도전을 했다. 예전보다 훨씬 더 많은 콘텐츠와 내 이야기를 공유했고 그럴수록 사람들의 호응도 커져갔다. 사람들은 내 콘텐츠에 커다란 애정을 보여줬고 때로는 그들 자신의 이야기도 들려주었다.

2019년은 개인적으로도, 공적으로도 큰 성공을 거둔 해가 됐다. 나는 2019년을 인생 최고의 해로 만들겠다는 목표를 이뤘고 다른 몇 가지 목표도 더 이뤘다. 하지만 항상 쉽고 즐겁기만 했던 것은 아니다. 시시때때로 온몸과 마음이 탈진되는 것 같았다. 바람 빠진 풍선처럼 축 처지고 마음이 외로웠다. 뭔가 도움을 받고 싶다는 기분이 들었다. 이게 그만한 가치가 있는 일인가 하는 의문도 가끔 들었다.

오해하지는 말기 바란다. 다른 누군가를 탓하고 싶었다는 이야기가 아니다. 전부 내 결심과 판단으로 벌인 일이었고 나는 그 일들에 책임을 졌다. 하지만 어쩐지 혼자라는 기분에 휩싸였다. 사람들이 주변에 있는데도 말이다. 2019년은 내게 최고의 해인 동시에 가장 힘든 해였다. 그래서 나는 심리 치료사에게 상담을 받기 시작했다.

계획에 없던 일이었지만 일단 해보기로 했다. 심리 치료는 내 자기계발 여정에서 한 번도 시도해보지 않은 일이었다. 그리고 두세 번 상담을 받고 나서 깨달았다. 그 시간이 나를 엄청나게 변화시킨다는 사실이었다. 상담을 받은 몇 달 동안, 코치 및 멘토와 함께한 15년간의 자기계발 기간에 깨달은 것보다 나 자신에 대해 더 많은 것을 알게 됐다.

중요하게 깨달은 것 하나는, 나 자신을 더 잘 알수록 기회에 더 준비된 사람이 될 수 있다는 사실이다. 나는 상담을 받으면서 내가 때로 문제를 외면하려 하거나, 나 자신이 아니라 남을 기쁘게 하려고 뭔가를 하거나, 두려움 때문에 주저하거나, 타인의 판단이나 거절을 피하고 싶어 한다는 것을 알게 됐다. 그걸 깨달으니 행동을 바꿀 수 있었고 더 많은 기회가 눈에 보였다.

나는 심리 상담에서 알게 된 것들을 소셜 미디어에 공유하기 시작했다. 내 안의 더 깊은 이야기를 꺼내놓을수록 더 많은 사람이 관심을 보였다. 이 또한 관음증인 걸까? 그럴 수도 있다. 인간은 누구나 남의 사적인 비밀을 알고 싶은 욕구가 있다. 특히 자신에게 위안이 되는 경우는 더 그렇다. 하지만 그보다는 우리 모두가 결국 비슷하다는 사실을 깨달아서 그런 것 같다. 우리는 누구나 상처와 두려움이 있고, 어린 시절이 남긴 마음속 응어리가 있으며, 각자의 방식으로 힘겹게 고군분투하며 살아간다.

나는 단지 팔로워 수를 늘리거나 사람들에게 응원과 사랑을 받으려고 내 이야기와 경험을 공유하는 게 아니다. 내 경험을 듣고 다른 이들도 자기 자신을 다른 시각으로 더 깊게 바라보기 시작했으면 하는 게 내 바람이다.

나 자신을 더 깊이 들여다볼수록 나는 더 열린 사람이 되어갔다. 과거에는 내가 외면하고 숨기려 애쓰는 고통이 나를 앞으로 나아가지 못하게 붙잡았지만, 그 고통을 밝은 곳으로 끌어내니(때로는 말 그대로 '밝은 곳'이 필요하다. 나는 어둠을 유독 무서워한다. 이 두려움을 극복하려고 지금도 노력 중이다) 오히려 나를 해방시키는 힘이 됐다. 나는 솔직하게 내 이야기를 들려주고, 과거에는 창피하거나 수치스럽다고 여긴 일을 스스럼없이 꺼내놓을 줄 알게 됐다. 예전에는 꼭꼭 숨기기만 했던 자신의 많은 부분을 받아들이고 심지어 사랑할 줄 알게 됐다. 내가 이런 것을 사람들과 공유하는 것은 그들도 자신의 상처를 받아들일 수 있게 돕고 싶어서다.

그 후로 나는 사람들에게 심리 상담을 강력하게 추천한다. 심리 상담은 '문제'가 있거나 '마음이 망가진' 사람만 받는 것이 아니다. 물론 모두가 기꺼이 받으려고 하지는 않을 것이다. 아직은 심리 상담에 대해 부정적 인식이 존재하는 것이 사실이다. 영국에서는 확실히 그렇다. 그런 인식이 하루빨리 사라져서 더 많은 사람이 자기 삶에 관해 이야기하는 것을 편안하게 여길 수 있었으면 한다. 지금 이렇게 심리 상담 이야기를 꺼낸 이유가 무엇일까? 기회를 잡기 위한 조건을 만드는 데 자기 인식이 대단히 중요하기 때문이다.

≡ 나를 아는 것이 기회를 잡는 것이다

자기 인식은 한마디로 '나를 아는 것'이다. 나 자신을 제대로 알면(남들에게 보이기 싫은 모습까지 전부 포함해) 나의 자기 파괴적 행동 그리고 기회를 발견하지 못하게 막는 자신의 행동을 찾아낼 수 있다. 우리는 뭔가를 인식해야 그것을 바꿀 수 있으며, 따라서 자신을 바꾸고자 한다면 자기 인식이 꼭 필요하다. 사실 이는 꽤 기계적인 프로세스로도 가능하다. 꼭 심리 상담사를 찾아가지 않아도 된다는 이야기다.

그 한 가지 방법으로 자신의 행동을 관찰함으로써 자기 인식을 높이는 것이 있다. 어떤 이들은 몇 주 동안 자신이 한 활동 및 행동을 기록해 분석하면서 어떤 행동이 좋은 결과를 낳았는지, 어떤 부분을 바꿀 수 있는지, 어떤 습관을 버려야 할지 찾아낸다 (나는 이런 식의 전략을 전작 《결단: 자수성가 백만장자들의 압도적 성공 비밀》에서도 설명했다. 이와 관련해서는 5부에서 자세히 살펴보도록 하겠다).

혹은 하루 동안 당신이 한 일들을 기록하는데 각각의 일에 시간이 얼마나 걸렸는지, 얼마만큼 성과를 냈는지 등을 점검하는 방법도 있다. 수면이나 식사, 운동 습관을 기록할 수도 있다. 미팅이나 행사, 심지어 데이트 내용을 기록해 분석할 수도 있다. 당신의 에너지 수준, 기분, 신체적 또는 정신적 힘, 인내심 지속 시간(누구나 때로는 울화통이 터지므로), 들뜨는 기분을 느낀 순간을 기록할 수도 있다.

이런 것들을 파악하면 자신을 더 잘 아는 데 도움이 된다. 어쩌면 자신이 한 가지 작업에 집중할 때 최고의 능력을 발휘하는 타입이라는 사실을 알게 될 수도 있다. 만일 그렇다면 한 가지 기회를 용기 내 붙잡아 끝까지 밀고 나가는 편이 낫다. 아니면 다양한 경험과 역동성이 필요한 사람이라는 걸 알게 될지 모른다. 이 경우라면 여러 기회를 동시에 붙잡아 각각을 조금씩 진행하는 방식으로 해나갈 때 더 큰 성과를 얻을 것이다.

자신이 일하고 생활하는 방식을 제대로 알아야 기회를 맞을 준비도 제대로 할 수 있다. 파스퇴르가 말했듯이 결국 준비돼 있느냐 아니냐가 관건이다.

물론 위와 같은 행동이나 습관만 중요한 것은 아니다. 내면 깊은 곳의 자신에 대해서도 잘 알아야 한다. 그래야 어떤 기회가 왔을 때 자신에게 맞는지 아닌지 알아볼 수 있다. '나를 아는 것'은 기회를 잡기 위한 모든 전략의 가장 기초적인 바탕이다. 나를 알아야 나를 위한 기회인지 아닌지 판단할 수 있다. 나의 삶과 습관과 가치관에 비춰 해당 기회를 평가한 후 적시에 그 기회를 잡아야 한다.

과거 가난한 화가였을 때 나는 코앞에 있는 기회도 보지 못했다. 그럴 수밖에 없었던 중요한 이유 하나는 내가 나를 제대로 알지 못했기 때문이다. 나는 젊고 순수했으며 여자들이 좋아할 만한 치명적 매력을 갖고 있다고 생각했지만 그건 허세일 뿐이었다. 표면적인 나는 진짜 나를 가리고 있었다. 두려움 때문에 숨어 있었던 진짜 자아 말이다.

자기계발의 여정을 시작하기 전의 나는 나를 모른 채 살았다. 우습게 들리겠지만 사실이다. 그러나 처음에는 자기계발을 통해, 나중에는 심리 상담을 통해 나 자신에 대해 알아갈수록 내 인생에 더 많은 기회가 나타나기 시작했다.

≡ 기회 앞에 준비된 사람이 되어라

자기계발은 자신을 제대로 알아가는 발견의 과정이기도 하지만 동시에 자신을 만들어가는 창조의 과정이기도 하다. 한때 나는 가난한 화가가 되는 것을 선택했다. 그리고 아버지가 무너진 날, 인생의 전환점을 맞으면서 변화하기로 선택했다. 부동산 모임에 나가기로 선택했고, 낯선 사람들에게 말을 걸고 새로운 관계를 맺는 사람이 되기로 선택했다. 또한 배우고 발전하고 성장하기로 선택했다. 원하는 목표를 이루려면 다른 사람이 돼야 한다고 판단했기에 다른 사람이 되기로 선택했다.

볼드하트(Boldheart, 과거 명칭은 클라이언트 어트랙션 비즈니스스쿨 [Client Attraction Business School]이다)의 창립자인 파비안느 프레드릭슨(Fabienne Fredrickson)은 '특정한 존재가 되는 것'이 성공으로 가는 첫 단계라고 말한다. 행동하는 것만으로는 목표(예컨대 기회를 만들어내는 것)를 이룰 수 없으며 자신을 변화시켜야 한다는 것이다. 원하는 최종 목표를 정한 후, 그 목표를 달성하려면 자신이 어떤 사람이 돼야 하는지 분명히 인식해야 한다. 그다음이 행동의 단계이고, 그다음이 원하는 것을 얻는 단계다.

나는 그녀의 말에 전적으로 동의한다. 사람들은 '진정한 자신'이 되라든지 '자신의 본래 모습에 충실하라'라는 조언을 하곤 한다. 때로는 그것도 맞는 말이다. 하지만 우리의 모습은 고정된 불변의 무엇이 아니다. 우리는 얼마든지 변화할 수 있다. 배우고 발전하고 성장할 수 있다. 나쁜 습관을 버리고 좋은 습관을 실천할 수 있으며, 두려움을 극복하고 더 자신감 있는 사람이 될 수 있다. 이 모든 것이 결국 우리의 자아를 변화시킨다.

기업가 에드 마일렛은 이런 관점에서 한 단계 더 나아간다. 그는 우리가 모든 외부 요인을 통제할 수는 없지만 이는 별로 중요하지 않다고 말한다. 외부 요인이 우리 삶의 방향을 결정하는 것이 아니기 때문이다. 우리 내면에 있는 것, 우리의 정체성이 모든 것을 결정한다. 그는 이런 내면의 정체성을 자동온도조절 장치에 비유한다. 바깥에 눈보라가 치든, 햇빛이 쨍쨍하든 상관없이 자동온도조절 장치가 방 안의 온도를 통제하면서 일정하게 유지하는 것을 떠올려보라.

우리의 인생도 마찬가지다. 때로는 눈보라가 몰아치고 때로는 우박이 쏟아진다. 심지어 토네이도가 몰려오기도 한다. 일이 계속 틀어지고, 죽어라 일했지만 휴가를 갈 시간조차 없다. 온갖 노력을 해도 진정한 사랑을 만나지 못한다. 살을 빼고 싶지만 운동할 시간이 없다.

마일렛이 말한 자동온도조절 장치는 내가 전작《확신》에서 다룬 주제, 즉 마음가짐과 일맥상통하는 개념이다. 그의 비유는 자동온도조절 장치의 온도를 설정하듯 우리 내면의 정체성도 조정할 수 있음을 일깨워준다. 우리는 목표를 달성하는 데 필요한 모습으로 우리의 내면을 얼마든지 변화시킬 수 있다.

그러나 변화하려면 먼저 자신에 대해 제대로 알아야 한다. 자신의 상황을 직시해야 한다. 나도 나 자신을 똑바로 직시하고 나서 변화를 시작할 수 있었다. 나는 나에게 이렇게 말했다. "롭, 너는 창의적이지만 가난한 화가로 살 필요는 없어. 사업에서 창의성을 발휘할 수도 있잖아. 너는 골치 아픈 녀석이지만 꼭 가난하게 살 필요는 없어. 너는 문제를 해결하길 좋아하지만 그렇다고 항상 남들 뜻에 맞춰줄 필요는 없어."

그런데 한 가지 덧붙일 점이 있다. 당신의 뼛속 깊이 박힌 특성까지 바꿀 필요는 없다. 예컨대 내게도 여간해선 바뀌지 않는 측면이 있다. 나는 '최소 노력의 법칙(the law of least effort, 힘들이지 않고 무심히 제 기능을 하는 자연에 담긴 조화와 사랑의 법칙을 배우면 우리도 힘들이지 않고 쉽게 원하는 바를 성취할 수 있다는 법칙 – 옮긴이)'을 실천하려고 노력하지만 여전히 참을성이 부족하고 충동적이다. 때로는 일을 너무 세게 밀어붙여서 사람들을 힘들게 하거나 기분 상하게 하기도 한다. 이게 바뀔까? 안 바뀔 것이다. 어떤 사람은 내 억양 때문에 《머니》의 오디오 버전이 듣기 싫다고 했지만, 나는 발음 교정 수업을 들을 생각을 해본 적이 한 번도 없다. 이게 바뀔까? 안 바뀔 것이다(나는 어쩔 수 없는 피터버러 출신이기 때문이다).

자신을 알기 위해 시간과 노력과 비용을 투자하라. 그러면 당신의 자아 중 웬만해선 바뀌지 않을 측면과 변화하고 조정하고 발전할 수 있는 측면을 모두 깨닫게 된다. 자기 자신을 이해하면 앞으로 어떤 사람이 될지도 알 수 있다. 당신만의 독특한 능력과 경험과 특성을 이용해 주변 사람과 세상에 기여할 수 있다.

당신 자신을 알라! 기회 앞에 준비된 사람이 되어라!

SUMMARY

자신을 제대로 알면 기회가 노크할 때 준비된 사람이 될 수 있다. 나는 자기 계발과 심리 상담을 통해 나 자신을 훨씬 더 이해하게 됐다. 그 덕분에 지금도 계속 새로운 기회를 만난다. 당신의 어떤 면은 바뀌기 힘들겠지만 그래도 목표 달성에 도움이 되는 방향으로 변화할 수 있다.

TAKE ACTION   당신은 어떤 사람인가?

- 빈 종이에 자신을 표현하는 세 단어를 적어보자. 그 밑에 남들이 당신을 표현할 때 사용하는 세 단어를 적는다. 그것들이 일치하는가? 일치한 다면 어떤 점에서 일치하는가? 이 연습은 당신이 자신을 얼마나 잘 아는지, 당신이 주변 사람에게 얼마나 자신을 드러내는지 알 수 있게 해준다. 여기서 한 단계 더 나아가고 싶다면, 주변 사람들에게 당신을 두세 단어로 표현해달라고 부탁한 후 그것을 주제로 함께 대화를 나눠보자.

- 가장 중요하게 여기는 것 다섯 가지를 적어보자. 그 목록과 자신을 표현한 단어들 사이에 연결 고리가 있는가? 남들이 당신을 표현하는 단어들과 비교할 때는 어떤가? 그 다섯 가지에 충실한 삶을 살고 있는가? 그 것들에 더 충실해지기 위해 삶에서 변화시킬 수 있는 부분은 무엇인가?

- 가장 두려워하는 것 세 가지를 적어보자. 그 두려움을 극복하려고 노력하고 있는가? 당신은 자동온도조절 장치를 통제하고 있는가? 아니라면 통제력을 되찾기 위해 무엇을 해야 하는가?

- 이루고 싶은 목표 세 가지를 적어보자. 맨 처음 항목에서 세 단어로 표현한 당신의 모습은 그 세 가지 목표를 이뤄낼 수 있는 사람과 일치하는가? 아니라면 일치시키기 위해 당신의 어떤 면을 바꿔야 하는가? 목표를 이루기 위해 자신을 변화시키거나 발전시킬 방법을 적어도 한 가지 이상 적어보자. 완전히 딴사람이 될 필요는 없다. 그러나 당신에게는 내면의 정체성을 선택할 힘이 있다는 사실을 잊지 않도록 하자.

7장

사람들이 나를 알게 하라

앞서 내 이야기를 온라인에 많이 공유한다는 이야기를 잠깐 했지만 나는 아직도 할 말이 굉장히 많다. 그러니 제발 자리를 뜨지 않길 바란다. 사실 화제를 가리지 않고 말을 많이 하는 습관은 내게 여러 기회의 문을 열어주었다.

난생처음 부동산 네트워킹 모임에 참석했던 날 저녁, 나는 말 그대로 초짜였고 요란한 색깔의 셔츠 차림에 가진 거라고는 젊은 혈기뿐이었지만 용기를 내 대화를 시작했다. 나는 말재주가 좋은 편이다. 어쩌면 어릴 때부터 사람들의 수다로 가득한 술집에서 자라 그런지도 모른다. 어쨌든 할 말이 생각 안 나서 말을 잇지 못하는 경우는 별로 없다. 그날은 배경지식도 없고 두렵기도 했지만 곧 어색함을 떨쳐내고 수다스러운 대화를 시작했다.

고양이는 고양이를 싫어하는 사람에게 끌린다는 말을 들어봤는가? 그날 나는 고양이, 그것도 아주 수다스러운 고양이였다. 그리고 마크는 매우 과묵한. 고양이 혐오자였다(이건 사실이 아니다. 마크는 실제로 고양이를 좋아하니까). 나는 그에게 다가가 말을 걸고 대화를 시작했다. 15년이 흐른 지금 그는 나와 여러 사업을 함께하는 사업 파트너다.

많은 사람이 관계 만드는 일을 힘들어한다. 사람들이 모인 방에 들어가 생판 모르는 누군가에게 말을 거는 것을 상상만 해도 심장마비가 온다고들 한다. 나도 처음에는 낯선 이와의 대화가 지독히 싫었다. 하지만 내 앞의 문이 열리게 만들려면 어찌 됐든 두려움을 극복해야 한다고 생각했다.

처음 부동산 회사에 들어갔을 때는 행사에서 강연할 사람을 찾고 있었고, 나는 다른 사람이 나서기 전에 얼른 자원해서 그 기회를 붙잡았다. 나중에는 대중 강연에 대한 강의를 들었고, 지난 15년간 강연과 관련된 세계기록을 세웠으며 세계 각지의 행사에서 강연하며 많은 돈을 벌었다.

사람들에게 대중 강연을 할 수 있느냐고 물어보면 아주 끔찍하게 생각하는 경우가 많다. 심지어 무대에 올라가느니 차라리 죽는 쪽을 택하겠다는 이들도 있다! 나 역시 처음에는 수많은 청중 앞에서 강연하는 일이 두려웠다. 그러나 새로운 기회를 만나려면 두려움을 극복해야 한다고 판단했다.

부모님 술집 위층에서 헤비메탈을 들으며 그림을 그리던 가난한 청년이 하루아침에 무대 위를 활보하고 47시간 연속으로 강연해서 세계기록을 깰 순 없다. 이런 변화는 결코 하루아침에 이뤄지지 않는다. 여기에는 한 번의 강렬한 불편함이 아니라 작은 불편함을 계속해서 견디는 과정이 필요하다. 실패의 경험이 겹겹이 쌓여야 한다. 단번에 1에서 100으로 가려고 들면 제풀에 나가떨어질 수 있다. 천천히 시간을 두고 해야 성공할 가능성이 훨씬 커진다.

다시 강조하지만 그 과정은 불편하고 힘들 것이다. 자기계발은 불편하고 힘들 수밖에 없다. '안전지대 밖으로 나가라'라는 말을 수없이 들어봤을 것이다. 나는 그 조언이 언제나 맞는다고는 생각하지 않는다. 가끔은 '나가지 마'라는 본능적 직감을 따라야 할 때도 있다. 그러나 대개는 불편함을 감수할 가치가 있다. 능력을 최대치까지 밀어붙이고 자신의 한계를 시험해야 한다. 그래야 삶을 변화시키고 기회를 불러올 수 있다.

≡ 눈에 띄어야 성공도 나를 알아본다

기회를 만나거나 붙잡을 조건을 만들기 위해 가장 중요한 것은 무엇일까? 세상에 당신의 존재를 알리는 것이다. 만일 이 책의 모든 내용 중 단 한 가지만 실천하고자 한다면 바로 이것을 택하길 바란다. 물론 자신의 존재를 알리는 것은 많은 노력과 에너지와 행동이 필요한 일이다. 하지만 장담하건대 그만한 가치가 있다. 그러니 무조건 하라.

이는 대단히 복잡한 일이 아니다. 간단한 일이며 누구나 할 수 있다. 꼭 세련되고 수준 높은 모습을 보여주지 않아도 된다. 처음부터 완벽해질 필요는 없다(세상에 완벽한 건 없다. '일단 시작하고 나중에 완벽해지기'에 대해서는 5부에서 다시 다룰 것이다). 앞으로 나아가면서 나아지면 된다. 세상에 당신의 존재를 알려라. 지금보다 훨씬 더 열심히.

내게 조언을 구해오는 사람들을 보면 안타까울 때가 많다. 그들은 훌륭한 제품이나 서비스를 보유하고 있으면서도 성공을 거두지 못한다. 내가 그들에게 가장 먼저 해주는 조언은 그 제품이나 서비스의 존재를 세상에 적극적으로 알리라는 것이다.

2020년 봄, 코로나19 봉쇄 조치로 우리의 일상과 인간관계에 지각변동이 일어났던 것을 떠올려보자. 안전을 위해 어쩔 수 없이 집 안에서 생활하면서 사람들은 수많은 불편함 중에서도 특히 세상과 멀어졌다는 기분, 존재감 없는 사람이 됐다는 기분을 힘들어했다. 그리고 곧 여러 가지 방식으로 소통하고 교류하기 시작했다. 정원 울타리 너머로 대화를 나누고, 줌(Zoom)으로 친구들을 만나고, 팟캐스트를 시작하고, 소셜 미디어의 커뮤니티에 참여했다. 사람들에게 인지되고 교류하는 것은 대단히 중요하다. 이는 비즈니스에서도 마찬가지다.

'인지도가 곧 신뢰도다'라는 말이 있다. 외부와 단절된 상태라면 아무것도 존재 의미가 없다. 세계 최고 수준의 제품이나 서비스가 있다고 한들 누구의 눈에도 띄지 않는다면 그 제품이나 서비스는 존재하지 않는 것과 같다. 세계 최고의 가수라도 그의 노래가 사람들의 귀에 들어가지 않는다면 그 노래는 존재하지 않는 것이다. 아무리 뛰어난 강연가라도 어둡고 텅 빈 강연장의 무대에 서 있다면 아무런 의미가 없다. 당신은 사람들의 눈에 띄어야 한다.

나는 40세가 된 2019년을 특별한 해로 만들기 위해 콘텐츠 양을 크게 늘렸다. 팟캐스트 진행 횟수를 늘리고, 동영상 촬영과 라이브 행사도 더 많이 하고, 마스터클래스와 멘토링 프로그램도 늘리고, '무엇이든 물어보세요' 게시판에 글도 더 많이 올리고, 더 많은 전화와 인터뷰를 하고, 더 많은 글을 기고하고, 책 원고도 더 많이 쓰고, 내 이야기를 더 많이 공유했다. 아무튼 뭐든지 더 많이 했다.

그래서 몹시 지치기도 했지만 어쨌든 목표를 이뤘다. 2019년은 내 인생 최고의 해가 됐다. 세상에 내 존재를 알리는 활동을 열심히 하자 온갖 방향으로 연쇄작용이 일어났고 도처에서 기회들이 만들어지는 조건이 형성됐다. 그 예로 내 팟캐스트 '파괴적 기업가'에 메이지 윌리엄스(Maisie Williams)가 게스트로 나오는 놀라운 일이 일어났다. 〈왕좌의 게임〉에서 아리아 스타크 역을 맡은 그 유명한 배우 말이다.

스타인 그녀가 내 팟캐스트에 나올 거라고는 상상도 할 수 없었다. 그런데 세상에 나를 알리는 활동을 한 덕분에 그런 기회가 찾아왔다. 그녀의 홍보 담당 직원이 《머니》를 비롯한 내 책들을 읽었던 것이다. 나는 그 책을 통해 사람들에게 나를 알렸다. 그 책은 돈에 대해 10년간 공부한 결과물이자 피와 땀과 눈물로 완성된(그리고 반복된 수정과 편집 과정을 거친) 15만 5,000단어의 콘텐츠였다. 유명한 사람들 또는 유명하지 않은 사람들이 그 책을 읽었고, 그중 메이지 윌리엄스의 홍보 직원이 있었던 것이다.

나는 책이란 결과물로 내 존재를 세상에 알렸고 그 때문에 기회가 찾아왔다. 만일 내가 아는 것을 혼자만 간직했다면 그런 일은 일어나지 않았을 것이다. 책을 써서 출간하고 마케팅을 하지 않았다면 말이다. 세상 사람 중 어떤 이가 당신의 책을 읽을지 알수 없다. 누가 당신의 팟캐스트를 들을지, 당신의 콘텐츠를 소비할지 알 수 없다. 세상에 나가 자신의 존재를 알리면 자신도 모르는 새 수많은 사람과 연결된다.

더 많은 사람의 눈에 띄어 관계망을 넓히는 것을 목표로 삼아라. 내가 마크를 만났던 것과 같은 네트워킹 이벤트에 참석하는 것도 한 방법이다. 하지만 유념할 점이 있다. 익숙한 사람, 매달 만나는 사람만 만나서는 안 된다. 새로운 행사에 참석하고 새로운 자선 모임이나 토론회, 스피드 네트워킹 모임을 찾아가라. 당신이 만나는 새로운 사람들에게는 또 그들만의 관계망이 있다. 즉 누군가를 만날 때마다 당신의 관계망은 급격히 확장된다. 그리고 한 단계만 더 거치면 케빈 베이컨과 연결될 수도 있다.

처음 만나서 낯설지만 앞으로 중요해질 수도 있는 상대에게 자신을 소개하고, 그때의 불편한 기분을 피하지 마라. 페이스북 라이브를 진행할 때, 블로그 포스트를 올리거나 유튜브에 동영상을 올릴 때, 청중이 있는 무대에 설 때도 똑같이 불편한 기분이 들 것이다. 이는 앞에서 살펴본 투쟁-도피 호르몬 반응 때문이다. 이 호르몬 반응에 지레 겁먹고 뒷걸음질 칠 게 아니라 두려움을 긍정적 흥분으로 바꿔야 한다.

═══ 일단 저지르고 나중에 생각하라

2001년 영국 신문들에 맨체스터 유나이티드 팀의 단체 사진에 관한 톱뉴스가 실렸다. 늘 보는 흔한 단체 사진이었지만 특별한 점이 하나 있었다. 팀원이 아닌 낯선 얼굴이 하나 섞여 있었던 것이다.

그 사람은 칼 파워(Karl Power)로 맨체스터 유나이티드의 광팬이자 전설적인 '경기장 난입꾼'으로 불리는 인물이었다. 그는 친구 토미 던(Tommy Dunn)과 함께 맨체스터 유나이티드의 홈구장 올드 트래퍼드(Old Trafford) 근처에 있는 술집 올드 넥스 헤드(Old Nag's Head)에 앉아 선수들 옆에 설 작전을 세웠다. 내용은 이랬다. 뮌헨에서 열리는 경기에서 취재팀 스태프인 척하고 들어간 후, 적절한 순간에 칼이 경기장으로 뛰어 들어가 단체 사진을 찍는 맨체스터 팀원들 옆에 서는 것이었다.

"접근 권한을 가진 취재팀인 척하니까 아무도 의심하지 않더군요."

2016년 BBC 인터뷰에서 토미가 한 말이다. 그들의 작전은 성공했다. 토미가 칼에게 신호를 보냈고, 칼은 겉에 입었던 운동복을 벗은 뒤 맨체스터 유니폼 차림으로 변신했다. 칼은 BBC 인터뷰에서 이렇게 말했다.

"선수들이 서 있는 곳으로 걸어갈 때 몸속에서 아드레날린이 막 솟구쳤어요."

칼은 그 아드레날린에서 비롯된 긴장감을 긍정적 흥분으로 바꾸고 세계에서 가장 유명한 축구팀 옆에 나란히 섰다. 아무도, 심지어 선수들도(한 명만 빼고) 알아채지 못했다. 그런데 한 예리한 사진 기자가 이 사기꾼을 알아봤고 다음 날 칼은 세계적으로 유명해졌다.

칼과 토미는 이후에도 이런 식의 장난을 여러 번 기획해 실행했다. 칼은 크리켓 경기에서 영국 팀 선수인 척하며 경기장에 들어갔고, 포뮬러원(F1) 영국 그랑프리 대회에서 시상식 무대에 모습을 드러냈으며, 윔블던 테니스 대회의 코트에 들어가 잠깐 테니스를 치기도 했다. 또 올드 트래퍼드에서 경기 시작 직전에 경기장으로 들어가 전설적인 골을 재연했으며 2014년 월드컵 결승전이 열리는 경기장에 몰래 들어가기도 했다.

물론 짓궂은 장난의 대가로 그들은 올드 트래퍼드 입장을 금지당했다. 그리고 스포츠 선수들은 그들을 좋아하지 않았다. 그들은 유명세를 타면서 TV에도 출연했고 '경기장 난입 전문가'로 불렸다. 이런 악동 같은 장난을 꾸미라는 이야기가 아니다. 하지만 이들에게서 분명 배울 점이 있다. 토미는 〈비즈니스 인사이더(Business Insider)〉 인터뷰에서 이렇게 말했다.

"일단 저지르는 겁니다. 그것 말고 중요한 게 있을까요?"

그럴 때 필요한 것이 자신감이다. 자신을 믿어야 한다. 세상에 나가 자신의 존재를 알리는 것에 대한 두려움을 떨쳐내야 한다. 사람들 눈에 띄고 인지되면 그들은 당신을 믿을 만한 존재로 보기 시작한다. 저절로 신뢰가 생겨난다. 맨체스터 유나이티드 선수들과 나란히 서 있던 칼 파워를 생각해보라. 그는 단지 그 자리에 있었다는 이유만으로 믿을 만한 존재로 느껴졌다. 설령 자신의 분야에서 아직 최고가 아니라도, 경력이 얼마 안 됐다고 해도 인지도를 높여 신뢰를 얻을 수 있는 길은 얼마든지 있다.

≡ 온라인에서 '나'를 어필하기

인지도를 높이는 대표적인 길은 소셜 미디어다. 온라인 플랫폼의 알고리즘 덕분에 일단 사람들 눈에 띄기 시작하면 계속해서 더 많은 사람의 눈에 띄게 된다. 그렇게 네트워크가 넓어지기 시작하면 계속 더 넓어진다.

자신의 존재를 알리기 위해 소셜 미디어를 활용할 방법은 대단히 많다. 앞서도 말했지만 나는 나에 대한 온갖 콘텐츠를 온라인에 올린다. 하지만 당신은 그렇게까지 하고 싶지는 않을지도 모른다. 그래도 오늘 또는 이번 주에 한 일을 간단히 정리해 올리는 것 정도는 쉽지 않을까? 물론 집 주소나 은행 계좌 정보, 아이들 생일까지 공유할 필요는 없다. 그러나 살아가는 모습을 솔직담백하게 보여주면 당신을 위한 기회들이 생겨나는 데 도움이 될 수 있다.

특히 당신이 하는 일과 관련해서는 더 그렇다. 일은 기회를 끌어오는 연결 고리들이 생겨나기 가장 쉬운 영역이다. 자신의 직업이나 전문 기술을 콘텐츠의 주제로 삼아 당신의 존재를 세상에 알려보자. 블로그 또는 팟캐스트를 만들거나, 동영상을 올리거나, 책을 출간해서 당신의 전문성을 보여주는 것이다. 그 콘텐츠를 보는 이들이 늘어날수록 당신의 관계망도 넓어진다.

이런 접근법은 일뿐 아니라 삶의 다른 영역에서도 유효하다.

소셜 미디어는 다른 루트로는 만나지 못했을 사람들을 만나게 해준다. 당신이 틴더(Tinder)에서 그 사람을 만날 기회를 얻은 것은 틴더에 접속했기 때문이다. 〈스타워즈〉 팬클럽에서 미래의 연인을 만난 것은 그 팬클럽 게시판에 글을 올렸기 때문이다. 기회를 만나고 싶다면 세상에 당신의 존재를 알려야 한다.

40세가 넘은 사람들 중에는 이런 트렌드가 이상하게 느껴지는 이들도 있을 것이다. SNS에 '지금 미용실에서 머리하는 중!'이란 문구와 함께 사진을 올리는 것도, 메이크업을 하거나 세차하는 모습을 온라인에 올리는 것도 이상하게 보일지 모른다. 별난 춤을 추거나 립싱크를 하는 동영상, 섹시한 입술이나 예쁜 엉덩이를 만드는 법을 보여주는 동영상을 대체 왜 올리는지 이해가 안 될지도 모른다.

그러나 당신의 청중이 누구인지 생각해보라. 당신이 현재 비즈니스에 종사하고 있고 잠재고객인 젊은 세대에게 어필해야 한다고 생각해보자. 그들에게는 위와 같은 삶이 일상이다. 현재 열다섯 살 청소년은 태어날 때부터 인터넷이 있었고 스물다섯 살 청년만 해도 어릴 때부터 인터넷과 함께 자랐다. 그들에게는 〈매트릭스〉의 평행 우주에서 사는 것이, 즉 실제 현실의 삶을 사는 동시에 그 모든 내용을 인스타그램과 틱톡에 올리는 것이 너무나 자연스러운 일이다. 이미 그런 세상이 되어버렸다(요즘 나는 틱톡을 시도해보고 있다. 틱톡은 우스꽝스러운 실수나 이상하고 재밌는 기행을 보면서 즐기기 딱 좋은 앱이지만, 나는 요상한 음악에 맞춰 10대처럼 춤을 추거나 립싱크를 하는 것은 영 체질에 안 맞는 것 같다).

어쩌면 틱톡에 황당한 동영상을 올리는 것까지는 안 하고 싶을지도 모르겠다. 하지만 소셜 미디어에 엄청난 가치가 있다는 점만은 잊지 말자. 소셜 미디어를 통해 당신의 존재를 널리 알릴수록 청중도 늘어나고 당신이라는 브랜드의 가치도, 당신의 인지도, 관계망도 커지고 사람들과의 협업도 강화된다. 그리고 무엇보다 당신에게 더 많은 기회가 찾아온다.

예를 들어 전문 강연가가 되고 싶다고 하자. 실력이 뛰어난 강연가가 반드시 높은 강연료를 받는 건 아니다. 요즘은 인지도가 높고 많이 알려진 강연가가 높은 강연료를 받는다. 즉 100명의 청중이 있는 홀에서 인생을 변화시키는 강연을 여러 번 한 사람보다 인스타그램 팔로워가 100만 명인 사람이 훨씬 더 주목받고 중요한 강연가로 대우받는다. 내가 아는 이들 중에는 강연 1회에 2만 파운드를 받는 억만장자가 있는가 하면, 갑부가 아닌데 10만 파운드 이상을 받는 이들도 있다.

실력이 더 뛰어난 사람의 수입이 적다는 게 불공정하게 느껴질지 모른다. 하지만 현실이 그렇다. 삶은 공정하지 않다. 훌륭한 강연 콘텐츠를 가진 것만으로는 돈을 벌 수 없다. 세상에 나가 자신의 존재를 알리고 실제로 그 콘텐츠를 전달해야 한다. 종종 사람들은 '의견은 속으로만 생각하라'라고 조언한다. 하지만 그 말은 틀렸다. 우리에겐 의견을 말할 권리가 있다. 물론 의견이 그저 소음에 불과한 경우도 많지만 대부분 의견은 나름의 가치를 지닌다.

그러나 의견을 '사실'인 것처럼 말하거나, 지나치게 강조해서 마치 절대적 진리처럼 말하지는 않도록 조심해야 한다. 이 점을 기억하라. 당신이 의견을 공유하면 남들도 그렇게 하도록 유도할 수 있으며, 사람들은 서로의 경험에서 배우는 값진 경험을 할 수 있다.

의견을 공유하면 인지도를 높일 수 있다. 인지도는 곧 신뢰도다. 인지도가 올라가면 당신이 받는 보수도 올라간다. 또다시 새로운 일을 시도하고 더 많은 사람을 만나고 네트워크를 넓히고 파트너를 찾을 기회도 생겨난다.

나를 알리고 의미 있는 관계를 맺어라

자기계발 여정을 시작한 초반에 나는 세계적으로 유명한 홍보 및 교육 회사에서 강의를 들었다. 그 회사는 규모가 꽤 컸고 수천 명을 상대로 각종 행사를 개최하곤 했다. 매출 규모가 아마도 수천만 파운드였을 것이다. 시간이 흐르면서 나는 강연 코스, 자기계발 코스, '전사 같은 정신'을 함양하는 코스, 재무 관련 코스 등 그 회사에서 제공하는 교육 프로그램 대부분에 참여했다. 그리고 그곳에서 가장 우수한 학생 중 한 명이 됐다.

나는 강의를 듣거나 행사에 참석할 때 항상 눈에 띄려고 애썼다. 밝은 색깔의 튀는 옷을 입었고, Q&A 시간에 흥미로운 질문을 던졌고, 남들이 다 앉아 있을 때도 꼭 일어나서 의견을 피력했다. 기회가 있을 때마다 그 회사 관계자나 교육팀장과 대화하려고 노력했다. 얼마 안 가 그들은 나를 주목하기 시작했다. 그 무렵 마크와 나는 교육 사업체들을 키우고 있었고, 이름을 조금씩 알리며 평판을 구축해가고 있었다.

그러던 어느 날 그 교육 회사가 자발적 청산 절차에 들어갔다. 당시 회사가 고객들과 계약을 맺고 아직 완수하지 못한 교육 프로그램이 80만 파운드 규모였다. 이 회사의 청산 소식에 몇몇 이들이 군침을 흘렸다. 회사의 부채에도 불구하고 꽤 매력적인 인수 대상으로 보였기 때문이다. 하지만 회사 소유주는 다른 이들의 관심은 거의 무시하고 나와 대화하길 원했다. 그는 사업을 제대로 할 수 있는 인수자를 원했고 그게 나라고 생각한 모양이었다.

결국 우리는 그 회사를 매우 싼 가격에 인수했다. 인수 선불금도 거의 없다시피 했다. 우리는 남은 모든 교육 프로그램을 제공할 책임도 함께 넘겨받았고, 이후 고객들에게 80만 파운드에 해당하는 교육을 제공했다. 시스템을 약간 조정하고 교육 진행자들을 교체해야 했지만 어쨌든 무사히 해냈다. 많은 고객이 이미 강좌 비용으로 낸 수천 파운드를 날릴 수도 있었지만 단 한 명도 그러지 않았다. 그들은 원하는 교육을 받았고, 우리는 추가 수강 혜택까지 제공해서 많은 사람을 만족시켰다. 그 후 회사는 수천만 파운드의 매출을 올렸고 우리는 지금도 이 회사를 운영하고 있다.

교육 회사를 인수할 기회가 찾아온 것은 내가 자기계발을 위해 강의를 듣기 시작했고 그 과정에서 나의 존재를 알렸기 때문이다. 나는 그 회사를 통해 나 자신에게 투자했고 적극적으로 질문을 던지며 나를 눈에 띄는 사람으로 만들었다. 그러면서 그곳 사람들과 관계를 쌓았고 결국 기회가 나타났을 때 알아보고 붙잡을 수 있었다(또한 나는 결정을 빠르게 내렸다. 이 역시 기회를 붙잡을 때 중요한 요소다).

우리의 존재를 사람들에게 각인시켜서 사업적 기회를 얻은 사례는 또 있다. 사업 초반에 마크와 나는 함께 부동산을 매입하면서 모든 일을 직접 처리했다. 우리는 지나치게 자신만만했고 감당할 수 있는 것 이상의 업무를 관리했다. 그러나 곧 우리가 부동산을 관리하는 일에 몹시 서툴다는 사실을 깨달았다. 그 일은 우리 같은 사업가보다는 임대중개 에이전시에서 잘할 수 있는 일이었다. 물리적, 행정적으로 많은 노력과 시간이 들었고 매우 꼼꼼하고 체계적인 업무 스타일이 필요했다. 그래서 우리는 부동산 관리를 맡길 임대중개 에이전시를 찾아보기로 했다.

파트너십 상대나 컨설턴트, 제품이나 서비스의 제공자가 필요할 때 우리가 제일 먼저 취하는 전략은 신뢰할 수 있는 주변 사람들에게 추천을 받는 것이다. 2006년 당시 마크는 우리보다 부동산 경험이 많은 한 지인과 자주 대화를 나눴는데, 종종 그에게서 유용한 정보와 조언을 얻곤 했다. 그래서 그에게 소개해줄 만한 임대중개 에이전시가 있는지 물어봤고 그는 한 에이전시를 추천해주었다. 이후 5년 동안 우리는 개인 포트폴리오와 고객들의 포트폴리오에 있는 350개 이상의 부동산을 그 에이전시에 맡겨 관리했다.

그러다 그 에이전시에 경영 문제가 생겨 사업체를 청산하거나 매각해야 할 상황이 됐다. 우리는 지분 매각 입찰에 참여했고 최대 고객인 우리가 최종 낙찰자로 선정됐다. 결국 그 에이전시를 인수하는 데 성공했고(이번에도 상당히 좋은 금액에 사들였다) 이로써 부동산 대부분을 우리가 직접 관리하는 시스템을 갖추게 됐다. 우리의 임대중개 에이전시 프로그레시브 레츠(Progressive Lets)는 그렇게 시작되었다. 현재 프로그레시브 레츠는 850개 이상의 임대물을 관리하고 있으며 피터버러에서 두 번째로 큰 임대중개 에이전시다.

위 두 사례는 세상에 자기 자신을 알리는 것, 즉 인지도의 중요성을 말해준다. 우리가 홍보 및 교육 회사를 인수할 수 있었던 것은 내가 나의 존재를 알리고 사람들과 관계를 맺었기 때문이다. 임대중개 에이전시를 인수할 수 있었던 것은 마크가 자신의 존재를 알리고 사람들과 관계를 맺었기 때문이다. 당연히 '눈에 띄는 것'만으로는 안 된다. 의미 있는 관계를 만들고 유지하는 데 정성을 쏟아야 한다. 이때 무엇보다 중요한 것은 귀 기울여 듣는 일이다.

≡ 기회를 끌어내는 경청의 힘

사실 모든 기회는 사람을 통해서 온다. 마크와 나의 사업에서도 그랬다. 1장에서 말했지만 기회는 도처에 있다. 우리가 만나는 모든 사람이 기회다. 그러나 그 기회들을 알아채지 못하는 이유는 여러 가지다. 사교성이 부족해 사람들과 관계를 잘 맺지 못하기 때문일 수도 있다(당신이 이번 장을 읽고 나서 더 많은 사람과 열심히 관계를 쌓길 진심으로 바란다). 하지만 가장 큰 이유는 제대로 듣지 않기 때문일 것이다. 많은 사람이 대화를 나누기보다는 일방적으로 말한다. '상대방과' 이야기하는 것이 아니라 '상대방을 향해' 이야기한다.

어쩌면 당신은 이렇게 말할지도 모른다. "롭, 당신이야말로 끊임없이 말하길 좋아하는 타입이잖아요!" 맞다. 나는 말을 많이 하는 사람이다. 그러나 실제로는 말하는 것보다 훨씬 더 많이 들는다. 인간에게 괜히 귀가 두 개이고 입이 하나인 게 아니다(만일 내게 입이 두 개라면 얼마나 더 말을 많이 하게 될까?).

나는 새로운 사람을 만나면 그에게서 뭔가 배울 점이 없는지 귀 기울여 듣고 관찰한다. 그들이 가진 정보나 경험, 통찰력을 배우기 위해 귀를 쫑긋 세우고 듣는다. 사람들은 편하게 말할 기회가 주어지면 개인적인 이야기나 경험, 자신이 겪고 있는 문제를 의외로 쉽게 풀어놓는다. 심지어 처음 보는 상대라 해도 말이다. 사람들의 말에 귀를 기울여라. 그들은 해결책을, 조언을, 소문을, 통찰력을, 영업 비밀을 당신에게 들려줄 것이다.

또한 그들은 당신의 이야기를 들을 때보다 자신의 이야기를 풀어놓을 때 당신에게 더 강한 유대감을 느낀다. 이것이야말로 기회의 문이 열리는 인간관계를 만들 수 있는 키포인트다. 흔히 인질 협상가들이 그런 접근법을 자주 활용한다. 그들은 위험하고 정서적으로 불안정하며 심지어 망상에 빠진 인질범을 상대해야 한다. 자칫 무고한 사람이 위험해질 수도 있는 긴박한 상황에서 빠르게 신뢰를 형성해야 하기 때문에 이런 접근법을 활용한다.

FBI 인질 협상가였으며 현재 비즈니스 협상 전문가로 활동하는 크리스 보스(Chris Voss)는 바로 그런 전략으로 협상에서 성공하는 법을 사람들에게 가르친다. 그가 강조하는 기술 하나는 경청을 통해 신뢰를 구축하는 '미러링(mirroring)' 기법이다. 미러링은 상대방이 말한 문장의 마지막 단어 몇 개를 반복해서 말하는 것이다. 이는 대화에 집중하고 있다는 느낌을 주고 상대가 더 많은 이야기를 하도록 유도한다.

예를 들어 부동산 네트워킹 모임에 가서 잠재 투자자와 대화를 나눈다고 해보자. 그러면 다음과 같은 식으로 미러링 기법을 활용할 수 있다.

투자자　현재 저는 영국 곳곳에 부동산 포트폴리오를 갖고 있는데 대부분은 런던에 있습니다.

나　대부분이 런던에 있다고요?

투자자　네. 처음엔 좀 망설였지요. 런던은 제가 사는 곳이 아니라서요. 그런데 놓치면 안 되겠다 싶은 기회가 왔어요. 결국 그걸 붙잡아 큰 성공을 거뒀죠.

나　큰 성공을 거뒀군요!

투자자　네. 예상보다 훨씬 큰 수익이 났어요. 그래서 다른 부동산에 다시 투자하고….

어떤 기법인지 느낌이 왔을 것이다. 이렇게 설명으로 들으면 좀 어색하지만 실제 대화에서 시도해보면 생각보다 자연스럽게 느껴진다. 이 기법을 쓰면 상대의 말을 더 경청하게 된다. 경청은 누구나 배울 수 있는 기술이다. 사람들이 상대의 말을 경청하는 정도는 저마다 다른데 이는 자기중심성 정도가 다르기 때문이다.

사람들이 상대의 말을 듣지 않는 것은 자기가 말할 차례만 기다리거나, 자신을 드러내고 싶어 하거나, 상대로부터 뭔가 배울 수 있다고 생각하지 않기 때문이다. 그래서 상대방의 말을 흘려듣는다. 나는 우리 중 누구도 다른 사람보다 우월하거나 열등하다고 생각하지 않는다. 우리는 모두 평등한 존재이며 따라서 모든 사람에게서 뭔가를 배울 수 있다.

경청과 미러링 못지않게 좋은 질문도 중요하다. 적절한 질문은 사람들의 방어적 태도를 풀고 그들이 느끼는 어색함을 씻어주는 효과를 낸다. 또한 딱딱한 분위기를 부드럽게 바꾸어 대화가 순조롭게 흘러가게 해준다.

나는 사람들을 만나면 늘 그들의 인생과 경험을 묻고 그들의 지식과 지혜를 엿볼 수 있는 질문을 던진다. 또 주저 없이 조언과 의견과 도움을 구한다. 도움을 청하는 것은 절대 나쁜 일이 아니다. 나는 항상 누군가에게 도움을 청했고, 이를 계기로 좋은 기회가 찾아올 때도 많았다.

질문하고 경청하는 것은 당신이 상대방에게 관심이 있음을 보여주는 신호다. 그러면 사람들은 당신과 대화하고 싶어진다. 그들은 자신이 관심을 받고 있으며 자신의 이야기를 듣고 있다고 느끼므로 당신을 신뢰하게 된다. 이것이 의미 있는 관계를 만들고 인지도를 높이는 길이며, 기회를 준비하는 길이다.

≡≡≡ 당신을 어떻게 포지셔닝할 것인가

당신은 어떤 사람인가? 당신을 '당신'으로 만드는 것은 무엇인가? 세상에 당신의 존재를 알리고자 한다면 무엇보다 자신을 정확히 아는 상태에서 포지셔닝해야 한다.

나의 포지셔닝은 창업과 비즈니스 성장을 가르치는 '파괴적 기업가'다. 돈을 벌고 싶은 사람, 비즈니스와 브랜드를 성장시키고 싶은 사람을 주요 청중으로 삼는다. 즉 나는 그저 세상에 내 존재를 알리는 데 그치지 않고 '특정한 이미지'로 인식되고 있다. 이것이 한 차원 더 높은 인지도다.

나의 포지셔닝이 처음부터 이렇게 넓었던 것은 아니다. 요즘 나는 기업가정신과 비즈니스, 인생 전반에 대해 강의하지만 팟캐스트와 저서 출간을 통해 영역을 확장하기 전까지 약 8년 동안은 부동산 전문가일 뿐이었다. 그러다《레버리지: 자본주의 속에 숨겨진 부의 비밀》이라는 책으로 부동산에서 기업가정신이라는 더 넓은 포지셔닝으로 옮겨 가게 되었다. 아마도 다음 영역은 전반적인 인간 행동 방식과 자기계발이 될 듯하다. 여기에는 돈과 비즈니스, 마음가짐과 개인 성장이라는 주제가 포함될 것이다.

처음에는 좁고 깊게 파고드는 전략이 나을 것이다. 당신에게 꼭 맞는 영역 안에서 움직이는 것이다. 한 가지 특정한 영역에서 이름이 알려지면 관계를 맺거나 협업하기가 쉬워지고, 이는 더 많은 기회를 가져다준다. 그렇게 인지도가 생기고 난 후에 더 확장시키는 전략을 고려해보면 된다.

물론 이때 어떤 콘텐츠를 만드느냐가 중요한 역할을 한다. 이 주제를 제대로 논하려면 책을 시리즈로 내야 할지도 모른다. 따라서 여기서는 자세히 들어가지 않겠지만 당신이 세상에 내놓는 콘텐츠의 성격이나 분위기와 관련해 말해두고 싶은 점이 있다.

나는 논란 자체를 위해 논란을 일으키는 것은 바람직하지 않다고 본다. 그저 이목을 끌기 위해 논란성 콘텐츠를 올리는 사람들이 꽤 있다. 내가 보기에 이는 얄팍한 술책이다. 그저 관심을 끌려는 목적으로 논란을 불러일으키는 콘텐츠를 만든다면 알맹이 없이 부풀려져 오히려 역효과를 맞을 수 있다. 관심을 끌기 위해 타인을 공격하거나 깎아뭉개거나 논쟁적 주제에 참여한 사람이라는 이미지로 낙인찍히는 것이다.

그렇다고 파장을 일으키는 것 자체에 반대한다는 이야기는 아니다. 내 포지셔닝도 '파괴적 기업가'다. 내가 만드는 콘텐츠의 맥락과 의미와 목적도 마찬가지다. 당신의 브랜드와 메시지, 당신이 원하는 포지셔닝에 충실하고 청중에게도 가치를 전달할 수 있는 파장을 일으킨다면 이는 당신에게 커다란 변화를 가져올 것이다.

예를 들면 관계를 쌓을 기회를 만들고 원하는 사람을 찾기 위해 심하다 싶을 만큼 솔직한 모습을 보여주는 콘텐츠를 만들 수도 있다. 어떤 주제나 대의를 추구하는 운동을 시작해서 사람들의 열광적인 호응을 이끌어낼 수도 있다. 또는 특정한 타깃 집단에 호소함으로써 당신을 차별화하는 비즈니스 콘텐츠를 만들 수도 있다.

내 브랜드는 '파괴적인(Disruptive)'이란 단어로 표현된다. 강연할 때 내 모습은 이 단어 그대로다. 나는 충격 요법을 자주 쓰고, 청중을 양극단으로 분열시키는 말도 종종 한다. 때로는 노골적으로 거침없이 말하고 청중이 배꼽을 쥘 만큼 실없는 농담도 스스럼없이 한다.

또한 나는 눈에 띄는 색깔의 옷을 입는다. 어떤 사람은 세상에 자신의 존재를 알리려고 할 때 가장 먼저 점검하는 요소가 옷차림이 아닐지도 모른다. 하지만 내 말을 믿어라. 옷차림은 중요하다. 물론 있는 그대로의 자기 모습에 만족하면서 자신감을 갖는 것도 중요하지만 당신이 입는 옷과 당신이 타는 자동차 등 당신이라는 브랜드의 색깔과 시각적 요소는 사람들에게 상당히 많은 메시지를 전달한다.

예를 들어 스피드 데이트에 나간다고 상상해보자. 스리피스 정장에 에나멜가죽 구두를 신고 나갈 때와, 반바지에 티셔츠와 나이키 운동화 차림으로 나갈 때의 당신은 전혀 다른 인상을 사람들에게 심어줄 것이다.

마크와 나는 회사에서 몹시 파괴적인 이미지가 되기로 했다.

직원들이 몸에 잘 맞지 않는 회색 정장과 검은색 구두 차림일 때도 우리는 꼭 맞는 이탈리안 정장에 밝은 스트라이프 셔츠를 입었다. 나중에는 정장 대신 유명 디자이너가 만든 감각적인 옷을 입었지만(내 강연을 본 사람이라면 내가 착용한 매퀸 제품과 'Disruptive'라는 글자가 박힌 티셔츠를 알아챘을 것이다) 사람들에게 주목받겠다는 목표와 브랜드를 중시하는 접근법은 바뀌지 않았다. 우리는 빨간색 페라리와 대형 람보르기니를 몬다. 그 차들을 좋아하기 때문이기도 하지만 사람들의 관심을 끌 수 있기 때문이기도 하다.

세상에 당신의 존재를 알리는 것은 매우 중요하다. 그리고 어떻게 알리느냐, 즉 당신을 어떤 사람으로 인식시키고 어떻게 포지셔닝하느냐는 앞으로 올 기회들에 적지 않은 영향을 미친다. 세상에 당신을 인식시켜라. 사람들과 관계를 맺고 그 관계를 정성껏 관리하라. 인지도가 생기면 기회와 가능성이 꼬리에 꼬리를 물고 나타날 것이다.

━━━ 시작이 두려운 이들을 위한 다섯 가지 조언

세상에 당신이란 존재를 알릴수록 중요한 기회가 올 확률이 커진다는 사실을 명심하자. 인지도가 생기면 말 그대로 인생이 바뀔 수도 있다.

우리 모두 자신의 인지도를 높이기 위해 애써야 한다. 살면서 더 많은 기회를 만나고 싶다면 더욱 그렇다. 우리 누구나 어느 정도는 자신을 드러내는 일을 힘들어한다. 꼭 내성적인 사람만 주목받기를 꺼리는 게 아니다. 비난받을까 봐, 실수할까 봐, 사람들에게 관심을 받지 못하거나 거절당할까 봐 두렵기 마련이다. 나도 여전히 그런 두려움이 있지만 그럼에도 모든 곳에서 열심히 나를 드러낸다. 그런 두려움은 우리를 세상에 나가지 못하게 가로막고 기회의 문도 닫아버리기 때문이다.

모두 마음먹기 나름이다. 당신도 얼마든지 존재감을 높일 수 있다. 사람들 사이에서 더 눈에 띌 수 있다. 세상에 당신이란 존재를 알릴 수 있다. 그럼에도 두려움이 가시지 않는다면 다음 다섯 가지 팁을 기억하길 바란다.

너무 많이 생각하지 마라

걱정을 멈춰라. 너무 오래 생각하는 것은 시간 낭비다. 비난이나 실패에 대한 두려움은 잊고 일단 무조건 실행하라. 물론 준비를 하고 최선을 다하는 것은 중요하다. 하지만 어쨌든 일단 '하라'.

테스트라고 생각하라

나는 뭔가를 할 때마다 테스트라는 마음가짐으로 접근한다. 일단 저지르고 나중에 완벽해지면 된다. 어떤 것은 잘 되고, 어떤 것은 잘 안 될 것이다. 그러니 1단계를 해보고 효과가 없으면 수정해서 다시 시도하라. 당신에게는 '삭제' 버튼이 있다는 사실을 기억하라. 당신이 온라인에 올린 콘텐츠는 언제든 지울 수 있다. 그걸 떠올리면 마음이 좀 가벼워질 것이다.

최악의 상황을 상상하라

일어날 수 있는 최악의 결과를 진지하게 상상해보라. 그리고 질문을 던져보자. 실제로 그 상황이 되면 나는 무엇을 할 것인가? 어떻게 대처할 것인가? 최악을 상상하면 다른 관점을 갖게 된다. 그 상황만 아니면 나머지는 별일 아니란 생각이 든다. 실제로 최악의 상황이 온다고 해도 거기서 뭔가 배우고 다시 다음 전략으로 넘어가면 된다.

자신 있는 것부터 시작하라

인스타그램은 해본 적이 없지만 페이스북은 속속들이 아는가? 그러면 일단 인스타그램은 접도록 하자. 동영상 촬영 및 편집은 빠삭하지만 글쓰기는 자신이 없는가? 그렇다면 미디엄(Medium) 같은 글 중심의 플랫폼 대신 유튜브를 선택하자. 가장 잘할 수 있고 가장 익숙하고 좋아하는 것부터 시작한 후 나중에 영역을 넓혀라. 가장 편한 곳에서 시작해서 인지도를 높이는 연습을 한 후 새로운 영역으로 진출하라.

책임감을 강화하라

만일 세상에 내 존재를 알리지 않는다면 어떻게 될까? 기회를 만날 준비가 되지 않은 채 살아간다면 어떤 목표를 이루지 못할까? 이런 생각을 자주 해서 계획을 책임감 있게 실천하도록 하자. 또한 내게 압박을 주는 환경을 만들 수도 있다. 멘토나 친구, 동료, 코치에게 당신의 계획을 알려 끝까지 완수하는지 지켜보게 하라. 아니면 주변 사람을 넘어 세상 사람들에게 알려도 좋다. 무엇을 하려는지 공표해놓으면 실천해야 한다는 책임감이 절로 생겨나기 마련이다.

≡ 거절에 지혜롭게 대처하는 법

'방 안의 코끼리' 같은 문제 하나를 짚고 넘어가자. 바로 부정적 평가나 비난, 악플이다. 당신이란 존재가 세상에 알려지면 당신은 인지도가 높아지고 더 많은 기회가 찾아온다. 하지만 동시에 더 많은 비난과 거절도 당하고 심지어 혐오와 공격까지 받을 수 있다. 그래도 절대로 기죽지 마라.

거절당하는 경험은 당연히 힘들다. 이를 주제로 글을 쓰면 책 한 권도 채울 정도다. 사람들은 당신이 거절당했을 때 어떻게 하는지 유심히 지켜보면서 당신을 판단할 것이다. 만일 당신이 어린아이처럼 행동하면(화를 낸다든지, 앙갚음하겠다며 씩씩댄다든지) 기회는 멀어져 버린다. 사람들은 거절당했을 때 아이처럼 구는 사람과는 교류하고 싶어 하지 않는다. 또 거절당하거나 비난을 받았다고 해서 숨어버리는 것 역시 수많은 기회로부터 스스로를 차단하는 어리석은 행동이다. 기억하라. 인지도가 곧 신뢰도다.

대다수 사람이 오해하는 점이 있는데, 거절당하는 상황을 피하는 것만이 능사가 아니다. 거절에 대응하는 법을 아는 것이 중요하다. 거절을 겪지 않고 살기는 불가능하다. 특히 성공하고 싶다면 더 그렇다. 나는 성공을 거두고 경험을 쌓을수록 그만큼 거절과 비난을 겪는 일도 많아졌다. 내가 가진 게 많아질수록, 더 많은 사람이 나를 알게 될수록 비난받을 일도 많아진다. 더 많은 사람이 딴지를 걸고 내게 뭔가를 요구하게 된다.

이제는 나도 그런 것들에 둔감해졌다(나를 세상에 내놓을수록 점점 더 얼굴이 두꺼워지는 것 같다). 온라인상의 비난이나 악플에도 지혜롭게 대응할 줄 안다. 그런 말을 감정적으로 받아들여 상처받는 일은 이제 없다. 하지만 내가 영웅처럼 여기는 누군가에게 내 팟캐스트에 나와달라고 부탁했다가 거절당하면 꽤 속상하다. 거절당한 쓸쓸함은 곧장 사라지는 그런 감정이 아니다. 그러나 경험과 시간이 쌓여 거절을 이겨내는 회복력이 생기면 더 지혜롭게 대응할 줄 알게 된다.

이 사실을 기억하자. 당신이 영웅으로 여기는 사람도 과거에 거절을 경험했고 심지어 현재도 거절을 경험한다. 다만 그들은 더 지혜롭게 대처하고 회복력이 강할 뿐이다.

하나를 보면 열을 안다는 말이 있다. 사람들은 항상 당신을 지켜보며 판단한다. 따라서 어떤 면에서는 당신이 거절과 비난에 대응하는 방식이 당신이 더 많은 기회를 얻느냐 아니냐를 좌우할 수도 있다.

거절에 어떻게 대응해야 할까? 피드백을 받았다는 사실에 감사하라. 비난에 대해서도 감사하라. '노'라는 대답을 기꺼이 받아들여라. 단 받아들이는 것은 오늘까지만 하고, 내일 또다시 시도하라. 녹다운됐어도 다시 일어나 도전하라. 끈기와 회복력을 가져라. 사람들은 금세 알아볼 것이다. 끈기와 회복력은 누구나 부러워하는 자질이기 때문이다. 싸우려들지 말고 협력할 방향을 찾아라. 얼굴에 미소를 띠고 거절을 받아들여라. 거절을 감정적으로 받아들이지 않도록 노력하라.

거절을 통해 오히려 기회를 만들어낼 수도 있다. 사실 거절은 기회가 다가올 조건을 만드는 중요한 요소다. 거절을 받아들이면 오히려 기회가 나타날 수 있다. 거절에 지혜롭게 대처하면 보이지 않던 무한한 기회의 문이 당신 앞에 열릴 것이다.

SUMMARY

기회가 찾아올 조건을 만들기 위해 가장 중요한 것은 세상에 당신의 존재를 알리는 일이다. 네트워킹 이벤트, 콘퍼런스, 업계 모임, 파티, 헬스클럽, 슈퍼마켓, 댄스 수업, 페이스북, 인스타그램, 유튜브, 온라인 포럼, 구글 행아웃, 틴더, 틱톡 등 어떤 공간이나 플랫폼도 좋다. 거기에 참여해서 사람들 눈에 띄어라. 그리고 신뢰를 얻어라.

나는 세상에 나를 알리고 사람들과 관계를 맺은 결과 (적은 비용으로 회사 두 곳을 인수한 일을 포함해) 수많은 기회를 얻었다. 당신을 드러내길 주저하지 말고(아직 자신을 알기 위해 노력 중이라고 해도 이는 방 안에 숨을 핑계가 되지 못한다. 일단 시작하고 나중에 완벽해지도록 하라), 진정성 있게 행동하고, 상대의 말을 경청하라. 모든 기회는 당신이 만나는 사람에게서 나오거나 그 사람과 함께 온다.

TAKE ACTION 온·오프라인에서 플랫폼을 하나 선택하라

- 당신에게 가장 편한 공간은 어디인가? 인스타그램이든 동네 수영장이든 상관없으니 찾아보자.

- 계획을 세워라. 사람들 눈에 띄고 인맥을 쌓기 위해 그 플랫폼을 이용할 방법을 생각해보자. 플랫폼에 동영상을 올릴까? 아니면 수영장 물속이나 샤워장에서 사람들과 대화를 틀까? 결정할 사항은 간단하다. 플랫폼(공간)의 종류, 콘텐츠, 날짜다.

- 실행하라. 너무 오래 생각하지도, 너무 세세한 계획을 짜지도 마라. 실행하는 그 순간을 전날 밤 수백 번씩 머릿속에서 상상해보지도 마라. 일단 실행하라. 그 플랫폼에 들어가 입을 열고 당신의 지금 모습 그대로 사람들과 대화하고 교류하라.

- 평가하라. 해보니 기분이 어떤가? 생각한 대로 잘 됐는가? 다음번에 변화를 준다면 어떤 점을 다르게 하는 게 낫겠는가? 일단 테스트한다는 마음가짐으로 임하자. 부족한 점이 있다면 보완해 다시 시도하라.

8장

균형을 유지하라

앞서 세상에 당신의 존재를 알리라고 강조했는데, 이제는 그 반대 방향의 조언을 하고자 한다. 원래 세상만사는 역설투성이다. 당신이 계속 밀어붙이기만 하면, 사람들에게 너무 당신을 들이밀면, 안달복달하면서 지나치게 일만 하면 기회는 오히려 멀어진다. 이럴 때는 약간의 균형 잡기가 필요하다.

끌어모으는 일과 덜어내는 일의 균형이 필요하다. 열심히 하기와 내려놓기 사이의 균형, 직접 일하기와 레버리지 이용하기 사이의 균형이 필요하다. 때로는 끈질긴 도전도 필요하지만 때로는 인내심 있게 기다리는 일도 필요하다. 통제권을 쥘 때와 내려놓을 때를 알아야 한다.

당신의 꿈이 IT 회사의 프로그램 개발자가 되는 것이라고 하

자. 당신은 한 회사에 지원했다가 불합격한 후 다른 회사에, 또 다른 회사에 지원서를 낸다. 그러다 결국 프로그램 개발과 관련이 있든 없든 상관없이 구인 공고에 나온 모든 일자리에 무조건 지원한다. 합격 여부를 확인하려고 매주, 나중에는 매일 회사 인사팀에 전화를 건다. 여러 네트워킹 모임에 나가 사람들에게 주변에 이야기를 잘해달라고 부탁한다. 강의도 더 듣고 당신이 보유한 자격과 능력을 곳곳에 광고하며 다닌다. 그렇게 당신은 쉼 없이 질주하다가 결국 나가떨어진다.

어떤 이들은 성공하려면 마땅히 그렇게 해야 한다고 말할지 모른다. 정말 원하는 목표라면 계속해서 질주하고 밀어붙여야 한다고 말이다. 하지만 나는 기회들이 나타날 공간은 남겨놓아야 한다고 생각한다. 한 걸음 물러설 줄도 알아야 한다. 그러지 않으면 삶이 한 치의 빈틈도 없이 빼곡하게 차서 숨 쉴 공간도, 뭔가가 기지개를 켜고 성장할 틈도 없어진다. 너무 열심히 하다가는 사람도, 기회도 밀어낼 수 있다.

때론 힘 빼기도 필요하다

이제는 밀어붙이기를 그만두고, 뒤도 돌아보지 않는 질주를 멈추자. 자신을 요란하게 광고하는 것을, 뭔가 해달라고 부탁하는 것을 멈추고, 세상에 자신을 알리기 위해 공격적으로 들이밀기보다는 수용적인 태도로 상대의 말을 경청하라.

진심으로 들어라. 상대에게서 뭔가 얻어내기 위해서가 아니라 배우기 위해 질문하라. 그래야 기회를 위한 공간이 생겨난다. 당신 앞에 나타난 기회는 당신이 상상한 것이 아닐 수도 있다. 목표했던 것과 다른 회사에서 인턴 제의가 올 수도 있고, 예상치 않았던 컨설팅 프로젝트가 들어올 수도 있다. 하지만 그 역시 당신에게 좋은 기회가 될 수 있다. 당신은 기회를 발견할 준비가 돼 있어야 하지만 기회가 나타나려면 그전에 삶에 공간을 남겨둬야 한다.

사람에 대해서도 비슷한 접근법이 필요하다. 예를 들어 헬스장에서 만난 어떤 남성과 데이트를 하고 싶거나, 팟캐스트에 어떤 여성을 초대해 인터뷰하고 싶다고 치자. 당연히 일단은 그 남성에게 데이트 신청을 하고, 그 여성에게 인터뷰를 요청해야 한다. 하지만 거절의 대답이 돌아오더라도 받아들이고 한 걸음 물러나야 한다.

물러난다고 해서 영영 기회가 사라지는 것은 아니다. 어느 시점이 되면 다시 물어볼 수 있는 때가 온다. 하지만 일단은 멈추고 놓아주어야 한다. 그러지 않으면, 즉 계속해서 요청하고 부탁하고 쫓아다니면 결국 스토커와 다를 바 없으며 절박하고 딱한 사람으로 비칠 것이다. 그런 인상을 심어줘서 좋을 것은 하나도 없다. 그건 기회를 만들어내는 방법도 아니다. 거절을 받아들이되 그 상황을 이용하라. 즉 세상에 당신을 알리는 노력은 지속하되 약간 방향을 틀어 변화를 주어라.

자녀 교육도 마찬가지다. '헬리콥터 부모'라는 말이 있다. 이들 부모는 자녀를 너무 애지중지한 나머지 자녀가 고생하거나 실패하는 것을 견디지 못한다. 아이가 놀이터에 있는 구조물에 올라가기라도 하면 한시도 눈을 떼지 못한다. 아이가 숙제할 때 등 뒤에서 지켜보다가 틀린 답을 적으면 곧바로 달려들어 꾸짖고, 모든 방과 후 활동에 아이를 직접 데리고 다닌다.

물론 각기 나름의 자녀 교육 방식이 있기 마련이고, 나는 자녀 교육 전문가를 자처할 생각도 없다(아내는 내가 절대로 자녀 교육 전문가가 아니라고 말할 것이다!). 하지만 헬리콥터 부모는 바람직하지 않다고 생각한다. 부모라면 사랑하는 자녀를 잘 돌보고 싶고 아이들이 상처받는 걸 원치 않는 게 당연하지만, 자녀는 부모의 소유물이 아니다. 부모는 자녀를 키울 책임이 있지만 자녀의 삶을 대신 사는 존재가 아니다. 분명 당신도 마흔 넘은 자녀가 집에 함께 살면서 목욕을 시켜달라고 하는 미래는 원치 않을 것이다. 아이들은 자립심을 갖춘 성인이 되어야 하며, 그렇게 되도록 얼마든지 도울 수 있다.

때론 느슨하게 풀어주고 놓아줘야만 아이들은 자기 삶을 다스리는 주인이 될 수 있다. 여기서 놓아준다는 것은 버린다는 의미가 아니다. 곁에 있되 스스로 결정을 내릴 수 있도록 도와주는 것이다. 아이가 놀이터 구조물을 혼자 올라가게 두되 만일 넘어지거나 하면 안아줘야 한다. 숙제하다가 틀린 답도 써보게 하되 그 과목에서 낙제하면 도와주고 가르쳐줘야 한다.

2016년 플로리다 주립대학교의 심리학자들은 서로 다른 양육 스타일이 아이들에게 미치는 영향에 관한 연구 결과를 발표했다. 연구팀은 헬리콥터 양육법과 자율성 강화 양육법을 비교했는데, 특히 부모가 자녀 스스로 결정을 내리도록 지원하는 방식에 주목했다. 관찰 결과, 과도하게 통제하고 간섭하는 헬리콥터 부모 밑에서 자란 아이들은 스스로 결정을 내리게 도와주는 부모 밑에서 자란 아이들보다 성인이 됐을 때 일의 성과가 더 낮았다. 또한 자율성을 키우도록 도와주는 부모에게서 자란 아이들이 정신적으로나 신체적으로 더 건강한 성인이 되었다.

자녀 양육법에 관한 이야기를 좀 길게 한 이유는 내려놓는 것과 고삐를 늦추는 것, 한 걸음 물러서는 것이 중요함을 강조하기 위해서다. 고삐를 꽉 쥐고 있는 부모는 자식과 자신을 위한 기회를 억지로 짜내려는 것과 같다. 자녀의 곁을 항상 맴돌면서 그들의 삶을 대신 살아주려고 하지 않는다면 얼마나 많은 시간과 정신적 공간이 생겨날지 생각해보라. 결국 이는 균형의 문제다. 밀어붙이고 쥐어짜고 통제하고 질주해야 할 때, 힘을 빼고 내려놓고 한 걸음 물러서서 공간을 만들어야 할 때를 알아야 한다.

오해하지는 말길 바란다. 게을러지라는 이야기가 아니다. 소파에 누워 넷플릭스나 보면서 좋은 일이 저절로 일어나기를 기다리라는 이야기가 아니다. 만일 그런 소리로 알아들었다면 완전히 잘못 짚은 것이다. 아무것도 하지 않으면 아무 일도 일어나지 않는다. 아무것도 배울 수 없고 아무것도 바뀌지 않는다. 기회가 나타날 가능성이 없다. 하지만 그렇다고 한시도 쉬지 않으면, 항상 밀어붙이고 질주만 하면 기회가 나타날 공간을 스스로 없애버리는 것과 같다. 따라서 가능성이 생겨나고 전개될 수 있는 공간을 남겨둬야 한다.

≡ 삶에 빈 공간이 필요한 이유

많은 이가 공감할 만한 이야기는 아닐지 모르지만 나는 이것 하나만큼은 확실히 말할 수 있다. 사람들은 열심히 일해야 한다는 강박 관념을 갖고 있다. 어떤 이들은 휴일도 없이 하루에 20시간을 일한다. 일하고 또 일한다. 쉴 시간은 없다. 그렇게 사는 것이 당연하다고 믿는다. 내가 보기엔 말도 안 되는 소리다.

코로나19가 일상을 강타한 이후 수많은 사람이 자신이 얼마나 많은 것을 해내고 있는지 자랑하기 시작했다. 벤치 프레스를 몇 개 성공했는지 자랑하고, 새로이 시작한 사업과 완성한 시나리오를 자랑했다. 팬데믹이 세상을 휩쓰는 와중이라도 열심히 살기를 중단한다면 나약한 중도 포기자나 마찬가지라는 듯 말이다. 하지만 시간이 흐르면서 한 가지는 확실해졌다. 자신을 전혀 돌보지 않고 죽어라 일만 할 때 맞이할 결과는 하나뿐이라는 사실이다.

일밖에 모르는 삶이 성공을 보장해주지는 않는다. 날마다 전속력으로 달린다고 해서 반드시 성공하는 것은 아니다. 그렇게 산다고 모든 기회가 오는 것도, 인생에서 승리하는 것도 아니다. 그 경우 확실하게 돌아오는 결과 하나는 번아웃이다.

흔히들 열심히 일할수록 더 많은 행운이 따라오고 더 많은 기회가 생긴다고 조언한다. 어쩌면 당신도 그렇게 생각할지 모르지만 나는 그 말에 반대한다. 물론 노력하지 않으면, 세상에 나가 당신의 존재를 알리지 않으면, 뭔가에 에너지를 쏟지 않으면, 어떤 일을 오랫동안 하지 않으면 당신이 만나는 기회는 줄어들 것이다. 그러나 정신없이 바쁘게 일하는 중노동의 삶은 당신을 압도해 번아웃으로 몰고 갈 수 있다. 그렇게 일하면 에너지가 바닥나고 집중력도 떨어져 실수를 연발하게 된다. 스트레스와 짜증 지수가 올라가고, 결국은 가족과 파트너와 고객과 팔로워와 팬들에게 그 화를 쏟아내게 된다.

현실적으로 따져보자. 하루나 한 주 또는 한 달에 몇 시간을 열심히 일해야 하는지 규정하는 것은 불가능하다. 우리는 각자

다른 존재이기 때문이다. 사람마다 각자의 에너지 흐름과 일일 주기 리듬이 있는데, 이를 거스르고 억지로 일하면 정신적, 신체적으로 병이 생길 수도 있다. 연구에 따르면 긴 노동 시간은 심장 질환에서 생식기 문제에 이르기까지 각종 건강 문제를 일으키는 원인이다. 지속적인 고강도 노동은 무병장수의 삶에 전혀 도움이 되지 않는다.

이상적인 노동 시간으로서 모두에게 적용할 수 있는 하나의 정답은 없다. 장시간 노동이 수면의 질과 신체적, 정신적 건강에 미치는 영향은 사람마다 다르다. 우리는 노동에 대한 각자만의 소화 용량을 갖고 있다. 코로나19는 이 점을 확실히 보여주었다.

팬데믹으로 인한 업무 습관의 갑작스러운 변화가 사람들에게 미친 영향은 각기 달랐다. 또한 많은 사람이 자신의 노동 시간을 재평가해보기 시작했고 이는 그 자체로 하나의 기회가 됐다. 누군가에겐 일하는 속도를 늦추거나 높일 기회, 누군가에겐 잠시 멈춰서 일의 의미를 다시 생각해볼 기회, 또 누군가에겐 얼마나 오래 일하는 것이 적절한지 생각해볼 기회였다.

나는 당신이 현실적으로 하루에 몇 시간 일할 수 있는지 모른다. 18시간일 수도 있고(설마!) 4시간일 수도 있다. 그러나 몇 시간이 됐든 그 한계치를 넘고 나면 일의 효율성이 급격히 떨어진다. 일한 결과물의 질도 낮아진다. 실수를 하게 되고, 인간관계가 망가지고, 기회의 문이 닫힌다.

그리고 어쩌면 당신은 자신을 속이고 있을지도 모른다. 어떤 이들은 자기가 하루에 12시간 일한다고 생각할지라도, 사실은 4~5시간만 일하고 나머지 시간은 꾸물대거나 미루면서 보내고 있을 가능성이 크다. 이는 조사 결과 거듭 밝혀진 사실이다. 사람들은 일주일에 60시간이나 70시간 또는 80시간 일한다고 대답했지만 실제로는 일반적인 회사원의 업무 시간보다도 적게 일하고 있었다.

꾸물대느라 보내는 시간은 '속 빈 강정'일 뿐이며 그저 업무 시간을 채우기 위한 의미 없는 활동이다. 당연히 생산적이지도, 효율적이지도 않다. 열심히(또는 오래) 일하는 것보다 훨씬 중요한 건 똑똑하게 일하는 것이다.

≡ '열심히'가 아닌 '똑똑하게' 일하기

2007년 출간된 책 한 권이 세상을 깜짝 놀라게 했다. 이 책에서 이야기하는 방식은 현재는 널리 알려졌지만 당시만 해도 꽤 충격적이었다. 일주일에 4시간만 일하고도 성공할 수 있다는 게 저자의 주장이었기 때문이다. 사람들은 말했다. "말이 돼? 일주일에 4시간만 일한다고? 그리고 나머지 시간은 멋진 해변에서 칵테일을 홀짝인다고? 제발 나도 그래봤으면!"

이 책의 저자는 미국의 기업가 팀 페리스(Tim Ferriss)다. 과거 그는 하루의 대부분 시간을 일에 시달렸고 그대로는 안 되겠다고 판단했다. 그래서 가상 비서들로 이뤄진 팀에 업무를 아웃소싱하기 시작했으며 이메일 확인 시간을 따로 정해두고 그때만 이메일을 처리했다. 이렇게 '주 4시간 근무' 방법으로 효과를 본 그는 그 내용을 《나는 4시간만 일한다》라는 책으로 출간했다. 이 책은 사람들에게 큰 호응을 얻었다. 40개 언어로 번역돼 200만 부가 판매됐으며 〈뉴욕 타임스〉 베스트셀러 목록에서 4년 넘게 자리를 지켰다.

그렇다면 책을 읽은 모든 사람이 팀 페리스처럼 하고 있을까? 그렇지 않다. 이상한 일이지만 한 걸음 물러나 업무를 위임하고 삶에 여유 공간을 만드는 것보다 오랜 시간을 들여 열심히 일하는 것이 더 쉽기 때문이다. 그러나 인생에 기회를 불러오고 싶다면 열심히 일해야 할 때와 똑똑하게 일해야 할 때를 아는 것은 대단히 중요하다.

팀 페리스의 경우는 좀 극단적이라는 생각이 들지만(그의 주장처럼 일주일에 4시간만 일하면 실제로 어떤 기회들은 놓칠 게 분명하다) 배울 점은 있다. 그리고 그의 메시지는 내 책 《레버리지》의 주제와 맞닿아 있다. 무작정 열심히, 더 오래 일하는 것이 능사가 아니다. 똑똑하게 일하는 것, 그럼으로써 삶에 기회들을 위한 공간을 만드는 것이 중요하다.

《레버리지》에는 똑똑하게 일하면서 시간을 최대한 활용하기 위한 실용적 조언과 실천 방안이 담겨 있다. 그중 일부를 3부에서 살펴볼 예정이지만 여기서도 잠깐 소개하겠다.

흔히 어떤 업무를 아웃소싱하거나 위임할 사람을 고용하기 전에 사업가 자신이 그 업무에 완벽히 통달해야 한다고들 하지만 내 생각은 다르다. 모든 것을 다 잘할 수는 없다. 성장하려면 어떤 부분은 내려놓아야 한다.

예를 들어 회사를 키우고 싶다면 종일 일에 매달려 모든 것을 직접 해서는 안 된다. 뛰어난 인재를 고용하고 파트너십과 협력 관계를 구축하고 합작 사업을 추진해야 한다. 통제권과 업무와 역할과 프로젝트 일부를 다른 이들에게 맡겨야 한다. 그 일을 잘 해낼 역량을 가진 이들을 고용하라는 이야기다. 회사를 성장시키고 더 높은 단계로 도약시키고 싶다면 그들에게 일을 맡긴 후 자율적으로 결정하게 해야 한다.

당신만 그 일을 잘해낼 수 있고, 고객들이 당신만 원하고, 당신 방식만 옳다는 생각을 버려라. 당신보다 더 똑똑하고 일을 더 잘하는 뛰어난 인재를 고용하면 더 나은 성과가 나오고 더 많은 고객을 얻을 수 있으며 매출이 증가하고 더 높은 품질의 결과물이 나온다. 일단 당신의 통제권과 고집을 버리면(물론 전부는 말고) 눈에 보이는 결과가 나타나기 시작할 것이다.

그런 식으로 계속하면 완수할 수 있는 일의 양이 크게 늘어난다. 당신이 하루에 일할 수 있는 최대치가 5시간이라고 치자. 매일 5시간씩 열심히 일한다고 할 때 일주일이면 35시간의 결과물이 생긴다. 하지만 똑같은 업무 능력을 지닌 사람 10명을 고용하면 일주일에 350시간에 해당하는 결과물이 생긴다. 이는 '더 열심히'가 아니라 '더 똑똑하게' 일한 결과다.

일뿐 아니라 삶의 다른 영역에서도 마찬가지다. 집안일을 하는 데 보통 하루가 걸린다고 치자. 당신은 그 시간 내내 최선을 다해 일하는가, 아니면 그 시간의 상당 부분을 딴짓하며 빈둥대느라 허비하는가? 일주일에 몇 시간 청소 도우미를 고용하는 게 더 효율적이고 현명한 투자가 아닐까? 또 헬스장에서 보통 3시간을 보낸다고 하면 그 3시간을 정말로 알차게 사용하는지 생각해보자. 혹시 어떤 운동이 좋은지 정확히 몰라서 여기저기 어슬렁대며 보내지는 않는가? 제대로 운동하려면 일주일에 한 시간 트레이너를 고용하는 게 오히려 효율적이지 않을까?

운동은 균형의 중요성을 깨닫게 해주는 대표적인 분야다. 매일 에너지를 100퍼센트 쏟아부으며 죽어라 운동하는 것은 오히려 몸에 독이 된다고 모든 트레이너가 말할 것이다. 심지어 근육이 파열되고 부상을 입을 수도 있다.

다이어트도 비슷하다. 다이어트를 하겠다고 쫄쫄 굶으면 우리의 몸은 생존 모드로 돌입해 더 많은 지방을 저장하기 시작한다. 모든 것을 한꺼번에 하면(칼로리 섭취를 줄이고, 하루에 15킬로미터씩

달리고, 웨이트 리프팅을 하면) 원하는 결과가 아닌 엉뚱한 결과를 맞을 수 있다. 모든 일에는 균형이 필요하다. 운동하는 것도 중요하지만 쉬는 것도 중요하다. 생존하려면 제대로 먹어야 한다. 결국 균형이 관건이다.

물론 무엇이든 열심히 해야 하는 건 맞다. 열심히 하지 않으면서 성공할 수는 없다. 열심히 하지 않으면 멋진 몸을 만들 수도, 외국어를 배울 수도, 평생의 사랑을 만날 수도 없다. 그러나 지나치게 열심히만 하다가, 무조건 내달리다가 삶에 기회들이 나타날 여유 공간을 남겨놓지 못하는 우를 범해서는 안 된다.

사람들은 미시적 차원에서도 이런 여유 공간 만들기를 시도한다. 대표적인 것이 포모도로 기법(Pomodoro Technique, 25분 집중해서 일하고 5분 쉬는 시간 관리법 – 옮긴이)●이다. 나는 글을 쓸 때 이 기법을 활용한다.

글을 쓸 때 나는 25분 동안 최대한 집중해서 작업한 뒤 5분 동안 휴식을 취한다. 25분은 달성하기 어려운 목표로 느껴지지 않는다. 한 달 동안 작업해서 6만 단어를 써내야 한다고 생각하는 것보다 훨씬 스트레스도 적다. 글 쓰는 시간 전체를 쉽게 성취 가능한 여러 조각으로 쪼개서 관리하면 지치지 않고 일할 수 있고

● 1980년대 후반 이탈리아의 프란체스코 시릴로(Francesco Cirillo)가 개발한 시간관리 방법으로, 그가 처음에 토마토(이탈리아어로 '포모도로') 모양의 타이머를 사용해서 '포모도로 기법'이란 이름이 붙었다.

집중력을 유지할 수 있으며 뒤로 갈수록 글이 형편없어지는 일도 없다. 저자가 녹초 상태로 글을 썼다는 것을 독자는 금세 알아챈다.

종일 일에만 매달리거나 혼자 다 하려고 하지 말고 창의성을 발휘하라. 더 많이 일하려고만 들지 말고 때로는 조금 느긋하게 움직이도록 하자. 하루의 일정표를 온갖 일로 꽉꽉 채우지 말고 삶에 여유 공간을 만들어 아이디어와 가능성이 찾아올 틈을 허락하라.

≡ 에너지를 갉아먹는 삶의 잡동사니를 청소하라

더 많이, 더 오래 일하는 것만 미덕으로 여기며 시간과 에너지를 비효율적으로 쓰는 것만 당신에게 오는 기회를 방해하는 것이 아니다. 물리적 공간도 점검해야 한다. 미니멀리스트들은 물건에 대한 집착을 버리고 삶을 청소한 후 인생이 훨씬 더 행복해졌다고 말한다. 그렇다고 당장 모든 것을 내다 팔고 조그만 집으로 이사 가거나, 옷장 속의 옷을 30개로 줄이라는 이야기가 아니다. "설레지 않으면 버려라"라고 한 곤도 마리에(近藤 麻理惠)의 방식을 반드시 따라 해야 하는 것도 아니다(하지만 그녀의 강의는 설렘을 준다).

내가 두세 달에 한 번씩 하는 것이 있다. 하루 날을 잡아서 이 날은 일하지 않고 내 삶을 깨끗이 청소하는 것이다. 이를테면 영혼의 장세척과도 같다. 그렇게 내 주변의 환경을 청소함으로써 나의 에너지도 청소한다. 야근이 내 몸에 남긴 안 좋은 기운을 털어내고 에너지를 다시 채운다(똑똑하게 일하려고 노력하지만 나도 남들처럼 과로라는 덫에 종종 빠진다). 이는 마치 생산적인 명상과도 같다. 내가 주변을 청소하는 과정을 소개하면 다음과 같다.

- 청소하기 약 한 달 전에 주변 모든 사람에게 알리고 준비시킨다. 아내에게 청소 날짜를 알리고, 아이들에게 갖고 놀지 않는 장난감을 따로 분리해놓으라고 말하고, 정원사에게 집 주변을 깨끗하게 손봐달라고 부탁하고, 청소부에게 물건들을 봉지에 넣어 분류하기 시작하라고 말한다('중요함', '잘 모르겠음', '버릴 확률 높음' 이렇게 세 종류로 분류한다).
- 대망의 '장세척 날'이 되면 먼저 옷장부터 시작한다. 우리가 평소에 입는 옷의 80퍼센트는 가지고 있는 옷의 20퍼센트에 불과하다. 먼저 옷장을 점검해 잘 입지 않는 옷은 팔거나 중고품 가게에 기부한다.
- 방에서 꽤 많은 자리를 차지하고 있는 물건을 치우기 시작한다. 내게는 깔끔하고 쾌적한 공간이 중요하다. 마음을 다스리는 데도 도움이 되고 더 생산적인 사람이 될 수 있다. 중요하

지 않거나 잘 쓰지 않는 물건, 고장 났거나 더는 필요 없는 물건을 치운다. 장난감, 오래된 잡지, 책 등. 청소하다 보면 대체 어디서 오는지 동전들이 꼭 나온다. 아이들을 위해 주운 동전은 큰 병에 모은다.●

- 물건을 쌓아놓거나 보관하는 공간(다락방, 지하실, 소파 뒤쪽 등)을 확인해 필요 없는 것들은 자선단체에 기부한다.

- 자동차를 청소한다. 주차하고 남은 잔돈이 굴러다니는지 꼭 확인한다. 차 안은 반드시 쾌적하고 깨끗해야 한다.

- 다음은 디지털 영역이다. 이메일함을 정리하고 파일링 시스템이 효율적으로 돼 있는지 점검한다. 불필요한 이메일 구독 서비스를 취소한다. 자동이체 항목과 콘텐츠 구독 서비스를 정리한다. 문제가 있는 부분을 고치고 필요한 시스템을 동기화한다. 음악, 소프트웨어, 원격 조종 등 모든 시스템을 점검한다.

- 모든 것을 백업한다. 여분의 열쇠들이 있는지 확인한다. 전화기, 컴퓨터, 여타 디지털 기기에 들어 있는 자료를 백업한다. 여분의 메모리카드와 배터리를 챙겨둔다. 노트북과 충전기와 헤드폰을 담은 출장용 가방을 두 세트 만들어둔다. 그래야 뭔

● 이것은 돈을 관리하는 똑똑한 방법이다. 액수가 큰 동전과 5파운드 지폐를 보이는 대로 저금통에 넣어라. 작은 돈을 저축해야 큰돈도 관리할 줄 알게 된다. 그리고 저금통에 모인 돈으로 요긴한 물건을 살 수도 있다.

가 잘못되거나 어떤 기회가 왔을 때 즉시 대응할 수 있다.

- 불필요한 것을 전부 비워내고 정리한 후 마지막으로 하는 일은 사람들에게 연락하는 것이다. 친구와 지인, 좋아하는 사람들에게 메시지를 보내 안부를 묻는다. 시간을 따로 내어 소중한 이들에게 관심과 애정을 표현하는 것은 중요하다.

꽤 흥미롭지 않은가? 잘만 하면 이 모든 것을 하루에 해치울 수도 있다. 꾸물거리지 말고, 생각을 너무 많이 하지도 말고, 너무 진지하게 고민하지도 말자. 아마 당신은 집 안에 발 디딜 틈 없이 물건을 쌓아놓는 저장 강박증 환자는 아닐 테니 말이다.

삶의 잡동사니를 처리하고 깨끗이 청소하면 정신도 깨끗해진다. 생각이 명료해지면 당신의 비전에 사람들은 더 쉽게 동참할 것이다. 당신은 사람들에게 메시지를 명확하게 전달하고 영감을 줄 수 있다. 불필요한 것을 덜어내고 열린 자세를 유지하면 당신의 삶으로 더 많은 것이 들어온다. 가능성과 기회가 당신을 향해 걸어올 것이다.

SUMMARY

균형을 유지하라. 밀어붙일 때와 잠시 물러설 때를 알아야 한다. 계속되는 질주와 통제는 삶에 기회가 들어설 공간을 없애버린다. 이는 삶의 모든 부분에 적용된다. 좋아한다고 해서 지나치게 들이대면 상대방은 달아나버린다. 다이어트나 운동을 심하게 하면 몸이 상하거나 부상을 입는다. 너무 열심히, 너무 오래 일하면 에너지가 고갈돼 실수하게 되고 건강까지 해칠 수 있다. 때로는 일하는 시간만 길 뿐이지 별로 실속이 없는 경우도 있다.

그러니 똑똑하게 일하라. 시간을 레버리지하고, 업무를 위임하고, 잡동사니를 치워 물리적, 정신적, 영적 여유 공간을 만들어라. 그래야 기회가 나타날 수 있는 환경이 조성된다.

TAKE ACTION 당신의 삶에서 비우고 덜어내야 할 것은 무엇인가?

- 레버리지 목록을 만들어라. 당신의 삶에서 열심히 일하는 것이 아닌 똑똑하게 일할 수 있는 부분은 무엇인가? 특정 업무를 아웃소싱하거나 다른 누군가에게 위임할 수 있는가? 실속 없이 비효율적으로 시간을 쓰고 있는 부분이 있는가?
- 잡동사니를 제거하라. 내가 정기적으로 실행하는 영혼의 장세척처럼 주변을 싹 청소해도 좋고, 한 영역을 선택해 그것부터 청소해도 좋다. 인생의 잡동사니를 치우고 홀가분한 기분을 느껴보라. 아마 또 하고 싶어질 것이다.

9장

머릿속을 채워라

최근에 붙잡은 기회를 떠올려보자. 당신이 가지고 있는 어떤 지식 덕분에 그 기회가 생겨났는가? 그 기회를 잡을 수 있었는가? 무엇을 알고 있었던 덕분에, 무엇을 익혀둔 덕분에 당신을 위한 기회가 될 수 있었는가?

그 일자리에 필요한 기술적 지식을 갖고 있었는가? 그 배역을 따내는 데 필요한 연기력을 갖추고 있었는가? 사업적 감각 덕분에 그 계약을 체결할 수 있었는가? 감성지능이 높아서 그 누군가를 도왔는가?

인생에서 지식의 중요성은 그 무엇에도 뒤지지 않는다. 직업이 무엇이든, 꿈이 무엇이든, 당신의 위치가 어디쯤이든, 성격이 어떻든 인생을 향상시킬 수 있는 확실한 길은 바로 배움이다.

≡≡≡ 교육보다 경험이라는 배움을 택하라

먼저 교육과 배움의 차이를 짚고 넘어가자. 내가 참여하는 온라인 커뮤니티들(특히 페이스북의 파괴적 기업가 커뮤니티)에서는 이를 주제로 꽤 뜨거운 토론이 벌어지곤 한다. 그 둘의 차이는 결국 지식이 어디서 비롯되느냐에 있다. 교육은 대학 등의 기관을 통해 특정한 자격 및 학위를 얻는 것을 뜻하며, 배움은 세상 모든 곳에서 지식을 얻는 활동을 뜻한다.

사람들은 내게 대학에 가야만 기회를 얻을 수 있느냐고 종종 물어본다. 그러면 나는 원하는 진로가 어느 쪽이냐고 묻는다. 만일 외과 의사나 치과 의사, 변호사, 회계사처럼 공인된 자격이 필요한 전문직을 원한다면 나는 대학에 가라고 권한다. 그게 맞는 방법이고 검증된 길이기 때문이다. 그러나 사업을 하고 싶다면 대학에 가지 말라고 한다.

대학에 가면 4~5년은 학교에서 공부만 해야 한다. 만일 대학에 가지 않는다면 남들이 학교에서 공부하는 동안 돈을 벌면서 정말로 값진 경험(이게 내가 말하는 '배움'이다)을 할 수 있다. 동시에 사업에 도움이 될 기회들을 맞이할 준비를 미리 할 수 있다. 또래들이 학교를 졸업하고 여기저기 취업 원서를 넣을 때쯤, 당신은 학위가 전혀 중요하지 않은 영역에서 일하면서 그들보다 몇 년은 앞서 나갈 수 있다. 그리고 빚에 허덕이지도 않을 것이다.

나는 대학에서 건축학을 공부했다. 지원할 때는 그게 내가 원하는 일이라고 확신했다. 하지만 지금 생각해보면 바보 같은 판단이었다. 나는 구멍 안쪽에 뭐가 있는지 살피지도 않고 구멍을 채우려 시도하는 사람이나 마찬가지였다. 부모님도 기뻐했고 친구들도 다 대학에 갔으므로 내가 대학에서 공부하는 것은 마땅한 일처럼 보였다.

나는 웬만해선 후회를 잘 안 하지만 기회가 다시 주어진다면 다르게 행동할 텐데 싶은 몇 가지는 있다. 그중 하나가 대학이다. 만일 과거로 돌아간다면 대학에 가지 않을 것이다. 학위를 따느라 보낸 시간은 내겐 낭비였다. 그 때문에 인생의 7년이 지체됐다. 내가 진짜 원하는 것을 깨닫고 보니 대학에서 공부한 것은 아무 쓸모도 없었다.

대학 교육 대신 인생이라는 배움을 택할 경우의 장점은 한둘이 아니다. 우선 독립할 만큼의 돈을 벌 때까지 집에서 살 수 있다(물론 부모님의 동의가 있어야 한다). 즉 기숙사나 학교 주변의 학생 숙소에 살 필요가 없다는 의미다. 밤낮으로 시끄러운 음악에 시달리거나, 싸구려 데오도런트의 냄새를 견디거나, 전자레인지용 음식으로 끼니를 때우거나, 당신의 음식이나 옷을 누가 훔쳐 갔는지 찾아낼 필요가 없다.

대학에 가지 않으면 무엇을 배울지 스스로 결정할 수 있다. 강의실에 앉아 있는 대신 기업가들을 찾아 그들로부터 배우는 데 시간을 투자할 수 있다. 그들의 지식과 경험과 지혜를 얻을 수 있고 그들을 멘토로 삼아 정기적으로 만나거나 궁금한 것들을 물어볼 수 있다. 당신이 원하는 인생을 살고 있는 롤모델을 찾아 그들의 콘텐츠를 경험할 수 있다. 팟캐스트든, 강연이든, 책이든 말이다. 그들의 지식과 지혜를 마지막 한 방울까지 얻어내야 한다.

대학을 가지 않거나 중퇴하고도 큰 성공을 거둔 사업가는 한둘이 아니다. 빌 게이츠와 스티브 잡스도 대학을 중퇴하고 마이크로소프트와 애플을 창업했다. 순자산이 1,100억 달러인 빌 게이츠는 세계에서 가장 성공한 대학 중퇴자다. 마크 저커버그도 대학을 중퇴했으며 그가 만든 페이스북의 기업 가치는 5,000억 달러를 훌쩍 넘는다.

당신도 익히 들어본 이야기일 것이다. 이들의 이름은 대학 졸업장의 필요성을 둘러싸고 논쟁이 일어날 때 가장 먼저 거론되곤 한다. 하지만 이들만 있는 것이 아니다. 2015년 데이터 분석 회사 웰스-X(Wealth-X)에서 발표한 전 세계 갑부 통계에 따르면 억만장자 2,473명 중 무려 30퍼센트인 739명이 대학 졸업장을 갖고 있지 않았다. 물론 나머지 70퍼센트는 대학을 졸업했다. 그리고 나는 개인적으로 비즈니스에서 성공하는 데 학위가 필요 없다고 믿지만, 대학을 가는 많은 사람이 분명 긍정적이고 의미 있는 경험을 할 것이다.

이 주제로 온라인 토론이 벌어지면 대학 진학 옹호자들은 요즘 대부분 회사에서 대학 학위를 요구한다는 사실을 언급하곤 한다. 그 이유는 직무와 무관한 분야를 전공한 사람이라 할지라도(이런 경우는 매우 흔하다) 긴 시간과 에너지를 들여 학위를 땄다는 사실이 그가 인내와 노력과 학습 능력을 갖춘 사람임을 보여준다는 것이다.

대학 졸업장이 일자리를 완벽히 보장해주지는 않는다. 통계에 따르면 대졸자의 5퍼센트가 미취업 상태인 것으로 추산된다. 그러나 교육 수준이 낮을수록 미취업률은 더 높아진다. 즉 교육 수준이 높을수록 일자리를 구할 확률이 높다. 소득도 마찬가지다. 학력이 높을수록 소득도 커지는 경향이 있다.

사람들이 대학 학위를 입사 지원자를 추려내는 유용한 필터로 느끼는 것은 어느 정도 이해할 만하다. 그러나 나는 그런 관점에 동의하지 않는다. 그동안 수많은 사람을 만나고 고용해본 내 경험에 따르면 뛰어난 인재를 판단하는 효과적인 방법은 수없이 많다.

우리 사회는 전통적인 노동 구조와 9~5시 근무 체계를 벗어나 긱 경제(gig economy, 산업 현장에서 필요에 따라 단기 계약직이나 임시직으로 인력을 충원해 일을 맡기는 형태의 경제 - 옮긴이) 같은 새로운 시스템으로 빠르게 이동하고 있다. 그리고 사람들은 자신의 노동 경험을 예전과 다른 시각으로 평가한다. 2018년 설문조사에 따르면 미국의 프리랜서들은 자신이 보유한 학위보다 실력이 더 중요하다고 생각하는 것으로 드러났다.

사업가로서의 내 경험뿐 아니라 다른 사업가들의 이야기를 들어봐도, 이 점은 확실하게 말할 수 있다. 사업을 시작하려는 사람에게 학위가 주는 이점은 별로 없다. 배움을 위한 당신만의 시스템을 만드는 편이 훨씬 낫다. 당신이 가고 싶은 길과 비슷한 길을 먼저 걸어간 이들을 롤모델로 삼으면서 말이다. 그 좋은 출발점 하나는 바로 책을 읽는 것이다.

독서는 인생을 바꾸는 힘이 있다

세계에서 가장 성공한 대학 중퇴자는 엄청난 독서광이기도 하다. 빌 게이츠는 종이책들을 담은 가방을 가지고 다니면서 시간이 날 때마다 읽는다. 읽는 속도도 빠르고(그와 관련된 다큐멘터리●에 따르면 한 시간에 150페이지를 읽는다고 한다) 읽은 내용의 상당량을 기억한다. 그는 경제 이론에서 전염병학에 이르기까지 분야를 가리지 않고 읽는다. 그는 호기심과 지식욕이 매우 강한 사람이다.

● 데이비스 구겐하임(Davis Guggenheim) 감독의 다큐멘터리 〈인사이드 빌 게이츠(Inside Bill's Brain: Decoding Bill Gates)〉(넷플릭스, 2019)를 보라.

성공한 사업가와 부자들 중에는 독서광이 많다. 아마도 신문이나 인터넷에서 워런 버핏이나 오프라 윈프리, 리처드 브랜슨 같은 사람들이 읽은 책들을 소개하는 기사를 본 적이 있을 것이다. 그런 기사에서는 독서의 힘을 외치며 이 유명 인사들이 하루에 수백 페이지씩 읽는다고, 우리도 그렇게 해야 성공할 수 있다고 강조한다.

전부 일리 있는 이야기다. "책을 안 읽는 사람은 책을 못 읽는 사람보다 나을 것이 없다"라는 말도 있다. 그리고 정말 그렇다. 실제로 사용하지 않는 능력이 무슨 의미가 있을까? 모두가 처음부터 책 읽기를 좋아하는 건 아니겠지만 독서는 인생을 바꾸는 힘이 있다. 오프라 윈프리는 이렇게 말했다. "내가 확실히 아는 것은 독서가 우리를 열어준다는 점이다. 독서는 우리 자신을 드러내며, 우리의 정신이 흡수할 수 있는 모든 것에 다가갈 길을 열어준다. 내가 독서를 사랑하는 가장 큰 이유는 책을 통해 더 높은 곳에 오를 수 있기 때문이다."

오프라의 말에 100퍼센트 공감한다. 나는 지독한 독서광까지는 못 된다. 워런 버핏처럼 하루에 500페이지를 읽지도 않고 빌 게이츠처럼 종이책이 담긴 가방을 들고 다니지도 않지만 가능한 한 책을 많이 읽으려고 한다. 요즘은 종이책보다는 오디오북을 많이 듣고 블링키스트(Blinkist)에서 제공하는 도서 요약 콘텐츠도 자주 이용한다.

본격적으로 책을 많이 읽기 시작한 것은 부동산 사업에 뛰어들었을 때였다. 돈에 관한 책들과 성공한 사람들의 전기를 미친 듯이 읽어치웠다. 책을 읽을수록 많은 걸 배울 수 있다는 확신이 강해졌고, 그래서 계속 읽었다. 변화하고 성장하면서 독서의 폭도 넓어졌다. 인생과 비즈니스의 여러 영역으로 관심을 넓혔고 내가 몰랐던 사람들에 관한 책, 나와 관련이 없는 업계에 속한 사람들에 관한 책도 읽었다.

열혈 독서가로 유명한 전 미국 국방장관 제임스 매티스(James Mattis)는 7,000권의 장서를 소유하고 있다. "잘 배우는 사람이 되는 확실한 길은 독서, 즉 타인의 경험을 읽는 것이다." 그의 이 말은 핵심을 찌른다. 뭔가를 배우는 것만 중요한 게 아니라 더 많은 배움에 문을 열어놓는 것도 중요하다. 잘 배우는 사람이 되면 정신이 열리고 두뇌가 움직이며 기회에 더 준비된 상태가 된다.

당신은 지금 책을 읽고 있으므로 틀림없이 위의 말에 동의하는 사람일 것이다. 참고로 내가 좋아하는 책의 목록을 소개하면 다음과 같다.

- 《토탈 리콜(Total Recall)》, 아널드 슈워제네거·피터 페트레, 손다이크 프레스(Thorndike Press), 2012(국내 미출간).
- 《나는 스티브 잡스를 이렇게 뽑았다》, 놀란 부쉬넬·진 스톤, 미래의창, 2014.

- 《설득의 심리학》 1·2·3, 로버트 치알디니, 21세기북스, 2019.

- 《언커먼 센스(Uncommon Sense)》, 마크 호머, 존 머리(John Murray), 2017(국내 미출간).

- 《지금 이 순간을 살아라》, 에크하르트 톨레, 양문, 2008.

- 《허슬 하더, 허슬 스마터(Hustle Harder, Hustle Smarter)》, 커티스 잭슨, 애미스태드 프레스(Amistad Press), 2021(국내 미출간).

- 《머니》, 롭 무어, 다산북스, 2019.

- 《달라이 라마의 행복론》, 달라이 라마, 김영사, 2001.

- 《업스타트》, 브래드 스톤, 21세기북스, 2017.

- 《토탈 리씽크(Total Rethink)》, 데이비드 매코트, 와일리(Wiley), 2019(국내 미출간).

- 《브레이킹 당신이라는 습관을 깨라》, 조 디스펜자, 샨티, 2021.

- 《나의 몰락과 부활 이야기(The Rise and Fall... and Rise Again)》, 제럴드 래트너, 프로그레시브 프로퍼티(Progressive Property), 2017(오디오북).

- 《감사의 효과》, 존 디마티니, 비전코리아, 2008.

- 《트랙션》, 지노 위크먼, 시목, 2020.

≡≡≡ 모든 만남을 배움의 기회로 생각하라

나는 독서로 상당한 지식을 얻지만 배움을 얻는 통로는 그 밖에도 많다. 팟캐스트도 듣고, 다큐멘터리도 보고, 잡지도 읽고, 유튜브 동영상도 본다. 무엇보다 중요한 것은 사람들과의 대화다. 나는 늘 질문을 던지고 그들의 말을 귀 기울여 듣는다.

처음부터 열심히 공부하고 배우는 스타일이었던 것은 아니다. 학교에 다닐 때 공부를 못하지는 않았지만 미술 같은 창의적인 과목에서 훨씬 두각을 나타냈다(중학교 졸업시험에서 미술 과목 만점을 받은 사람은 그해에 나뿐이었을 것이다). 나는 손을 움직여 예술적인 뭔가를 만들어내는 것이 재미있었다. 책만 들여다보는 것보다 몸을 부지런히 움직여 뭔가를 하는 게 더 좋았다. 계산기보다 그림 그리는 붓에 더 끌렸다.

지금 생각해보면 나의 창의적 성향은 사업가가 되기 위한 완벽한 조건이었던 것 같다. 사람들이 잘 모르는 사실이 하나 있는데, 비즈니스에서 성공하려면 상당한 창의성이 필요하다. 사업가는 제품 생산에서부터 마케팅에 이르기까지 비즈니스의 모든 측면을 연결해서 생각할 줄 알아야 한다. 또 어려운 문제에 대한 창의적 해법을 궁리해야 한다. 시대에 발맞춰 변화하기 위해서도, 올바른 인재를 찾기 위해서도 창의력이 필요하다.

창의성은 단순히 나오는 결과물이 아니다. 그냥 갑자기 뭔가가 창조되어 나오는 것이 아니다. 출력물이 나오려면 입력물이 있어야 한다. 배우고 공부해야 한다는 이야기다. 많이 배울수록 더 뛰어난 창의성을 발휘한다.

미술의 경우 미술사와 색 이론, 여러 기법과 도구, 빛의 역할과 그림의 질감에 대해 많이 알수록 더 훌륭한 그림을 그릴 수 있다. 알고 있는 지식과 기술을 총동원하기 때문이 아니라 더 깊은 이해와 안목이 생기기 때문이다. 글쓰기도 마찬가지다. 소설가가 특정 주제를 빠삭하게 꿰고 있으면 그 지식이 작품에 스며들어 더 좋은 글이 나온다. 꼭 그 주제와 관련된 세부 정보를 서술하지 않더라도 말이다.

비즈니스 세계도 마찬가지다. 당신의 영역과 업계, 브랜드의 모든 측면을 속속들이 알면, 재무와 마케팅과 운영에 해박하면, 인재를 고용하는(그리고 해고하는) 방법을 잘 알면, 시대와 업계에 따라 기업들이 택해온 다양한 경영 방식과 경험을 공부하면 성공할 가능성이 훨씬 커진다.

나는 모든 분야에서 사업에 대해 중요한 것을 배울 수 있다고 믿는다. 패션, 음악, 미술에서도 배울 수 있다. 나는 그런 분야에서 얻은 아이디어나 접근법을 전혀 다른 분야의 비즈니스 모델과 접목한다. 또한 경쟁자들에게서도 배울 수 있다. 나는 나보다 어린 사람들과 자주 어울리는데, 그들과 있으면 나도 젊어지는 기분이 든다. 물론 아버지나 할아버지뻘 되는 이들과도 자주 시간을 보낸다. 나보다 인생 경험이 훨씬 풍부해서 많은 걸 배울 수 있기 때문이다. 다른 문화권의 사람들을 만나는 것도 다양한 관점을 배우는 좋은 기회가 된다.

당장 배움을 시작할 수 있는 여덟 가지 팁을 소개하면 다음과 같다.

1. 지금부터 앞으로 만나는 세 사람에게서 뭔가 배우려고 의식적으로 노력하라. 의례적인 인사말이나 잡담을 나누지 말고 의미 있는 질문, 놀라운 질문을 던져라. 상대의 말을 귀 기울여 듣고 배운 것을 메모하라.

2. 주변을 둘러보고 뭔가 새로운 것을 배울 만한 읽을거리를 찾아내라. 신문이나 잡지도 좋고 책, 웹사이트도 좋다. 당신의 전문 분야가 아닌 다른 주제를 선택해 새로운 뭔가를 알게 될 때까지 읽어라.

3. TED 강연을 보라. TED 웹사이트에 들어가 흥미가 느껴지는 주제를 찾아라. 추천 강연을 보는 것도 좋은 방법이다. 장담하건대 단 18분도 안 되는 짧은 시간에 뭔가를 얻을 것이다.

4. 온라인 강의에 등록하라. 요즘은 온라인 무료 강의를 제공하는 플랫폼이 대단히 많다(코세라[Coursera], 스탠퍼드 온라인[Stanford Online] 등). 약간의 돈을 지불하면 선택의 폭이 훨씬 더 넓어진다(유데미[Udemy], 링크드인 러닝[LinkedIn Learning]

등). 당신의 일이나 취미, 관심사와 연관된 강의를 골라 들어보자.

5. 지난주에 일 또는 개인적 삶에서 안 좋았던 일이나 실수한 일을 떠올리고, 그 일에서 배울 수 있는 교훈 세 가지를 적어보라.

6. 팟캐스트를 들어라. 세상에는 엄청나게 많은 팟캐스트 에피소드가 존재한다. 고대 역사, 자녀 양육, 마케팅, 단편소설 쓰기 등 주제도 매우 다양하다. 이제껏 들어보지 않은 팟캐스트를 골라 시작해보자. 그리고 거기서 배운 것을 메모하라.

7. 당신이 배우고 싶은 누군가 또는 존경하거나 닮고 싶은 사람에게 연락하라. 멘토 같은 사람도 괜찮고 친구나 가족, 친척이어도 좋다. 아는 사람일 수도, 낯선 사람일 수도 있다. 그들에게 질문을 던지고 대답을 경청하라.

8. 커뮤니티에 질문하라. 더 알고 싶은 뭔가가 있다면 온라인 커뮤니티를 활용해보자. 페이스북 그룹(예컨대 파괴적 기업가 커뮤니티)이나 링크드인 그룹, 온라인 포럼에 글을 올리고 사람들의 의견에서 뭔가 배우도록 하라.

만나는 모든 사람과 상황을 배움의 기회로 보기 시작하면 정말로 어마어마한 가능성과 기회가 당신을 향해 다가올 것이다. 사람들과 관계 맺는 방법은 앞서 소개한 팁을 이용해보자. 그리고 스펀지가 되어 모든 것을 빨아들여라.

SUMMARY

열심히 배울수록 기회에 더 준비된 사람이 될 수 있다. 모든 것에서 배워라. 사람들과 대화하고, 귀 기울여 듣고, 무엇보다 책을 읽어라. 독서는 시야와 세계를 넓혀주고 온갖 분야의 지식을 전해준다. 종이책, 전자책, 오디오북, 어떤 형태라도 좋다. 어디서 시작해야 할지 막막하다면 앞에서 예로 든 내 독서 목록부터 시작해봐도 좋다.

TAKE ACTION　　　　　　내게 맞는 독서 스타일을 찾아라

자신에게 맞는 독서 방법을 이미 알고 있다면 잘된 일이다! 아직 잘 모른다면 다음의 단계를 모두 거쳐 자신에게 맞는 독서 방법을 찾도록 하자.

- 한 번도 읽지 않은 책 세 권을 고른다. 관심 분야(예를 들면 비즈니스, 자녀 교육, 운동, 취미 등)에서 한 권, 완전히 동떨어진 분야에서 한 권, 소설 한 권, 이렇게 구성한다.
- 각각의 책에 각기 다른 독서 포맷을 선택한다(예를 들면 하나는 종이책, 하나는 전자책, 하나는 오디오북과 같이 선택한다).
- 세 권을 전부 읽는다. 하나씩 차례로 읽든, 번갈아 읽든 상관없다. 방식과 상관없이 일단은 빠르게 읽는다. 3주 안에 다 읽는 것을 목표로 한다(너무 쉬운가? 그렇다면 일주일로 잡아라). 책을 읽으면서 새롭게 알게 된 내용이나 중요한 점을 메모한다. 사실적 정보, 교훈, 아이디어, 영감, 어떤 것이든 좋다.
- 각 책에서 배운 핵심을 따로 정리한 세 장의 카드를 만든다.
- 어떤 형태의 독서가 가장 잘 맞는지 생각해본다. 어떤 방식으로 읽을 때 가장 재밌었는가? 어떤 포맷일 때 머리에 가장 잘 들어왔는가? 다른 책 세 권으로 다시 해보고 그때도 역시 결과가 같은지 살펴보자.

10장

머릿속을 비워라

모든 일에는 역설적인 측면이 있다고 생각한다. 온갖 정보를 머릿속에 넣고, 배우고, 사람들을 만나고, 행사에 참석하고, 책과 다큐멘터리를 보며 지식을 흡수했다면 이제는 시간을 들여 모든 걸 비워내고 두뇌에 휴식을 줘야 한다.

나는 무슨 신비주의나 초자연적 이론을 설파할 생각은 없다. 불교의 승려처럼 말하고 행동할 생각도 전혀 없다. 나는 일주일에 한 번씩 소박한 옷을 걸치고 산꼭대기에 올라 심호흡하며 깨달음에 이르는 그런 사람이 아니다. 물론 그런 수행이 무의미하다는 뜻이 아니다. 그저 내가 그런 사람들과는 거리가 멀다는 이야기다.

하지만 속도에 관해서는 상당한 경지에 올랐다고 생각한다.

41년을 살면서 나 자신을 지켜본 결과 내가 두 종류의 속도를 낼수 있다는 사실을 인정하게 됐다. 바로 빠른 속도와 엄청나게 빠른 속도다. 그럼에도 명상을 하고 마음을 챙기고 두뇌에 상상력을 위한 여유 공간을 만드는 일은 꼭 필요하다.

≡≡≡ 머릿속 스위치 끄기의 중요성

명상의 형태는 사람마다 다르다. 수도승은 산속에 가부좌를 틀고 앉아 명상한다. 스트레스로 가득한 기업 임원의 책무에서 벗어나고 싶은 사람에게는 새벽 조깅이 명상의 역할을 한다. 창업을 위해 고군분투하는 사람에게는 정원을 가꾸는 일이 명상이다. 피아니스트가 되기 위해 피나는 노력과 스트레스를 감수하는 10대 청소년에게는 밀려왔다 밀려가기를 반복하는 파도를 보면서 해변을 걷는 일이 명상이다.

내 경우는 산책이 명상이다. 명상과 마음챙김 수행도 시도해봤지만 도저히 안 됐다! 참을성이 부족한 나는 '대체 이거 언제 끝나는 거야?'라고 속으로 툴툴댔다. 하지만 제대로 해내고 싶었다. '스위치 끄기'의 중요성을 알기 때문이다.

그래서 전문가가 지도하는 명상 수업을 듣고, 관련 서적을 읽고, 동영상을 보고, 사람들이 추천하는 여러 방법을 시도했다. 꼭 성공하고 싶었다. 조용히 앉아서 사람들이 말하는 평화로운 기분을 느껴보고 싶었다. 마음을 비우고 두뇌에 집중하면서 마법이 일어나게 하고 싶었다. 하지만 마음처럼 되지 않았다!

실제로든, 강연하는 모습으로든 나를 본 적이 있는 사람이라면 내가 성미가 좀 급한 편이라는 걸 눈치챘을 것이다. 나는 끊임없이 움직인다. 말하거나 강연할 때 계속 손을 움직이고 팔을 휘두른다. 무대에서 강연할 때는 이리저리 걸어 다니곤 한다. 의자에 앉아 있을 때는 정자세로 신경을 바짝 곤두세우고 시속 백만 킬로미터의 속도로 한쪽 다리를 떨어댄다. 한마디로 나는 가만히 있지를 못하는 인간이다. 나를 가만히 있게 한다는 건 마치 모양이 계속 바뀌는 못을 사각형 구멍에 끼워 맞추려고 애쓰는 일과 비슷하다.

그래도 명상하기를 포기하지 않았다. 왜일까? 꽉 찬 머리에서는 아이디어가 나오지 않기 때문이다. 꽉 찬 머리는 창의적인 생각을 할 수 없고 기회를 알아볼 수도 없다. 지식과 조언과 다른 이들의 경험으로 머릿속을 채울수록, 많은 것을 배우고 기술을 익힐수록, 머릿속의 여유 공간이 점점 줄어들었다.

그러다 한 가지 습관을 우연히 시작하게 됐고 이는 내 삶과 일에 어마어마하게 긍정적인 영향을 미쳤다. 어느 날 머리에 과부하가 걸리는 느낌이 들어 산책하러 나갔는데, 기분이 한결 나아졌다. 그다음 날도 산책하러 나갔다. 역시 머리가 맑아졌다.

습관이란 그렇게 생겨난다. 반복된 행동이 긍정적 결과를 가져올 때 생겨나는 것이다. 그날 이후 산책은 내 일과에서 정기적으로 반드시 해야 하는 일이 됐다. 나는 하루에 한 시간 반쯤 산책을 한다. 산책이 내게 주는 이로움은 아래와 같다.

- 운동이 되므로 건강해진다.
- 답답한 사무실 공기가 아니라 신선한 공기를 들이마시며 호흡을 깊이 하게 된다.
- 그 시간을 이용해 전화를 할 수 있다. 보통 15분간 일대일 코칭이나 멘토링 통화를 하는데, 내 온라인 커뮤니티 회원에게는 무료로 제공하기도 한다.
- 머릿속을 깨끗이 비우는 시간이 된다. 그냥 걸으면서 주변 풍경을 음미하고 마음에 휴식을 준다.

사실 마지막 항목이 가장 중요하다. 산책은 내게 명상과도 같다. 물론 가끔은 전화 통화도 하지만 머릿속을 비우는 시간은 반드시 확보한다. 산책이라는 명상은 나를 조급하게 만들지 않는다. 산책할 때 나는 안절부절못하거나 초조해하지 않는다. 그리고 이 시간을 통해 머릿속에 생긴 여유 공간으로 창의적인 아이디어가 흐르기 시작한다.

산책 후에는 집중력이 높아지고 에너지가 충전되며 더 열린 사람이 된다. 주변의 변화를 더 잘 알아채고, 상대방의 말을 더 잘 듣게 된다. 머릿속을 어지럽게 돌아다니는 잡생각이 깨끗이 지워진다. 머리를 싸매고 생각하지 않았는데도 문제의 해결책이 떠오를 때도 많다(내가 산책하는 사이에 다른 누군가가 문제를 해결해놓은 적도 있다. 이건 우리 팀원들에겐 비밀로 하고 싶다).

이처럼 머릿속을 비우고 여유 공간을 만드는 일은 대단히 중요하다. 이는 '리셋' 버튼을 누르는 것과 같다. 에치어스케치(Etch A Sketch, 두 개의 손잡이를 조종해 그림을 그린 후 흔들어 지우고 다시 그리는 장난감 – 옮긴이)를 흔들 때처럼 말이다(내 연령대가 대충 짐작이 갈 것이다). 그런 여유 공간이 생기면 돈을 벌 수도 있다. 아이디어라는 형태로 기회가 찾아오기 때문이다.

아이디어는 곧 기회다. 당신이 떠올리는 모든 아이디어는 뭔가를 만들고, 변화시키고, 해결하고, 행동을 취할 기회에 해당한다. 기회와 마찬가지로 아이디어에도 좋은 것과 나쁜 것이 있고 이도 저도 아닌 것도 있다. 또 아이디어는 적시에 떠오르기도, 엉뚱한 때에 떠오르기도 한다.

아이디어는 억지로 만들어낼 수 없다. 마음먹고 앉아서 '좋은 아이디어를 떠올려야지!' 한다고 해서 나오는 게 아니다. 이런저런 생각을 하고, 사람들과 대화하고, 새로운 관점으로 바라보는 것은 아무 때나 할 수 있지만 진짜 값진 아이디어는 당신의 정신이 열려 있고 빈 여백이 있을 때 온다.

그래서 많은 사람이 샤워 중에 아이디어가 떠오르는 것이다 (아마 욕실용 방수 화이트보드의 아이디어도 누군가가 샤워를 하다가 떠올렸을 것이다!). 고민하던 문제의 해결책을 갑자기 떠올리고 "유레카!"를 외친 고대 그리스 수학자 아르키메데스도 목욕통 안에 있었다. 몸을 씻는 일은 번뜩이는 아이디어를 얻는 꽤 효과적인 방법 같다. 그러니 자주 씻도록 하자!

그처럼 일상적이고 평범하고 별것 아닌 행동을 통해(앉아서 심호흡하고, 산책하고, 몸을 씻을 때) 우리는 생각을 멈추고 두뇌에 여유 공간을 만들 수 있다.

≡ 지루함이 쏘아 올리는 기회를 발견하라

아이디어와 기회를 부르는 또 다른 중요한 요소는 지루함이다. 심리학자들은 지루함을 "만족스러운 활동을 원하지만 할 수 없는 데서 오는 불쾌한 기분"이라고 정의했다.● 아무것도 안 해서 심심하다는 것을 조금 고상하게 표현한 셈이다.

우리는 늘 지루함과 싸운다. 뭔가 기다려야 하는 상황에서 주

● J. D. Eastwood, A. Frischen, M. J. Fenske and D. Smilek, 'The unengaged mind', *Perspectives on Psychological Science* 7.5 (2012): 482-95.

위를 한번 둘러보라. 우체국이나 슈퍼마켓에서 줄 서 있을 때, 버스나 기차에 타고 있을 때, 공항이나 병원 대기실에서 기다릴 때 살펴보자. 아무것도 하지 않고 있는 사람이 몇이나 되는가? 장담하건대 아무도 없을 것이다. 대부분 스마트폰을 들여다보고 있을 것이고, 몇 명은 잡지를 뒤적이거나 누군가와 수다를 떨고 있을 것이다.

현대 사회를 살아가는 우리는 매일 지루함과 싸운다. 주변의 모두가 삶의 매 순간을 최대한 효율적으로 살아야 한다고 말한다. 효율성을 높이는 각종 기기와 앱, 프로그램은 어느새 우리의 삶 깊숙이 들어와 있다. 우리는 주전자에 물을 끓이는 동안 앱으로 독일어를 공부할 수 있고, 화장실에 앉아서도 최신 TV 드라마 시리즈를 본다. 기차가 연착돼 꼼짝없이 기다려야 한다고 해도 걱정 없다. 유튜브에 들어가 미국 대통령의 국정연설 동영상부터 시작해 전자레인지 팝콘 맛을 종류별로 비교하는 동영상으로 마무리하면 된다. 시간도 때울 수 있고 팝콘에 대한 유용한 정보도 얻을 수 있다. 미용실 예약 시간까지 할 일이 없어 따분하다면 스마트폰으로 캔디크러쉬(Candy Crush) 게임을 하면 된다.

우리는 조금만 따분하다 싶으면 거의 자동적으로 스마트폰을 꺼내거나 그 밖의 오락거리로 손을 뻗는다. 심지어 일하다가도 지루해지기 시작하면 일과 상관없는 사이트에 접속하거나 페이스북을 확인하거나 누군가에게 메시지를 보낸다.

당연히 그럴 법하다. 지루한 것은 힘들다. 결코 재밌는 경험이 아니다. 힘들고 재미없는 기분을 피하고 싶은 것은 누구나 마찬가지 아닐까? 그러나 피하지 않을 만한 이유도 있다. 지루함은 기회를 부르는 훌륭한 통로가 될 수 있기 때문이다.

앞서 언급한 지루함의 정의를 제시한 캐나다의 심리학자 존 이스트우드(John Eastwood)는 20년 동안 지루함이라는 주제를 연구하며 지루함 예찬론자가 되었다. 그는 우리가 더 자주 지루함을 경험해야 한다고 말한다. 그의 설명에 따르면 우리는 당면한 정보에 집중하지 못하고 더 만족스러운 다른 활동에 대한 욕구를 느낄 때 지루함을 경험한다. 그 만족스러운 활동은 내면적인 것(특정한 생각, 감정 등)일 수도 있고 외부적인 것(스마트폰, 책, 텔레비전 등)일 수도 있다. 그리고 우리는 지루함이라는 불쾌한 상태의 원인으로 환경이나 주변 상황을 탓한다.

종종 사람들은 지루함을 느낀다는 사실을 인정하기 싫어한다. 절대 따분하거나 심심할 틈이 없다는 것을 자랑처럼 여긴다. 아마 당신도 그런 사람들을 봤을 것이다. 오지랖이 넓어 온갖 일과 사람에 관심을 두고, 삶의 모든 순간을 그저 멋지고 의미 있는 것들로 채우려고 애쓰는 사람들 말이다. 하지만 그건 포장된 모습일 뿐이다.

우리는 누구나 지루함을 느낀다. 나도 마찬가지다. 나는 수시로 지루함을 느낀다. 당신도 다를 바 없다. 중요한 점은 그 지루함을 무조건 없애거나 외면할 것이 아니라 끌어안아야 한다는 사실이다. 인생의 모든 것이 그렇듯 이것도 큰 역설이다. 앞서 나는 매 순간을 가치 있게 만들기 위해 삶을 레버리지하고 최대한 열심히 배우라고 말했지만, 또 잠시 멈춰 여유 공간을 만들고 지루해지라고 말하고 있다. 하지만 그럴 만한 이유가 있다.

심리학자들에 따르면 지루함은 매우 중요한 역할을 한다. 사우샘프턴대학교의 베이난트 판 틸뷔르흐(Wijnand van Tilburg) 박사는 〈더 사이콜로지스트(The Psychologist)〉 인터뷰에서 이렇게 말했다. "지루함은 눈앞의 일보다 더 의미 있는 활동에 참여하고 싶은 갈망을 만들어낸다. 본질적으로 지루함이라는 불쾌한 감정은 눈앞의 상황보다 주의를 돌려야 할 더 중요한 일이 있다는 사실을 사람들에게 상기시킨다."

지루함은 중요한 것이 무엇인지 깨닫게 해준다. 당신은 지루함을 통해 모종의 관점을 갖게 되고, 의미 있는 활동이 무엇인가에 대한 통찰력을 얻을 수 있다. 이스트우드의 말대로 우리는 지루함을 "자신의 욕망이 지닌 가능성과 그것의 실체를 발견하는" 기회로 봐야 한다.

사방이 막힌 좁은 공간에서 수개월을 지내는 것보다 더 지루한 일이 있을까? 이는 우주 비행사에겐 익숙한 상황이다. 저널리스트 케이트 그린(Kate Greene)은 나사(NASA)의 화성 탐사 시뮬레이션 프로젝트에 참여해 고립된 돔에서 4개월을 지낸 후 디지털 매거진 〈이온(Aeon)〉에 이렇게 썼다. "화성에서 나는 지루함에 두 가지 측면이 있다는 사실을 깨달았다. 지루함은 인간의 정신을 부패시킬 수도 있고, 새로운 곳으로 쏘아 올릴 수도 있다."

지루함이 우리를 새로운 곳으로 쏘아 올리는 것을 목표로 해야 한다. 기회와 가능성을 끌어당기기 위해 때때로 우리는 지루해질 필요가 있다. 쉴 새 없이 움직이며 24시간 돌격 모드로 산다면 삶에 여유 공간이 생겨나지 않는다. 기회는 당신에게 다가가지 못하고 튕겨 나갈 것이다. 당신의 일상은 무서운 속도로 날아가는 총탄이 되어 기회라는 녀석을 맞혀 죽일 것이다.

지루함을 환영하라. 만족을 주는 활동을 끊임없이 쫓아다니는 것을 멈추고, 지루함을 통해 의미 있는 활동을 깨달아라.

나도 누구 못지않게 지루한 것을 싫어하며 쉽게 따분함을 느낀다. 그리고 일이 빨리빨리 진행되는 것을 좋아한다. 어제 뭔가를 시작해놓고 오늘 결과가 나오길 바랄 때도 있다. 하지만 지루함의 중요성을 잘 알기에 일부러 지루함을 만들어내는 몇 가지 방법을 활용한다.

일정표에 빈 공간을 만든다

나는 하루, 일주일, 한 달, 1년을 계획하며 중요한 활동별로 시간 블록을 나눠서 일정을 관리하는데 여기에는 '아무것도 하지 않는' 시간 블록도 포함된다. 그 시간에는 말 그대로 아무것도 하지 않는다. 이것은 지루함을 초대하는 시간이고, 때로는 뜻밖의 일이 일어나는 시간이며 무위(無爲)를 받아들이는 시간이다.

작업을 전환하는 때를 이용하라

이것은 어떤 날은 쉽고 어떤 날은 잘 안 된다. 나는 미팅과 인터뷰, 출장, 방송 등에 많은 시간을 보내기 때문에 수시로 업무를 전환해야 한다. 당신도 업무를 전환해 집중하려고 하는데 잘 안 될 때가 있을 것이다. 그럴 때 잠시 일을 손에서 놓고 지루함을 경험해보자. 만일 업무를 전환하는 동안 어딘가에서 기다려야 할 때 자기도 모르게 그 빈 시간을 뭔가로 채우려 한다면 행동을 멈추고 잠시 지루함을 즐겨보라.

명상이든 지루함을 통해서든, 머리를 비우는 일은 채우는 일과 똑같이 중요하다. 머릿속에 여유 공간을 만들면 삶에 놀라운 일들이 일어나기 시작할 것이다.

SUMMARY

머릿속을 채웠다면 비우는 일도 필요하다. 많은 사람이 명상과 마음챙김이 인생을 변화시킨다고 말하는 데는 다 이유가 있다. 두뇌를 쉬게 하면 기회들이 다가와 모습을 드러낸다. 명상은 사람마다 다른 형태를 띨 수 있다. 요가 매트에 책상다리로 앉아 수양하는 것도 명상이지만 샤워나 산책도 명상이 될 수 있다. 당신만의 명상법을 찾아라. 그래야 아이디어가 다가온다. 아이디어는 곧 기회다. 지루함을 환영하라. 지루함이 주는 불편한 기분을 받아들이고, 오락거리로 향하고 싶은 유혹을 뿌리치고, 기회가 다가오게 만들어라.

TAKE ACTION   나만의 명상법을 찾아라

당신은 머릿속을 어떤 식으로 비우는가? 유튜브나 스포티파이 (Spotify), 팟캐스트에서 명상 가이드나 명상 음악을 찾아보자. 명상을 해본 적이 없다면 처음엔 조금씩 시작한다. 10분도 충분하다.

명상을 시작하는 시점의 기분 상태를 기록해보자. 스트레스가 쌓여 있는가? 잡생각들이 머릿속에서 윙윙대는가? 모두 적는다. 그리고 혼자 있을 수 있는 편안하고 조용한 장소를 찾아 명상한다. 명상이 끝난 다음에는 또다시 기분을 적어본다. 명상이 효과가 있는가? 명상해본 소감을 적어보자.

이런 식으로 일주일 동안 매일 해보고 앞으로 계속할지 말지 판단하라. 만일 계속하겠다면 축하한다! 계속하고 싶지 않다면 다른 방법을 시도한다. 그 역시 일주일 동안 매일 해보라. 조깅, 뜨개질, 수영, 땅에 구멍 파기, 설거지, 산책 등 여러 가지 방법이 있다. 반복적으로 할 수 있으면서도 고도의 집중력이 필요하지 않은 활동을 택하자. 당신만의 명상법은 무엇인가?

11장

안전지대 밖으로 나가라

충분히 마음 수양을 했다면 이제 다시 새로운 이야기를 시작해보자. 가만 살펴보면 기회를 잘 붙잡는 사람은 모험을 시도하는 사람이다. 가만히 앉아 있는 걸 싫어하는 사람, 항상 새로운 것을 시도하는 사람이다. 생각해보면 그럴 수밖에 없다. 허구한 날 같은 장소에서 같은 사람들과 같은 일을 한다면 당신이 만날 수 있는 기회는 급격히 줄어든다. 하지만 그 반대로 한다면, 즉 새로운 일을 시도하고 새로운 사람을 만나고 새로운 장소에 간다면 어떻게 될까?

당신은 새로 만난 사람에게 거절당할 수도 있다. 새로 시도한 일에서 실패할 수도 있다. 처음 찾아간 장소가 마음에 들지 않을지도 모른다. 그런 경험 때문에 기분이 나쁘거나, 힘들거나, 창피할 수도 있다. 그러나 완전히 반대일 수도 있다. 당신은 멋진 새 친구를, 사업 파트너를, 애인을 만날 수도 있다. 천직을 발견할 수도 있고 새로운 장소에 홀딱 반해 이사하게 될지도 모른다.

낯선 것에 대한 두려움은 우리 내면에서 강하게 작동한다. 낯선 것을 만나면 우리의 뇌는 본능적으로 최악의 결과를 상상한다. 이는 당연한 현상으로, 여기에는 생물학적 이유가 있다. 두려움은 가장 원초적이고 근원적인 감정이다. 두려움 때문에 우리는 맹수와 화산 폭발과 우리를 해칠지도 모르는 사람을 피할 수 있었다. 하지만 생각해보자. 네트워킹 이벤트에서 만난 데릭은 당신을 해치지 않을 것이다. 그러니 두려움 때문에 새로운 일을 시도하지 못할 이유는 없지 않을까?

내가 항상 강조하는 말 중에 '어떤 위험도 감수하지 않으면 모든 것을 잃을 위험이 있다'라는 게 있다. 지금껏 나는 이 말을 삶의 모토로 삼고 살았다. 그 어떤 위험도 감수하지 않으면, 두려움에도 불구하고 도전하지 않으면, 불편함을 감수하지 않으면 절대로 기회를 만날 수 없다.

안전지대 안에 있는 당신의 모습을 마음속에 그려보자. 그리고 주변을 둘러보며 다음 질문에 답해보자.

- 당신은 어디에 있는가? 집? 회사? 오랫동안 살아온 나라(혹은 도시나 마을)에 있는가?

- 옆에 누가 있는가? 가족인가? 친구들인가? 아니면 동료들이 있는가?
- 당신은 무엇을 하고 있는가? 요리하고 있는가? 일하고 있는가? 아이들과 놀아주고 있는가? 헬스장에서 운동하고 있는가?

이제 2장 끝에서 작성한 기회 목록을 다시 살펴보자. 안전지대 안에서 사는 당신에게 찾아온 기회를 전부 적었는가?

그다음엔 이 안전지대가 완전히 사라진다고 상상해보자. 정말로 중요한 몇 가지 요소(예컨대 가족)는 없애지 않아도 좋다. 하지만 그 밖의 나머지는 전부 바꿔라.

- 새로운 집, 새로운 일터, 낯선 나라 등 가본 적 없는 낯선 곳을 상상하라.
- 옆에 누가 있는가? 모르는 사람들과 함께 있다고 상상하라.
- 당신은 무엇을 하고 있는가? 새로운 일을 하는 모습을 상상하라. 지금과 완전히 다른 분야의 직업이거나, 어떤 일에서 큰 도약을 이뤘거나, 새로운 취미가 생겼거나, 늘 해보고 싶었던 뭔가를 시도했다고 가정하라.

2장에서 작성한 기회 목록과 비교할 때 위의 시나리오에서는 무엇이 달라지는가? 당신 앞에 어떤 기회가 열릴 수 있을 것 같은가? 새로운 일자리나 사업 또는 협업 기회? 새로운 인맥이나 파트너? 새로운 곳을 여행할 기회? 현재는 불가능한 어떤 활동에 참여할 기회?

이런 상상을 해보라는 이유는 안전지대에서 나올 때 맞닥뜨릴 기회들을 생각해보게 하기 위해서다. 현재 당신 주변에 있는 기회는 어쩌면 붙잡고 싶지 않은 기회일 수도 있다. 그렇지 않다면 이미 붙잡았을 것이다. 당신의 삶을 변화시키지 않는 한, 새로운 기회는 그냥 하늘에서 뚝 떨어지지 않는다.

위와 같은 상상은 당신을 불안하게 할지도 모른다. 때로는 변화를 상상하기만 해도 초조함과 두려움이 밀려올 수 있다. 그렇다 해도 그 감정을 받아들여라. 긴장감과 초조함을 즐겨라. 1부에서 말했듯이 두려움은 긍정적 흥분으로 바꿀 수 있다. 모험을 감수하고 안전지대 밖으로 나가서 낯선 경험을 하는 것이 얼마나 설레는 일인지 느껴보라.

≡ 남들이 선뜻 나서지 않는 일을 하라

사람들 대부분은 평생 자신의 안전지대 안에서 만족하며 살아간다. 결혼해서 60년 넘게 한집에 살면서 날마다 똑같은 TV 프로그램을 보며 같은 시간에 저녁을 먹는 노부부를 생각해보라. 그들은 그 삶에 만족한다. 그것이 그들이 원하는 삶이다. 그들이 행복하다면 그걸로 된 일이다. 하지만 당신도 그런 삶을 원하는가? 안전지대에만 파묻혀 있으면 결국 그런 삶을 살게 된다.

안전지대에 머문다고 해서 모두가 안락한 가정에서 파트너와 함께 오래도록 행복하게 사는 것은 아니다. 어떤 이들의 안전지대는 오히려 괴로움과 부정적 경험과 트라우마로 가득할 수도 있다. 어느 쪽이 됐든 사람들은 대개 균형 상태를 깨고 변화하기를 꺼린다. 변화는 무섭고 위험하기 때문이다. '당신이 모르는 악마보다 아는 악마가 더 낫다'라는 말도 있지 않은가.

그러나 변화는 기회를 불러온다. 최대한 많은 기회를 만드는 길은 변화를 끌어안고, 도전을 찾아 나서고, 남들이 선뜻 하지 못하는 일을 하는 것이다.

만일 이 책의 각 장 끝에 있는 'Take Action'의 내용을 실천하고 있다면 이미 그 방향으로 걸음을 뗀 것과 마찬가지다(그렇지 않다면 실천한 척 속일 생각 마라. 다시 1장으로 돌아가 실행하라). 실천해보니 어떤가? 분명 예전과 다르게 새로운 기회가 눈에 띄기 시작했을 것이다. 삶의 여러 영역에서 그 기회를 활용한다면 얼마나 큰 변화가 일어날지 상상해보라.

나는 삶의 모든 영역에서 나 자신을 안전지대 밖으로 밀어내려고 늘 노력한다. 몸 관리를 예로 들어보자. 나는 마흔 살이 됐을 때 거울을 보다가 속 편하게 현재 상태에 머물려고 하는 '안전지대 안경'을 벗었다. 그리고 거울 속 내 모습을 다시 봤고, 소리를 질렀고, 피트니스 챌린지를 시작했다.

곧 소셜 미디어의 그룹들에 들어가 피트니스 챌린지 참여 희망자를 모집했다. 큰 모험인 만큼 돌아올 보상도 컸다. 모두가 500파운드씩 내서 상금을 조성했고, 12주 동안 열심히 운동해 멋진 몸을 만들기로 했다. 우리는 왓츠앱(WhatsApp) 그룹을 만들어 서로의 상황을 공유하며 성공 의지를 불태웠다.

이 챌린지는 여러 면에서 안전지대 밖으로 나가는 일이었다. 나는 내 몸이 불만족스럽다는 사실을 남들 앞에서 인정했고, 진짜로 힘든 도전을 시작했으며, 낯선 이들과 내 상황을 공유해 책임감을 가질 수밖에 없는 상황을 스스로 만들었다. 나는 내 푹신한 뱃살(내 뱃살은 정말 편안했다!)과 이별을 고하기 위해 힘든 도전에 뛰어들었다.

그리고 그 도전은 내게 보상을 가져다줬다. 금전적인 보상은 아니었다. 내 500파운드는 그 돈을 받을 자격이 있는 우승자의 주머니로 들어갔다. 하지만 나는 그 도전으로 더 건강해졌고 자부심과 자신감이 생겼다.

흔히들 자신감을 가져야 안전지대 밖으로 나가서 새로운 일을 시도할 수 있다고 말한다. 하지만 나는 그 반대라고 생각한다. 먼저 안전지대 밖으로 나가서 변화와 새로운 일을 시도해야 자신감을 키울 수 있다.

≡≡≡ 자신감을 키우는 다섯 가지 방법

자신감이 커지면 더 많은 도전을 하게 된다. 그러면 더 자신감이 커지고 또다시 다른 도전을 시작할 수 있다. 한마디로 선순환이 자동으로 일어난다. 그리고 이는 기회의 수를 놀라운 수준으로 높인다. 다음은 자신감을 키우는 다섯 가지 방법이다.

자신에 대해 좋은 말을 하라

이것은 내면적, 외면적 측면 모두에 해당한다. 우리는 종종 머릿속으로 자신에 대해 부정적인 말을 한다(그러지 않는 사람이 있다면 철옹성 같은 자신감의 소유자이거나 사이코패스다). 부정적인 자기 대화를 멈춰야 할 필요성에 관해 글을 쓰자면 아마 책 한 권 분량은 나올 것이다.

그러니 여기서는 간단히 설명하겠다. 마음속으로(또는 입으로 소리 내어) 당신 자신에 대해, 당신의 일이나 몸, 행동, 창의적 작업물에 대해 부정적인 말을 하는 자신을 알아채면 즉시 멈춰라. '나에 대해 그런 식으로 말해선 안 돼!'라고 자신을 꾸짖어라. 그리고 당신을 칭찬하는 말, 따뜻하고 좋은 말을 하라. 가장 아끼는 친구에게 하듯이 말이다. 처음엔 어색하고 창피할지 모르지만 그래도 계속하라. 그러면 자신감이 충전된다.

남들에게 자신에 대해 하는 말도 마찬가지다. 만나는 사람마다 당신이 최고라고 떠들고 다니라는 이야기가 아니다. 잘난 척하는 사람, 거만한 사람은 아무도 좋아하지 않는다. 자조적인 유머를 아예 하지 말라는 이야기도 아니다. 상황에 맞는 적절한 유머는 사람들과 유대감을 형성하는 좋은 방법이다.

그러나 남들 앞에서 늘 자신을 부정적으로만 표현하고 자꾸 자신의 단점과 결점과 실수만 이야기한다면 사람들은 '내가 이 사람과 왜 어울려야 하지?'라고 생각한다. 가끔 자조적인 유머를 하되 지나치게 진지해지지는 말아라. 실수를 인정하되 자신에 대한 긍정적인 태도를 유지하고 자신감을 가져라. 그리고 누군가 당신을 칭찬한다면 반드시 감사의 말로 되돌려주어라.

도전 의식을 자극하는 새로운 일을 시도하라

이 방법에 대해서는 앞에서 자세히 말했다. 당신의 안전지대에서 밖으로 나가 모험을 감수하라.

어떤 한 가지 일의 고수가 되어라

대부분 기업가는 팔방미인, 즉 제너럴리스트(generalist)다. 그들은 사업에 필요한 다양한 일을 해낼 줄 안다. 창업 초기에 모든 것을 직접 해야 했기 때문이다. 물론 훌륭한 능력이며 한 영역만 잘하는 경우보다 더 많은 기회가 열릴 수 있다. 그러나 단점도 있다. 한 가지 일의 고수가 되는 흥미로운 경험을 놓친다는 점이다.

하나에 통달하면 모든 일에 통달할 수 있다는 말이 있다. 이는 불교 사상에서 나온 관점이다. 수백 년 전 수도승들은 며칠씩 한 가지 문제에 극도로 집중하곤 했다. 그 문제의 답을 찾는 데 온 정신을 쏟는 것이다. 그들은 아주 작은 문제(예를 들면 한 손으로 박수를 칠 때는 어떤 소리가 들릴까?)와 씨름함으로써 모든 것에 통달할 수 있는 정신적 도구를 체득했다. 당신도 어떤 한 가지에 통달함으로써 배우는 법에 관한 지식을 쌓을 수 있다(이는 기회에 더 준비된 사람으로 만들어준다). 또한 뭔가를 뛰어나게 잘할 수 있다는 사실을 깨달으면서 자신감이 한층 향상된다.

스스로 해낸 일 또는 잘하는 일을 충분히 칭찬하라

요리를 대단히 잘하는 당신을 충분히 칭찬한 적이 있는가? 또는 피아노를 잘 친다는 사실에 대해서는? 손가락을 입에 넣어 휘파람 소리를 낼 줄 아는 것에 대해서는? 당신에게는 뛰어나게 잘하는 뭔가가 이미 있다. 그게 무엇인가? 자신을 충분히 인정하고 칭찬하라. 그 일을 일부러라도 하라. 뭔가를 잘하는 사람만이 느낄 수 있는 만족감과 쾌감을 즐겨라. 시간이 순식간에 지나가는 그 기분을 즐겨라. 웃으면서 그 일에 마음을 쏟아라.

때로 우리는 자신이 무엇을 잘하는지를 잊고 산다. 수시로 떠올려 기술을 닦고, 그럼으로써 자신감이 커지면 새로운 기회를 끌어당길 수 있다.

잘하는 일과 못하는 일을 생각해보라

삶과 일, 취미의 영역에서 당신이 하는 모든 활동을 생각해보자. 당신이 잘하는 일은 무엇인가? 잘하지는 못하지만 어느 정도 하는 일은 무엇인가? 실력이 형편없는 일은 무엇인가?

사람들은 약점을 개선해야 한다고 하지만 나는 그 말에 반대한다. 당신이 잘하는 일과 강점에 집중하고 못하는 일은 접어라 (하지만 개선해야 할 약점도 있다. 고치지 않으면 당신의 일과 발전을 방해할 약점이 그렇다. 예컨대 어떤 전화는 죽을 만큼 싫지만 해야 할 때도 있다).

불필요한 일에 시간을 소비하기에는 인생이 너무 짧다. 만일 패션 디자이너인데 엑셀 문서 작업에는 젬병이라면 다른 사람에게 그 작업을 맡기고 옷 디자인에 집중하면 된다. 조금이라도 어려운 일은 무조건 포기하라는 말이 아니다. 때로는 도전도 필요하다. 하지만 잘하지 못할 뿐만 아니라 실력을 키우는 게 별로 이롭지도, 재미있지도 않고 많은 시간을 들여야 한다면 그 일을 그만할 방법을 찾아라. 그래야 더 행복해지고 자신감도 커지며 더 많은 기회를 불러올 수 있다.

안전지대 밖으로 나가서 새로운 것을 시도하면 놀라운 선순환이 시작된다. 자신감이 생길 뿐 아니라 더 많이 시도하게 되고 더 많은 기회가 나타나기 시작한다. 그러면 자신감이 한층 더 올라간다. 자, 어떤 일부터 시도해보겠는가?

SUMMARY

누구에게나 자신만의 안전지대가 있다. 그 안에만 머물면 새로운 기회는 오지 않는다. 기회에 준비된 사람이 되려면 모험을 감수하고 도전해야 한다. 안전지대 바깥으로 나가라. 그러면 더 자신감이 생길 것이다. 또한 새로운 일과 장소와 사람이 당신 앞에 기회의 문을 열어줄 것이다.

TAKE ACTION   안전지대 밖으로 나가라!

하기 싫고 불편한 일 중에서 당장 실행에 옮길 수 있는 한 가지를 생각해보자. 썸을 타고 있는 그 사람에게 전화하는 일인가? 낯선 곳에 혼자 가서 주말을 보내기 위해 비행기 표를 예약하는 일인가? 새로운 일자리에 지원하는 일인가? 강좌에 등록하는 일인가?

당장 하라! 일단 첫걸음을 떼라. 그런 다음 자신감을 되찾았을 때의 그 뿌듯한 기분을 느껴보라.

12장

실패를 활용하라

앞서 자신감을 키우는 방법으로 자신이 잘하는 일과 계속 실패하는 일을 점검해볼 것을 권했다. 하지만 실패를 어떻게 다룰지는 자세히 이야기하지 않았다. 누구나 다시는 떠올리기 싫은 실패의 경험이 있을 것이다. 그러나 그렇다고 해도 그 기억을 문밖에 버리거나 땅에 묻어버리거나 불태워버리지는 말아라(분명 그러고 싶을 것이다!). 실패를 활용하는 더 현명한 방법이 있기 때문이다. 물론 당신도 왜 그래야 하는지 머리로는 알 것이다. 하지만 실제로 그렇게 하는가?

내가 소셜 커뮤니티 회원들에게 기회를 정의해보라고 했을 때 그들의 대답에 등장한 가장 중요한 키워드 하나는 '실패'였다. 그들은 실수나 실패를 통해 기회를 얻은 경험 그리고 문제에서 기회를 발견하는 것의 중요성을 이야기했다. 또한 실수와 실패의 긍정적인 면을 봐야 한다고도 했다. 이는 기회를 만나고 싶은 이들이 꼭 기억해야 할 중요한 이야기다.

실패와 관련된 유명한 일화는 많다. 토머스 에디슨은 상업적 실용성을 지닌 전구를 최초로 개발했지만 그러기까지 1만 번의 실패를 겪었다. J. K. 롤링은 세계 최초의 억만장자 작가지만 처음 그녀의 원고는 무려 12곳의 출판사에서 퇴짜를 맞았다.

내가 특히 좋아하는 일화는 화성 탐사 로버의 이야기다. 전 세계인이 탐사를 위해 화성에 착륙한 로버가 고장 나거나 임무 완수에 실패하는 것을 거듭 목격했다. 사람들은 잔뜩 기대감에 젖었다가도 나사에서 로버의 임무 달성 실패를 발표할 때마다 실망했다. 그러던 중 '오퍼튜니티(Opportunity)'라는 멋진 이름의 로버가 화성에 도착했다. 오퍼튜니티는 화성에서 가장 오랫동안 활동한 탐사 로봇이 되었으며, 화성이 한때 물이 있었고 생명체 서식 가능성이 있는 행성이라는 증거를 발견했다.

이런 이야기들이 공통으로 전하는 교훈은 실패에 굴하지 않고 끈질기게 도전해야 한다는 것, 실수에서 배움으로써 새로운 방향으로 나아가야 하다는 것이다. 무턱대고 공을 차면서 그 공이 골대 안에 들어가기를 바라거나 계속 똑같은 동작만 반복해서는 안 된다. 그러면 공은 지금까지와 똑같이 골대만 맞히고 튕겨 나올 뿐이다. 실수에서 교훈을 얻어 슈팅 위치를 왼쪽으로 1미터쯤

옮기거나 각도를 변화시켜야 한다. 융통성 있게 움직이고 실수를 이용할 줄 알아야 한다.

≡ 문제 속에 숨은 기회를 보라

실수는 불쾌한 경험이다. 실패는 괴로움을 안겨준다. 때론 창피해서 숨고 싶어진다. 뭔가 시도했다가 실패하거나 힘든 문제를 마주하면 우리는 위로받고 싶고, 공감과 응원을 얻고 싶어진다. 많은 사람이 그럴 때 피해자처럼 군다. 당면한 상황을 인정하고 다시 도전하는 것보다 그편이 더 쉽기 때문이다. 힘든 문제에 부딪히면 사람들은 말한다. "왜 나한테 이런 일이? 그리고 왜 하필 지금이야? 미치겠네. 왜 항상 내게만 이런 일이 생기는 거야?"

자신이 처한 문제 안에서 허우적대면 결국 그 문제에 빠져 익사하고 만다. 하지만 문제를 하나의 도전 과제로 보고 해결하려고 노력하면 상황의 통제권을 쥘 수 있다. 문제 해결에 집중하는 태도는 사업을 하는 데 필수적이며 삶의 다른 영역에서도 대단히 중요하다. 문제를 하나의 도전 과제로 바라보고 해결책을 찾아라. 그래야 기회가 나타난다.

언젠가 넷플릭스 창업자이자 초대 CEO인 마크 랜돌프(Marc Randolph)를 내 팟캐스트에 초대해 인터뷰한 적이 있었다. 그는 스스로 필터가 되어 문제를 특정한 관점으로 바라보되 거기에 빨려 들어가서는 안 된다고 말했다. 세상을 볼 때 회의적인, 심지어 비관적인 관점을 취하면 모든 것이 문제로 보인다고 말이다. 그리고 문제를 발견하면 해결 방법을 궁리하기 시작해야 한다. 긍정적 측면과 기회를 찾아내는 것이다. 그의 말에 따르면 성공과 발전의 핵심은 결국 문제의 해결책을 찾는 일이다.

"골칫거리를 찾는 연습을 해야 합니다. 세상을 불완전한 곳으로 바라보는 훈련이죠. 이 세상에 얼마나 결함이 많은지 깨닫고 나면 갑자기 아이디어가 샘솟기 시작합니다. 답답하게 느껴지는 문제가 무엇인지 생각해보세요. 그러면 '만일 …하면 어떻게 될까?'라는 문장이 자동으로 마음속에 떠오르게 됩니다."

억만장자 사업가 데이비드 매코트 역시 이 세계의 큰 난제들이 전부 기회가 될 수 있다면서 이렇게 말했다.

"예를 들면 환경 문제를 해결하는 것에서 사업 기회를 찾을 수 있습니다. 교육 문제도 사업 기회죠. 고속 인터넷 서비스를 이용하지 못하는 40억 명이 존재한다는 것은 정치적 문제가 아니라 사업 기회입니다. 전 세계 10억 명이 깨끗한 식수를 마시지 못하는 것도, 미국에서 교육비용이 임금 수준보다 8~9배 더 빠르게 상승한다는 것 역시 사업 기회입니다." (마크와 데이비드는 그 외에 유용한 이야기를 많이 들려주었다. 아직 이들을 접해보지 못한 독자라면 내 팟캐스트에서 인터뷰를 들어보길 바란다. www.robmoore.com/podcast.)

문제를 보면 일단 호기심을 갖고 살펴보자. 당신 자신의 문제든, 주변 사람의 문제든, 전 세계가 고민하는 문제든 모두 생각해보자. 문제에 부딪히면 거기에 심신의 에너지를 홀딱 빼앗기지 말고 대신 해결책을 찾는 데 집중하라. 문제의 실체를 제대로 이해했다면 재빨리 한 걸음 물러나 대응 방법을 찾는다.

기업가들은 모두 그런 마음가짐을 갖고 있다. 투자자들이나 프로그램 개발자들도 마찬가지다. 문제를 발견하면 이를 해결책을 찾아낼 기회로 인식하고, 그 기회를 붙잡아 해결책을 찾아낸다. 한번 생각해보자. 중요한 프로젝트를 앞둔 프로그램 개발자가 어떤 문제를 발견하고는 짜증이 나서 "아, 귀찮아. 오늘은 코드 작업 안 할래"라고 말하는 경우가 있을까? 아마도 그는 소매를 걷어붙이고 모니터 속 끝없는 코드 라인을 들여다보며 밤새 문제 해결에 매달릴 것이다. 그런 프로그램 개발자처럼 행동하라. 문제를 기꺼이 끌어안고 해결책을 찾아라.

≡ 타인의 실수에서 배워라

당연한 말이지만 실수하거나 실패하거나 문제를 겪으려고 일부러 애쓸 필요는 없다. 흔히들 이런 조언을 한다. 값진 것을 배우기 위해서는 실수를 해야 한다고 말이다. 그러나 이는 위험한 조언이다. 만일 그 실수가 도저히 회복할 수 없는 중대한 실수라면 어쩔 것인가? 그 실수 때문에 불황기에 사업이 망한다면, 이혼을 하게 된다면, 대출 납입금을 내지 못하고 집을 잃는다면 어쩔 것인가?

그런 실수를 한 대표적인 예가 있다. 1980년대에 제럴드 래트너(Gerald Ratner)는 수십억 파운드의 매출을 올리는 주얼리 기업 래트너스 그룹(Ratners Group, 현 시그넷 주얼러스[Signet Jewelers])의 수장이었다. 엄청난 성공을 거둔 사업가였던 그는 어깨에 힘이 잔뜩 들어갔고 자신감이 넘쳤다. 그런 자신감과 기업가적 마인드 덕분에 세간의 이목을 끄는 기업 인수를 단행하고 투자자들에게 큰 수익을 안겨주면서 회사를 무섭게 성장시켰다. 그는 업계의 주요 만찬에서 자주 연설 요청을 받곤 했다.

1991년 어느 날 제럴드는 기업가협회(Institute of Directors)의 콘퍼런스에서 연설하는 도중 이런 농담을 했다. "우리는 음료 나를 때 쓰는 은도금 쟁반과 잔 여섯 개, 셰리주용 컷글라스 유리병, 이 모두를 합쳐 4.95파운드에 판매합니다. 사람들이 어떻게 그렇게 싼 가격에 팔 수 있느냐고 묻는데요. 저는 '우리 제품이 완전히 쓰레기라서요'라고 대답합니다." 그날 래트너스 그룹의 주가는 폭락했고 기업 가치는 하룻밤 사이에 5억 파운드나 떨어졌다. 제럴드는 자신의 실수에서 뭔가 배웠을까? 당연히 그랬다. 그는 그런 실수를 또 하고 싶을까? 절대 아닐 것이다.

실수를 꼭 직접 경험해야 할 이유가 있을까? 한 번의 실수가 당신을 완전히 무너뜨릴 수도 있다! 어떤 실수들은 필요하지 않다. 아무리 좋은 교훈을 얻는다고 해도 치명적인 결과를 일부러 감수할 만큼은 아니다. 그와 동일한 경험의 효과를 얻는 가장 좋은 방법은 타인의 실수를 반면교사로 삼는 것이다.

인맥을 넓히고 세상에 나가 교류의 횟수를 늘리면 그만큼 다른 이들의 실수를 더 많이 접하고 뭔가 배울 수 있다. 타인의 실패 경험과 그들이 겪는 문제에서 당신을 위한 기회를 찾을 수 있다. 사람들에게 실수한 경험과 그것을 통해 뭘 배웠는지 물어보라. 남들의 실수를 머릿속에 축적해서 당신은 그런 실수를 하지 않도록 조심하라.

예를 들어 경기 불황은 타인의 실수에서 배울 수 있는 좋은 시기다. 2008년 세계 금융위기 때 나와 마크의 사업은 아직 규모가 크지 않아서 치명타를 입지는 않았다. 당시 우리가 보유한 부동산은 50개 미만이었고 직원도 다섯 명에 불과했다. 우리는 영국 부동산 업계의 몇몇 대형 업체와 긴밀한 관계를 맺고 있었는데, 금융위기의 여파로 그중 두 곳이 파산하고 말았다. 그들에게는 슬픈 일이었지만 우리에게는 뭔가를 배울 기회였다.

우리는 그 업체들과 두세 달에 한 번 점심을 먹곤 했다. 우리는 그들에게 수시로 조언을 구했고, 그들은 아직 성장기에 있는 우리에게 기꺼이 조언해주었다. 그랬기에 금융위기로 인한 불황기에도 계속 좋은 관계를 유지할 수 있었다. 우리는 그들이 겪는 모든 어려움을 바로 옆에서 지켜봤다. 직원 규모를 섣불리 줄이지 못하고 고민하는 모습, 신속하게 결정을 내리는 방식, 현금흐름을 관리하는 방식(2~3년이 아니라 한 달 정도 버틸 수 있는 현금만으로 상황에 대처했다) 등이었다.

그들을 보며 정말 많은 것을 배웠다. 그 덕분에 여러 기회를 알아볼 수 있게 됐다. 그들을 통한 대리 경험이 아니었더라면 못 알아봤을 기회들이었다. 나는 그런 실패를 직접 겪어본 적도, 그런 어려움을 마주한 적도 없었으니 말이다.

다음은 타인의 실수와 실패, 문제를 통해 기회를 발견하는 세 가지 방법이다.

- 멘토를 곁에 두어라. 이것은 몇 번이고 강조해도 지나치지 않다. 훌륭한 멘토는 당신을 지금보다 더 높은 곳으로 데려갈 것이다. 그들의 실패 경험을, 난관을 극복한 과정을 열심히 묻고 열심히 들어라.
- 인맥을 만들어라. 많은 사람을 만날수록 더 많은 실수를 대리 경험할 수 있다. 그들에게 조언을 구하라. 힘든 시기를 통해 뭘 깨달았는지 물어보라. 단 예의를 갖추고 조심스럽게 행동하라. 아픈 상처를 쑤셔서 그들이 사람 많은 곳에서 눈물을 흘리게 하지는 말아라.

- 책을 읽어라. 독서의 중요성은 앞에서도 강조했다. 힘든 역경을 극복한 사람들은 종종 자서전에 그 이야기를 남긴다. 그런 책을 찾아서 열심히 읽어라(제럴드의 자서전 《나의 몰락과 부활 이야기》가 좋은 예다. 그와 내가 함께 쓴 《삶을 재창조하라[Reinvent Yourself]》역시 추천할 만한 책이다).

역경(사실 '역경'이라는 단어로는 한참 부족한 고통의 경험)을 기회로 바꾼 놀라운 인물 중 한 명으로 파키스탄의 인권 운동가 말랄라 유사프자이(Malala Yousafzai)가 있다. 10대 소녀인 말랄라가 사는 지역을 탈레반이 점령하면서 여자아이들의 교육을 금지하는 포고령이 내려졌다. 그녀는 소녀들의 교육받을 권리를 위해 싸우며 목소리를 높이다가 탈레반이 쏜 총에 머리를 맞았다. 그리고 기적적으로 살아났다. 이후 영국으로 이송돼 치료받고 건강을 회복했으며, 여성의 교육권 보장을 위해 더 열심히 싸우는 세계적 운동가가 되었다. 그녀는 말랄라 재단(Malala Fund)을 공동 설립했으며 2014년 최연소 노벨평화상 수상자가 되었다. 당시 그녀의 나이는 열일곱 살이었다.

다시 봐도 믿기지 않는 놀라운 이야기다. 다행히도 우리 대부분은 말랄라 같은 끔찍한 경험을 할 일이 없을 것이다. 아무리 강한 사람이라도 그녀와 같은 상황이었다면 그냥 무너졌을 것이다. 역경을 기회로 바꾸고 전 세계에 긍정적 영향을 미치는 인물이 되기는커녕 아무런 희망의 빛도 보지 못했을 것이다.

그렇기에 마음가짐과 태도는 너무나 중요하다. 1부에서 운이라는 주제를 살펴봤는데, 거기서 언급하지 않은 다른 연구 결과가 있다. 바로 운 좋은 사람들은 역경을 대하는 태도가 남들과 다르다는 사실이다. 그들은 힘든 문제를 겪어도 밝은 면을 볼 줄 알고 문제에 함몰되지 않으며 해결 방법을 찾기 위해 행동을 취한다. 무엇보다 그들은 자신이 성공할 것이라고 믿는다. 그리고 결국에는 모든 일이 잘될 것이라고 믿는다.

혹자는 이것이 맹목적인 낙관주의라고 말할지 모른다. 그러나 그런 태도의 유무가 결과를 크게 좌우한다는 증거가 있다. 이런 상상을 해보자. 출생 시 의료사고로 안면신경마비를 갖게 되었고, 어린 시절 위탁 양육 시설에 맡겨졌으며, 변변한 직업도 거처도 없이 가난에 허덕이는 사람이 있다. 심지어 이 사람은 돈이 없어서 사랑하는 개를 팔아야 한다. 당신이 이런 상황이라면 어떻겠는가? 그래도 희망을 버리지 않고 꿈을 좇을 수 있겠는가?

다행히 그 사람은 그렇게 했다. 그는 바로 실베스터 스탤론이었다. 스탤론은 배우가 되고 싶었지만 안면신경장애 탓에 아무도 그를 캐스팅하려 하지 않았다. 극심한 생활고에 시달리며 뉴욕의 버스 정류장에서 노숙까지 하던 그는 결국 주류 판매점 앞의 낯선 사람에게 자신의 사랑하는 개를 25달러에 팔았다. 그리고 돌아오는 길에 한없이 울었다.

하지만 그는 자신의 미래를 믿었고 〈록키(Rocky)〉 시나리오를 써서 여러 영화사의 문을 두드렸다. 12만 5,000달러에 사겠다는 제안이 왔지만 그는 거절했다. 그가 영화의 주연을 맡겠다는 조건이 받아들여지지 않았기 때문이다. 이후 25만 달러, 35만 달러를 주겠다는 제안도 거절했다. 마침내 그를 주연으로 쓰겠다는 제작사를 만났지만 대신 시나리오 가격을 90퍼센트나 깎아야 했다. 스탤론은 3만 5,000달러에 계약을 맺었고 〈록키〉는 그의 인생을 통째로 바꿔놓았다. 영화 제작 계약을 맺고 그가 가장 먼저 한 일은 개를 되찾는 것이었다. 그는 개를 사 갔던 사람에게 연락해서 1만 5,000달러를 주고 다시 개를 데려왔다!

누구나 알다시피 스탤론은 세계에서 가장 성공한 배우 중 한 명이다. 〈록키〉는 아카데미상 10개 부문에 후보로 올라 3개 부문을 수상했다. 수많은 배우가 스탤론이 역경을 극복한 과정과 도전에서 많은 것을 배웠다. 수많은 작가가 J. K. 롤링을 보며 희망을 키웠듯이 말이다. 그들은 포기하지 않고 끈질기게 도전하는 것, 긍정적 태도를 유지하며 꾸준히 나아가는 것이 얼마나 중요한지 보여주었다.

나도 남들과 마찬가지로 살아오면서 많은 실수를 했다. 그렇다고 지나온 삶을 후회하진 않지만 만일 과거로 돌아간다면 다르게 했을 것 같은 일들은 있다. 가장 먼저 꼽는 것은 대학에 간 일이다. 만일 과거로 돌아간다면 대학에 가지 않을 것이다. 그래도 그 덕분에 대학에 안 갔다면 몰랐을 것들을 깨닫기는 했다. 나는 건축가가 절대 되고 싶지 않다는 사실을 깨달았다. 대학에서는 기업가가 되는 법을 배울 수 없다는 사실도 깨달았고, 성공하기 위해 자격증이 필요 없다는 사실도 깨달았다.

실수는 성공으로 가는 징검다리이며 문제는 해결책으로 가는 통로다. 힘든 도전과 역경은 승리로 가기 위한 중간 단계다. 살면서 이런 시기를 맞닥뜨린다면 쉽게 무너지거나 절망하지 말고 잠시 멈춰서 긍정적인 시각으로 바라볼 수 있는 눈을 키우도록 하자.

SUMMARY

올바른 마음가짐의 소유자는 실수나 실패, 문제도 기회로 전환할 수 있다. 토머스 에디슨, J. K. 롤링, 말랄라 유사프자이 등 부정적 경험이나 역경을 기회로 삼아 놀라운 결과를 일궈낸 사람은 수없이 많다. 하지만 부정적 경험을 꼭 직접 겪을 필요는 없다. 그리고 어떤 실수는 치명적인 결과를 초래할 수도 있다. 굳이 리스크를 감수하지 않고도 교훈을 얻는 방법은 타인의 실수에서 배우는 것이다. 멘토를 곁에 두고, 책을 읽어라.

TAKE ACTION   **실패를 기회로 바꿔라**

지난달에 있었던 실패 하나, 실수 하나, 문제 하나를 종이에 적어보자. 어떻게 하면 그것들을 기회로 바꿀 수 있을까? 아래 질문들을 통해 생각해보자.

- 그 경험들에서 무엇을 배울 수 있는가?
- 내게 도움이 되는 쪽으로 활용할 수 있는가? 또는 타인을 돕는 데 활용할 수 있는가?
- 어떤 해결 방법이 있을까?

경험들 중 하나를 골라 기회로 한 발짝 다가가보자. 그 경험을 글로 써서 블로그에 올리거나 친구 또는 동료와 대화를 나누며 해결책을 찾아보자.

OPPORTUNITY
ROB MOORE

3부

기회를 붙잡아라

—— 기회의 창이 나타났을 때 블라인드를 내리지 마라.

톰 피터스(Tom Peters)

1부에서 우리는 기회가 무엇인지 생각해봤고 2부에서는 기회를 만날 준비를 마쳤다. 이제는 레벨을 높여 본격적으로 기회를 만날 시간이다. 그런데 그전에 마지막으로 할 일이 있다. 바로 마음을 여는 일이다.

내가 굉장히 좋아하는 말이 하나 있다. "마음은 낙하산과 같아서 활짝 열렸을 때 최고의 기능을 발휘한다." 많은 사람이 마음을 꼭꼭 닫은 채 살아간다. 그리고 이렇게 생각한다. '여기에는 아무런 기회가 없어. 여기에는 발견할 만한 게 없어. 그건 절대 효과가 없을 거야. 나는 실패만 해. 사람들은 늘 나를 이용하려고 해.' 그들은 자신과 주변에서 일어나는 나쁜 일을 포착하는 데는 전문가지만 기회는 보지 못한다. 모든 상황에서 부정적인 면과 안 좋은 일에만 집중하기 때문이다.

열린 마음을 가진 사람은 모든 일에서 긍정적인 잠재력을 볼 줄 안다. 자신과 공통점이 별로 없는 상대라도 긍정적인 측면을 발견하곤 한다. 누군가 제안한 아이디어에서 발전 가능한 잠재력을 찾아낸다. 당장 받아들이지는 않고 신중한 입장을 취하더라도 말이다.

열린 마음을 가진 사람은 골치 아픈 문제의 긍정적인 측면을 보고, 힘든 상황도 기회로 바라볼 줄 안다. 우연히 만난 뜻밖의 발견으로 큰 성공을 거둔 다음과 같은 사례들을 살펴봐도 그렇다.

페니실린

1928년 알렉산더 플레밍(Alexander Fleming)은 연구실을 제대로 치우지 않은 채 2주간 휴가를 다녀왔다. 연구실에 돌아온 그는 세균을 배양 중인 접시가 곰팡이에 오염됐으며 그 곰팡이가 세균을 죽인 것을 발견했다. 그는 더 깊이 연구해서 곰팡이에 있는 페니실린이라는 물질을 발견했고, 이후 페니실린 항생제는 수많은 사람의 목숨을 구했다.

콘플레이크

1800년대 후반 미국의 존 켈로그(John Kellogg)와 윌 켈로그(Will Kellogg) 형제는 사람들의 성욕을 억제하려는 목적으로 단순한 저자극성 음식을 개발하고 있었다. 의사였던 존은 조리 중인 밀가루 반죽을 그냥 놔두고 급히 환자를 돌보러 갔는데 한참 후 돌아와 보니 반죽이 굳어버린 상태였다. 이 반죽을 재활용하려고 롤러에 넣고 돌렸는데, 반죽이 잘게 부서진 조각이 되어 콘플레이크가 탄생했다.

포스트잇

포스트잇의 탄생은 우연한 발견이 연속된 결과물이다. 3M에 근무하던 과학자 스펜서 실버(Spencer Silver)는 강력한 접착제를 개발하는 연구에 매달리다가 의도치 않게 '접착력이 약한' 접착제를 개발했다. 그는 이 새로운 접착제를 사내에 알리려 노력했지만 별다른 성과는 없었다. 그러던 중 동료 아서 프라이(Arthur Fry)가 찬송가에 끼워둔 종이가 떨어지지 않게 할 방법을 궁리하다가 실버의 접착제를 사용했고, 이후 포스트잇이 제품으로 탄생하기에 이르렀다. 포스트잇의 트레이드마크인 노란색 역시 우연한 결과물이다. 당시 포스트잇 개발팀 옆의 연구소에 노란색 종이밖에 없어서 그걸 사용한 것이다.

≡ 성공은 열린 태도에 달렸다

위 사례들의 공통점은 쉽게 알 수 있다. 사례의 주인공들이 모두 열린 태도를 갖고 있었다는 점이다. 플레밍은 다른 사람이라면 그냥 지나쳤을 현상을 배양 접시에서 알아챘다. 켈로그 형제는 남들이라면 쓰레기통에 버렸을 식재료를 재활용했다. 실버 역시 실패한 접착제에서 기회를 감지했고 프라이는 그 활용법을 발견했다.

열린 마음을 갖는다는 건 뜻밖의 상황을 기꺼이 이용하는 태도만을 뜻하는 것은 아니다. 이는 타인과 관계 맺는 방식에도 적용된다. 또한 열린 마음을 갖는다는 건 낙관적인 태도와 열정을 갖는 것, 유연해지는 것을 뜻한다. 열린 마음을 가진 사람은 강한 긍정적 에너지를 발산하기 때문에 주변 사람들도 그 긍정적 에너지를 수혈받는다.

우리 주변에는 정신을 깨어나게 하고 의욕을 북돋우는 사람들이 있다. 그런 이들과 있으면 기분이 좋아지고 자신감도 생긴다. 그것이 열린 마음의 힘이다. 열린 마음의 소유자는 늘 모든 것에서 답을 찾고, 모두에게서 배우며, 문제를 회피하지 않고, 주의를 기울이고, 자신이 틀렸다는 것을 기꺼이 인정한다.

열린 태도는 왜 그토록 중요한 걸까? 최근 몇 년 사이에 사람들의 마음은 더 굳게 닫혀가고 있다. 당신이 어떤 정치적 관점을 가졌는지는 모르지만(사실 이 주제는 절대 다루고 싶지 않지만) 오늘날 우리 사회가 분열된 것만은 분명하다. 사람들은 양쪽 진영으로 나뉘어 타인의 의견을 들으려고도 하지 않는다. 온라인에서든, 현실에서든 자신과 생각이 비슷한 사람들과만 소통하며 보고 싶고 듣고 싶은 정보만 소비한다. 그런 소통은 원래 갖고 있던 믿음만 더 강화할 뿐이다. 누군가 문제를 제기하거나 색다른 관점으로 소란을 일으키면 악플 세례를 받기 십상이다.

사람들은 타인의 말에 점점 더 귀 기울이지 않고, 자기 생각을 바꾸려 하지 않고, 다가오는 기회를 차단하고 있다. 당신은 그런 어리석은 태도로 살지 않길 바란다. 마음을 굳게 닫아서 기회를 밀어내는 사람이 되지 않도록 하자.

마음을 활짝 열어보자. 섣불리 남을 판단하지 않겠다고, 더 유연해지겠다고, 호기심을 갖겠다고 지금 당장 결심하라. '끼리끼리 소통하기'를 그만두고 모든 대상을 새로운 관점으로 보겠다고 결심하라. 마음속 가정들에 의문을 품고 새로운 시각으로 상황을 보겠다고 결심하라. 자, 그러면 다음으로 넘어가자.

기회의 파도에 올라타 성공에 이르는 법

이제 본론으로 들어가자. 실제로 기회가 왔을 때 어떻게 해야 하는지 알아보자. 이 과정은 다음과 같이 세 단계로 나눌 수 있다.

- 기회 발견하기.
- 기회 평가하기.
- 기회 붙잡기.

3부에서는 당신 앞에 나타나는 기회를 최대한 활용하기 위해 이 세 측면에서 필요한 기술을 살펴볼 것이다. 나 자신의 경험과 다른 이들의 이야기, 실용적 팁을 소개한다.

책을 읽으면서 동시에 그 내용을 실제 삶에 적용하면 훨씬 큰 효과를 볼 수 있다. 내가 알려주는 팁들을 실천하면 분명 기회를 발견하고 평가하고 붙잡을 수 있을 것이다. 그리고 책을 읽으며 'Take Action'을 죽 실천해왔다면 지금쯤 당신의 노트는 반쯤 차 있을 것이다. 그 내용을 다시 읽어보자. 당신의 현재 상황을 돌아보고 어떤 기회를 만났는지, 어떤 기회를 놓쳤는지 생각해보자. 마음을 활짝 열고 기회의 파도에 올라타는 데 도움이 될 것이다.

SUMMARY

기회가 무엇인지 알았고 기회가 생겨날 조건을 만들었다면 이제 할 일은 열린 태도를 갖는 것이다. 열린 태도가 있어야 기회를 알아볼 수 있다. 전과 다른 방식으로 대상을 바라보고, 자신이 틀릴 수도 있다는 사실을 인정하고, 새로운 관점을 가져라. 그래야 기회가 왔을 때 붙잡을 수 있다.

TAKE ACTION　　　　　　　　마음속 가정을 삭제하라

우리는 누구나 특정한 가정들을 속에 담아둔 채 자신만의 관점으로 대상을 판단한다. 이는 뇌가 외부의 정보에 휩쓸려 과부하에 걸리는 것을 막아주기 때문이다. 하지만 때로는 그 가정들을 삭제할 필요가 있다.

당신의 마음속 가정 중에 버릴 수 있는 것, 다른 관점을 적용할 수 있는 것은 무엇인가? 당신은 뭔가를 할 수 없다고 가정하고 있는가? 그 사람이 당신에게 도움이 안 될 것이라고 섣불리 단정하고 있는가? 무언가를 당신 것으로 만들 수 없다고 가정하는가?

그런 가정 하나를 골라 삭제하라. 그 장애물이 없어지면 어떤 기회가 나타나는지 보라. 이 연습을 최대한 자주 하라. 열린 태도를 유지할 때 생겨나는 가능성이 뚜렷이 눈에 보이기 시작할 것이다.

14장
내게 찾아온 기회를 알아보는 법

이제 당신을 위한 기회를 발견할 시간이다. 그 기회는 어떤 모습을 하고 있을까? 어디에 있을까? 언제 나타날까? 그것은 당신에게 달렸다. 누군가에게는 기회인 것이 다른 사람에게는 기회가 아닐 수도 있다. 기회는 당신의 성격, 실력, 지식과 경험, 전문 분야, 관심사와 열정, 사는 지역과 이동성, 유연성, 목표, 욕망 등에 따라 달라진다.

기회를 발견하는 11가지 접근법

다음은 기회를 발견하기 위한 11가지 접근법이다. 이것을 읽으면서 현재 자신에게 와 있다고 생각되는 기회, 앞으로 준비하면 만날 수 있을 것 같은 기회를 종이에 적어보자. 이 장을 다 읽을 즈음엔 그 목록이 꽤 길어져 있기를 바란다.

1. 모든 기회에 주목하라

기회를 식별하는 단계에서는 일단 모든 기회를 좋은 기회라고 가정하고 모아야 한다. 비유하자면 먼저 굴을 전부 쓸어 담고 나서 그 안에 진주가 들어 있는지 아닌지 확인하는 것이다. 그러자면 일단 굴을 캐야 한다. 이런 관점으로 보면 기회는 그야말로 주변에 널려 있다.

그 기회는 당신의 인생을 바꿔놓을 무언가일 수도 있다. 채용 공고, 청혼, 잠재 투자자, 사업 아이디어 등이 그렇다. 또는 사소한 기회일 수도 있다. 먼 곳으로 떠나는 주말여행, 모임에서 누군가와 나눈 대화, 그 무엇에도 방해받지 않은 채 와인과 함께하는 목욕 시간 등.

시간이 비교적 촉박한 기회도 있다. 신청이 곧 마감되는 대회, 좋은 동네에 매물로 나온 집, 청산 절차를 밟을 예정인 사업체 등이 그렇다. 어떤 기회는 긴 시간이 걸린다. 새로운 인간관계, 직업 경로를 바꾸는 것, 1년 후에 공석이 될 예정인 팀장 자리 등.

어떤 기회는 그것이 좋은 기회라는 사실을 쉽게 알아챌 수 있다. 꿈꾸던 집이 싼 가격에 매물로 나오는 것, 꿈꾸던 일자리를 제안받는 것, 공짜로 피지 여행을 갈 기회 등. 하지만 어떤 기회는 판단하기가 어려울 수 있다. 12개월짜리 피트니스 프로그램에 등록해야 할까? 낯선 나라에서 새 인생을 시작하는 것이 옳을까? 아이를 가져야 할까?

이 모든 것이 기회다. 어떤 것은 당신을 위한 기회이고 어떤 것은 아니겠지만 일단 이 단계에서는 그 어떤 것도 무시해서는 안 된다. 더 많은 기회를 모을수록 기회를 알아보는 데 능숙해져서 당신을 위한 기회를 더 빨리 알아볼 수 있게 된다.

2. 인내심을 가져라

씨앗을 심고 다음 날 그 자리에 가서 "대체 왜 나무가 안 자라는 거야?"라고 말하는 사람은 없다. 마찬가지로, 준비가 돼 있다고 해서 기회들이 갑자기 밀려오는 것은 아니다.

당신은 지금 어떤 일을 바라고 있는가? 특별한 누군가를 만나는 것, 큰돈을 버는 것, 자신의 분야에서 성공하는 것, 원하는 곳에 취직하는 것 등 여러 가지가 있을 수 있다. 그러나 이 책을 다 읽자마자 그것이 당신의 품으로 뚝 떨어질 가능성은 별로 없다. 인내심을 갖고 기다려라(그 시간을 활용해 지루함을 경험해보자)! 당신이 만나고 싶은 기회를 떠올리며 그 모습을 마음속에 그려보고 수시로 생각하라. 하지만 그 생각 때문에 다른 일들을 돌보지 않고 내팽개쳐서는 안 된다.

기회를 준비한다는 것은 '한 번에 기회 하나씩'의 의미가 아니다. 그러니 넓은 시야를 유지하라. 물론 지속적인 노력과 집중은 필요하다. 출간 계약을 성사시키고 싶거나 사업에 투자를 유치하고 싶다면 끈질기게 노력해야 한다. 하지만 다른 일들을 위한 시간과 에너지는 남겨두어야 한다.

그리고 메모하는 습관을 들여라. 잡고 싶은 기회들을 적어놓고 수시로 들여다보자. 자신이 찾으려는 기회를 잊어버리고 있다가 막상 다가왔을 때 놓치는 일이 있어서는 안 된다.

3. 예상치 못한 일을 예상하라

기회를 놓치지 않기 위해 안전장치를 만들어두어라. 예상치 못한 일이 일어날 수 있는 공간을 남겨두는 것이다. 거기서 어떤 기회가 생겨날지 모른다. 나는 '70-20-10' 모델을 사용하는데, 수익을 창출하는 중요한 활동에는 시간과 에너지의 70퍼센트를, 그보다 중요도가 떨어지는 일에는 20퍼센트를 사용한다. 그리고 나머지 10퍼센트는 엉뚱하고 새로운 아이디어들을 위해 남겨놓는다.

이 모델은 직업뿐 아니라 삶의 모든 영역에서 활용할 수 있다. 70퍼센트는 이를테면 메인 요리다. 대형 프로젝트나 최고의 성과를 내기 위해 집중해야 하는 일로, 사람에 따라 다를 수 있다. 누군가에겐 현재 그리고 있는 그림이, 현재 꾸미고 있는 가장 중요하고 큰 방이, 지역 스카우트 클럽에 지원하는 일이 메인 요리가 될 수 있다.

20퍼센트는 그보다 덜 중요한 일, 하지만 새롭고 흥미로운 일이다. 마치 곁들임 요리처럼, 시험적으로 해보는 일이나 아직 시작 단계에 해당하는 일이다. 예를 들어 당신의 직업이 피아니스트인데 바이올린도 배우고 있다면 바이올린이 곁들임 요리다. 영어와 프랑스어를 다루는 번역가인데 중국어를 익히는 중이라면 중국어가 곁들임 요리다. 회사 일 외에 부업으로 온라인 수공예품 쇼핑몰 엣시(Etsy)에 숍을 열어 핸드메이드 사진 액자를 파는 것도 이에 해당된다.

마지막 10퍼센트는 예상치 못한 일을 위해 남겨놓는 공간이다. 이는 아이들이 노는 모래 놀이터 같은 것으로, 여기서는 미처 예상하지 못한 것들이 나타날 수 있다. 터무니없어 보이는 새로운 사업 아이디어 같은 것 말이다.

예상치 못한 일을 예상하는 한 가지 방법은 패턴을 찾는 것이다. 패턴을 알면 평소엔 예상하지 못했을 상황을 예상할 수 있게 된다. 예를 들어 반려견을 데리고 날마다 산책을 한다고 하자. 당신은 늘 똑같은 시간에 똑같은 코스로 가면서 같은 사람들을 마주치고 비슷한 대화를 나눈다. 그런데 어느 날부터 좀 더 주의 깊게 살펴보기 시작하자, 그들 중 매일 보면서 호감을 느끼긴 했지만 대화해본 적 없는 사람이 근처 카페에서 커피를 마신다는 사실을 알게 되었다. 이것이 패턴이다. 만일 이 패턴을 모른다면 카페에서 그 사람을 마주칠 때 깜짝 놀라 당황한 나머지 데이트 신청도 못 할 것이다. 당연히 프러포즈할 가능성도 없다.

4. 어린아이처럼 상상하라

최근에 어린아이처럼 상상력을 발휘해본 적이 있는가? 세상에 존재하는 모든 규칙을 무시하고 뭔가를 자유롭게 상상해본 적이 있는가? 중력 따위는 잊고 아무렇게나 흘러 다녀보자. 언어에 대한 걱정을 잊고, 지구상 인류가 서로의 말을 이해할 수 있다고 상상해보자. 스위치만 딸깍 누르면 지금보다 더 늙거나 젊어질 수 있다고 상상해보자.

터무니없어 보이지만 사실 이것은 우리를 둘러싼 규칙에 의문을 품고 '만일 …라면 어떨까?'를 생각해보는 좋은 연습이다.

- 만일 현재 사는 곳이 아닌 다른 곳에 산다면 어떨까?
- 만일 엄청난 부자라서 돈 걱정을 할 필요가 없다면 어떨까?
- 만일 외국어를 할 줄 안다면, 스포츠를 잘한다면, 비행기를 조종할 줄 안다면 어떨까?

우리가 상상할 수 있는 것은 말 그대로 무한하다. 상상 속에서는 뭐든 만들어낼 수 있다. 이미 존재하는 대상을 머릿속에서 새로운 모습으로 바꿔보자. 주변의 물건을 보며 그 기능을 개선할 방법 또는 다른 용도로 사용할 방법을 상상해보자.

내가 잠깐 떠올려본 아이디어 몇 개는 이렇다. 칼은 드라이버 대용으로 쓰기엔 형편없는 물건이다. 그리고 스탠드형 옷걸이와 얇은 천만 있으면 꽤 그럴듯한 중세 시대의 성을 만들 수도 있다. 또 아무리 잘못한 게 없다고 해도, 소파는 절대 침대만큼 편안하지 않다(언제고 또 내가 소파로 쫓겨날 만한 행동을 할지 모르므로, 미리 아내에게 미안하다고 말해두고 싶다)!

5. 모든 기회를 기록하라

예전에 만난 기회를 적어보라고 했던 조언에 부연 설명을 하고자 한다. 2부에서도 설명했지만 제대로 준비된 사람은 도처에서 기회를 만난다. 그것들을 전부 기억하며 점검하기는 쉽지 않다. 그러니 기록하자. 상세하게 적어놓고(어떤 기회인지, 어디서 생겼는지, 언제 나타났는지 등) 수시로 들여다보며 그사이 변경된 점을 업데이트한다. 다시 챙겨야 할 부분을 상기하는 루틴을 만들고 적절한 행동을 취해보자(이와 관련된 팁을 4부에서 소개할 것이다).

메모하는 습관을 들이면 경험에서 훨씬 더 많은 걸 배울 수 있다. 자신의 습관과 행동 패턴을 인지하게 되어 스스로 과소평가하는 기회와 부풀려 생각하는 기회가 무엇인지, 두려워하는 기회와 설레는 기회가 무엇인지 알게 된다. 자신이 기회에 반응하는 방식을 파악하면 내가 어떤 사람인지, 어떻게 행동하는 경향이 있는지, 뭘 좋아하고 싫어하는지, 무엇을 잘하고 못하는지 알 수 있다. 이 모든 정보는 기회를 판단하는 의사결정 프로세스에서 요긴하게 쓰인다.

6. 트렌드를 포착하라

미래를 예언하는 수정 구슬을 지닌 듯한 이들이 있다. 게리 바이너척(Gary Vaynerchuk)이 그렇다. 그는 디지털 컨설팅 에이전시 바이너미디어(VaynerMedia)의 CEO이자 성공한 투자자이며 유튜브 스타, 베스트셀러 작가이기도 하다. 그의 순자산 1억 6,000만 달러의 상당 부분은 트위터, 텀블러, 우버, 스냅, 코인베이스 등 성공할 기업을 알아보고 일찍 투자한 덕분에 형성된 것이다.

그는 어떤 서비스가 히트 칠지 미리 내다보는 예지 능력을 가진 사람 같다. 물론 그 자신은 그렇지 않다고 말한다. 그저 자신이 좋아하고 잘 아는 분야에 투자하고 흐름에 몸을 맡기되 당장 수익이 발생하길 기대하지 않는 것이 비결이라고 한다. 현명한 말이 아닐 수 없다.

이는 단순히 트렌드 포착이라는 말로는 부족하다. 전문가들은 그런 능력을 갖추려면 '지각 예민성(perceptual acuity)'이 중요하다고 설명한다. 지각 예민성이란 앞일을 예견하는 능력, 변화를 내다보고 주변 환경을 기민하게 이해하는 능력이다. 지각 예민성이 뛰어난 사람은 남들이 가만히 있을 때 비즈니스를 앞으로 나아가게 하는 결정을 내리고, 얼핏 위험해 보이지만 결국 고수익을 안겨줄 투자를 선택하며, 훗날 히트 칠 기회에 가장 먼저 뛰어든다.

대표적인 예로 배리 커닝엄(Barry Cunningham), 브라이언 엡스타인(Brian Epstein), 피터 틸(Peter Thiel)을 들 수 있다. 배리 커닝엄은 《해리 포터》의 가능성을 알아보고 최초로 출간을 결정한 편집자였으며, 브라이언 엡스타인은 비틀즈의 음악성을 알아보고 밴드의 매니저가 되어 첫 음반 계약을 성사시켰다. 피터 틸은 페이스북 초창기 투자자였다.

당신도 미래의 혁신 아이디어로 성장할 잠재력을 지닌 씨앗을 발견할 수 있다. 남들이 당장 눈앞의 현실에 갇혀 있을 때 트렌드를 포착해 이용하는 사람이 되도록 하자. 내가 권하는 몇 가지 팁은 다음과 같다.

- 당신의 사업 영역이나 관심 분야에 대한 정보를 계속 수집하라. 사람들과 자주 대화를 나누고, 책을 읽고, 최근 소식을 놓치지 마라. 매주 따로 시간을 빼서 당신이 가진 정보를 보충하라.
- 모험에 뛰어드는 사람들과 그들이 얻은 결과를 관찰하라. 거기서 패턴을 찾고, 앞으로 전개될 상황을 예측할 수 있는지

생각해보라. 온라인 게임 〈판타지 풋볼〉처럼 가상의 상황 속에서 기회를 찾아보는 것이다.

- 새로운 관점으로 보라. 40대에게는 틱톡이 히트 칠 서비스처럼 보이지 않았을지도 모른다. 하지만 10대 청소년이 됐다고 상상하고 그들의 시각으로 바라볼 줄도 알아야 한다. 관점을 바꿔 세상을 새로운 눈으로 보라. 그러면 매 순간 새로운 무언가를 배우게 된다.

7. 일단 시도하고 조금씩 수정하라

기회를 발견하는 꽤 효과적인 방법 하나는 이미 가진 것을 활용하는 것이다. 예를 들면 기존 제품에 약간 변화를 주거나, 여러 서비스를 새로운 방식으로 조합하거나, 다른 청중에게 어필할 수 있도록 서비스를 수정하는 것이다.

이는 5부에서 다룰 '일단 시작하고 나중에 완벽해져라' 방식과도 맞닿아 있다. 어떤 아이디어가 떠오르거나 잠재적 기회를 목격하면 일단 실행에 옮겨 세상에 내놓은 후 계속 조금씩 손보면 된다. 사람들에게 피드백을 받고 매 단계의 결과물을 확인하면서 수정해나가면 그 기회를 최고의 성과물로 만들 수 있다.

나는 '현금 만들기 챌린지(Make Cash Challenge)'를 진행하면서 그런 접근법을 택했다. 이 챌린지에 참여한 사람들은 정해진 기간 안에 최대한 많은 돈(청구서 등의 서류가 아니라 반드시 은행에 있는 현금이어야 한다)을 벌어야 한다. 처음 시작했을 때 이 챌린지는 시험적인 형태로 꽤 괜찮기는 했지만 불완전했다. 그렇지만 나는 이 챌린지가 내 커뮤니티 회원들의 의욕을 북돋우는 좋은 이벤트라고 생각했다. 다행히 사람들은 열광적으로 호응했고 6일 만에 수천 파운드를 벌어들이는 성과를 올렸다.

챌린지가 끝난 후에는 사람들의 피드백을 듣고 요청 사항을 반영해 세부 방식을 여러 번 조정했다. 기한을 6일뿐 아니라 7일, 8일로도 진행했으며 참가자들에게 나눠 줄 가이드라인도 만들었다. 또한 참고 콘텐츠(라이브 동영상, 블로그 포스트)에도 변화를 주었고 사람들에게 커뮤니티에 더 자주 들어오도록 독려했다.

이렇게 계속 수정하는 접근법은 효과가 있었다. 처음엔 그저 훌륭한 기회가 될 잠재력이 있다는 생각으로 시작했지만 나중에는 사람들의 비즈니스와 삶을 실제로 변화시키는 챌린지가 되었다. 참가자들은 평균 약 5,000파운드의 현금을 만들었으며 우승자는 일주일에 무려 3만 7,000파운드를 벌었다!

8. 사람들을 도울 방법을 찾아라

어느 날 닥친 문제, 감당하기 힘든 과제는 사실 기회다. 사람들의 문제와 욕구를 파악하거나 당신을 괴롭히는 골칫거리에 주의를 기울이면 기회가 보인다.

한 예비 신부가 결혼을 준비하며 겪은 어려움은 웨딩 웹사이트 더 노트(The Knot)를 탄생시켰다. 현재 결혼을 준비하는 미국인의 80퍼센트가 이 웹사이트를 방문한다. 흰색 바지 안에 입어도 티가 나지 않는 속옷이 없어 고민하던 한 여성이 만든 보정 속옷 브랜드 스팽스(Spanx)는 10억 달러 규모의 의류 회사로 성장했다. 온라인 초대장이 있으면 편하겠다는 두 친구의 아이디어는 이바이트(Evite)를 탄생시켰다. 이바이트 공동 창립자 셀리나 토바코왈라(Selina Tobaccowala)는 이후 티켓마스터(Ticketmaster)와 서베이몽키(SurveyMonkey)의 경영진으로도 활동했으며 또 다른 스타트업 긱소(Gixo)도 만들었다.

이런 문제들은 어디서나 찾을 수 있다. 요즘은 그야말로 삶의 모든 것과 관련된 앱이 있는 듯하지만 우리 생활은 계속 변하고 있고 사람들이 겪는 문제도 계속 변화한다. 사람들은 어떤 문제와 씨름하는가? 그 골칫거리를 해결하도록 도울 방법이 없을까? 비즈니스적으로 표현하자면 어디서 가치를 창출할 수 있을까?

이때 '공정한 교환'을 추구할 필요가 있다. 흔히 '윈윈'이라는 말을 쓰지만 나는 공정한 교환이 더 정확하고 세련되며 깊은 의미가 담긴 용어라고 생각한다. 공정한 교환은 가격과 가치가 최적 수준으로 균형을 이루는 상태다. 따라서 생산자와 소비자, 즉 교환의 양측이 최고의 이익을 얻을 수 있다. 일터나 가정 또는 다른 영역에서도 공정한 교환을 창출하면 많은 기회를 끌어당길 수 있다.

상업적 거래를 생각해보자. 생산자는 지나친 욕심을 부리지 않고 최고의 이윤을 달성하고 소비자는 해당 거래를 통해 최고의 가치를 얻을 때 공정한 교환이 이뤄진다. 이 저울이 어느 한쪽으로 과도하게 치우치면 더 이상 공정한 교환이 아니다.

만일 소비자가 헐값에 물건을 가져가면, 즉 지불한 돈보다 더 많은 가치를 얻으면 만족을 느낄 것이다. 하지만 이는 이윤을 얻지 못하는 생산자 쪽에서는 공정하지 않다. 따라서 그런 거래는 지속 불가능하다. 한편 저울이 반대쪽으로 기울어져 생산자가 지나치게 높은 가격을 부르면 생산자에게만 유리한 거래가 된다. 이 경우 소비자는 바가지를 썼다는 기분을 느낀다.

요즘은 모든 시장과 제품 그리고 삶의 여러 상황에서 공정한 교환이라는 개념이 상당히 탄력적인 것이 되었다. 트렌드와 기술 발전에 따라 제품 및 서비스의 가격과 소비자가 얻는 가치의 관계도 계속 변화한다. 예를 들면 어떤 제품이나 서비스가 처음 시장에 나왔을 때는 매우 비쌌다가 점차 일반화되면서 나중에는 무료가 되기도 하는데, 와이파이가 대표적이다. 예전에는 와이파이를 쓰려면 돈을 내야 했지만 요즘은 대부분 무료다.

그런가 하면 넷플릭스, 페이스북 서포터 프로그램, 온라인 강좌 등을 통해 소비하는 유료 콘텐츠도 있다. 이런 콘텐츠는 다른 포맷에서라면 무료 사용을 기대했을지 모르지만, 현재 너무나 많은 가치를 제공하기 때문에 우리는 기꺼이 돈을 지불한다.

공정한 교환은 비즈니스뿐 아니라 다른 영역에서도 가능하다. 이를테면 부부 관계에서 한 사람은 밖에 나가 사업체를 키우고 다른 한 사람은 아이들을 돌보며 집안일을 하는 것이다. 이때 한 사람은 특정한 기술을 갖고 특정한 가치를 창출하고, 다른 사람은 그와 다른 기술로 다른 가치를 창출한다.

그런데 항상 공정해야 하는 것만도 아니다. 상대방이 더 이로움을 얻는 불공정한 교환을 통해서도 모종의 기회가 생길 수 있다. 가령 데이트할 때 당신이 밥값을 전부 내는 경우가 그렇다. 하지만 조심해야 한다. 불공정한 교환이 습관적으로 계속되면 설령 그것이 상대에게 더 유리한 거래라 할지라도 결국 문제가 생길 수 있다. 따라서 가장 이상적인 상황, 기회의 평형 상태를 만들어내야 공정한 교환이라 할 수 있다.

만일 고객에게 받는 돈을 올리고 싶다면, 당신의 가치를 올리고 싶다면, 더 나은 협상을 하고 싶다면, 더 높은 위치와 힘을 갖고 싶다면 그만큼 더 많은 가치를 만들어내야 한다. 당신이 만들어내는 가치가 클수록 당신에게 오는 기회도 늘어난다. 더 많은 고객과 팔로워가 생기고, 더 많은 감사 인사를 받고, 당신이 만든 결과물의 팬이 늘어나고, 좋은 기회가 더 자주 눈에 띈다.

많은 사람이 공정한 교환을 이뤄내지 못한다. 욕심과 이기심 때문에 또는 지나친 이타심 때문에 불공정한 교환을 한다. 자기 시간을 남들이 침해하도록 내버려두고 모든 것을 무료로 퍼주는 사람들이 있다. 종종 그들은 비난받거나 욕먹는 게 싫어서 그렇게 한다. 하지만 기억하라. 당신이 만들어야 하는 최고의 기회는 공정한 교환이라는 평형 상태다. 공정한 교환을 추구하라. 그러면 기회를 발견할 수 있다.

9. 노력의 가치를 과소평가하지 마라

1부에서도 말했지만 행운은 저절로 찾아오지 않는다. 사람들은 간절히 원함으로써 꿈을 현실화할 수 있다는 법칙 또는 최소 노력의 법칙에 대해 자주 말한다. 그런 태도 자체를 반대하진 않지만, 가만히 앉아서 기다리는 것 이상을 해야 한다고 생각한다. 상상하고 바라는 것만으로는 안 된다. 인생에서 원하는 것들이 그저 누워서 손가락 까닥 않는 사람에게 저절로 굴러 들어가는 일은 없다.

목표와 비전을 정하고, 맞이하고 싶은 결과에 정신을 집중하고, 긍정적인 에너지를 가지려고 노력하는 것, 다 좋다. 마땅히 그래야 한다. 그러나 그 행운을 적극적으로 찾아 나서야 한다. 세상에 나가 기회를 열심히 찾아야 한다.

물론 여기에는 노력이 필요하다. 당신은 기회를 만나기 위해 많이 준비하고 노력을 기울였다. 하지만 그게 끝이 아니다. 기회를 발견하고 싶다면 적극적으로 행동해야 한다. 어렸을 때 야외에서 하던 보물찾기 놀이가 기억나는가? 그냥 가만히 서서 구경만 해서는 안 된다. 부지런히 돌아다니며 돌을 들추고 낙엽 밑을 뒤져야 보물을 찾을 수 있다. 남들이 찾지 않은 곳을 열심히 찾아야 한다.

기회를 발견하고 싶은가? 그렇다면 그만큼 노력하고 남들이 가지 않은 길을 택하라. 안전지대에서 나와 어렵게 찾아가야 하는 뜻밖의 장소로 눈을 돌려라.

10. '기회 팀'을 만들어라

물론 적극적으로 나서서 행동해야 하지만 그렇다고 혼자 모든 짐을 질 필요는 없다. 당신을 위해 기회를 발견할 수 있는 팀을 만드는 것도 좋은 방법이다. 나는 레버리지 기술을 최대한 활용하면 인생에서 훨씬 많은 것을 얻을 수 있다고 믿는다. 이는 기회를 발견하는 일에서도 마찬가지다.

'기회 팀'을 만들어보자. 이런저런 일을 대신 처리해서 당신에게 더 많은 시간이 생기게 해주는 사람(청소부, 운전사), 생각을 공유하며 함께 아이디어를 논의할 사람(파트너, 친구), 조언을 구할 사람(멘토, 코치), 발품을 팔아 업계 조사를 하고 당신에게 잠재적 기회를 계속 알려주는 사람(당신이 고용한 직원)이 그런 팀이 될 수 있다.

언제든 누구라도 팀원이 될 수 있게 문을 열어놓아라. 전혀 생각지 못한 곳에서 도움을 얻을 수도 있다. 앞에서 언급한 배리 커닝엄을 기억하는가? 그 역시《해리 포터》출간을 혼자서 결정한 건 아니었다. 커닝엄은 그가 전문가라고 생각한 여덟 살배기 딸 앨리스에게 샘플 원고를 보여주며 의견을 물었고, 이 원고가 절대 놓쳐서는 안 될 기회라는 조언을 들었다(사실 앨리스가 많은 말을 한 건 아니다. 그저 나머지 원고도 보여달라고 졸랐을 뿐이다!).

11. 구하지 않으면 얻을 수 없다

이것은 대단히 중요한 이야기다. 당신의 주변에는 무궁무진한 기회가 있다. 당신은 구하기만 하면 된다.

어릴 적 아버지가 항상 하시던 말씀이 있다. "구하지 않으면 얻을 수 없다." 그런데도 나는 스물여섯 살이 될 때까지 남에게 뭔가를 청하거나 부탁해본 적이 별로 없었다. 늘 남들이 나를 어떻게 볼지 신경 쓰였다. 단지 남에게 요청하지 못해서, 할 수 있었음에도 하지 못한 일이 너무나 많았다. 때로는 기회가 바로 코앞에 있는데도 나는 요청하지 않았다.

마침내 정신을 차렸을 때, 그러니까 타인에게 뭔가를 청한다고 해서 하늘이 무너지지는 않는다는 사실을 깨달았을 때 나는 '그녀들도' 나를 좋아했다는 사실을 깨달았다. 나는 그녀들에게 데이트 요청을 하지 않았기 때문에 한 번도 데이트를 못 했다. 또 수많은 사업 기회나 파트너십 기회들을 단지 요청하지 않았기 때문에 놓쳤다.

≡ 3초를 넘기지 말고 시도하라

현재 내 팟캐스트의 에피소드는 400개가 넘는다. 세계적으로 유명한 인물이나 업계 거물을 초대해 인터뷰하고 싶지만 '그런 대단한 거물급 인사가 이런 데 나와주겠어?' 하는 생각에 선뜻 출연 부탁을 못 할 때가 많다. 때로는 내가 아는 지인이 유명인과 아는 사이인 경우도 있지만 그럴 때는 소개해달라는 부탁을 하기가 망설여진다. 내가 그의 인맥 때문에 그와 관계를 유지한다고 느낄까 봐서다. 좀 소심해서인지 자꾸 그런 생각이 든다. 사실은 우리 누구나 그럴 때가 있다.

그러나 '구하지 않으면 얻을 수 없다'라는 말은 진리다. 언젠가부터 나는 이 진리를 테스트해보기 시작했다. 한번은 페이스북에 이런 글을 올렸다. '빌리 몽거(Billy Monger, 사고로 두 다리를 잃은 카레이서 – 옮긴이)를 인터뷰하고 싶어요. 그의 다큐멘터리를 보고 정말 감동했거든요. 혹시 그를 아는 분이 계신가요?'

그런데 마침 빌리의 사촌이 내 팔로워였고 그가 메시지로 내게 빌리의 휴대전화 번호를 알려주었다. 나는 놀라움 반 기쁨 반으로 얼어붙었다. 대체 뭐라고 운을 떼야 할까? '안녕하세요! 저는 당신의 광팬이에요. 당신의 삶은 큰 감동을 주었어요. 제 팟캐스트에 출연해주실 수 있나요?' 결국 나는 빌리의 사촌에게 소개를 부탁했고 덕분에 왓츠앱으로 빌리와 연락할 수 있었다.

또 BBC의 인기 프로그램 〈스트릭틀리 컴 댄싱(Strictly Come Dancing)〉의 공동 진행자 테스 달리(Tess Daly)에게도 비슷한 시도를 했다. 나는 그 프로그램의 전문 댄서 중 한 명인 케빈 클리프턴(Kevin Clifton)과 친분이 있었다. 케빈은 나를 무대 뒤 대기실에 몇 번 데려갔고 어느 날 그곳에서 테스를 우연히 마주쳤다(좋아하는 여자 연예인을 만나 눈이 휘둥그레진 중학생 남자애의 얼굴을 상상하면 딱 맞다). 그리고 그녀가 나를 팔로잉하고 있다는 말을 듣고 깜짝 놀랐다. 테스 달리가 내 팔로워라니!

그녀를 팟캐스트에 초대하고 싶은 마음이 간절했다. 하지만 케빈에게 연결해달라고 부탁하고 싶지는 않았다. 내가 인맥 때문에 그를 이용한다고 생각하면 어쩌나 싫었다. 그러나 구하지 않으면 얻을 수 없는 법! 나는 용기를 내어 라이브 방송 중에 그에게 메시지를 남겼다. 그리고 아직 답변을 기다리는 중이다.

자신 있는 분야나 대상과 관련된 문제에서는 오히려 남에게 부탁하거나 도움을 청하기가 비교적 쉽다. 나는 사업과 관련된 문제에서는 팀원들에게 주저 없이 도움을 청한다. 또 아예 잘 모르는 분야에서도 도움을 청하기가 쉽다. 그저 손을 들고 "저기요, 제가 초짜라서 그런데 좀 도와주실래요?" 하면 된다.

그러나 이도 저도 아닌 영역, 즉 사람들은 나를 전문가라고 생각하지만 정작 나는 자신이 없는 영역에서는 도움을 청하길 주저한다. 남들이 나를 판단할까 봐 두려운 것이다. '저들이 나를 어떻게 생각할까? 내가 당황하면 어쩌지? 실수하면 어쩌지? 내게 실망해서 언짢으면 어떡하지?' 그런 목소리는 싹 무시하고 무조건 청하라. 숨을 가다듬고 이를 악물고 허벅지를 한번 세게 꼬집어라. 그리고 요청하라.

몇 년 전 누군가 내게 '3초의 법칙'이라는 멋진 방법 하나를 알려주었다. 혹시 바닥에 떨어진 음식을 3초 안에 먹으면 괜찮다는 법칙이라고 생각했다면 잘못 짚었다(게다가 그건 '5초의 법칙'이다). 3초의 법칙이란 상대에게 청하거나 부탁하고 싶은 게 있을 때 3초를 넘기지 말아야 한다는 것이다. 3초 안에 '보내기' 버튼을 눌러라. 그 사람에게 다가가 말을 걸어라. 당신의 영웅에게 다가가 함께 사진을 찍자고 요청하라.

3초가 넘어가면 결국 못 한다. 당신의 뇌가 그 요청을 하지 말아야 할 온갖 이유를 생각해내기 때문이다. 그러나 3초 안에 데이트 신청을 하지 않았다면 나는 지금 내 곁에 있는 멋진 여자와 결혼하지 못했을 것이다. 아내를 술집에서 봤을 때 나는 아내가 헬스클럽의 그 금발 미녀라는 사실을 알아챘다. 그래서 심호흡을 한 후 곧장 다가가 말을 걸었다.

타인에게 뭔가 요청하는 일은 시간이 흐르면 쉬워질까? 때로는 그렇다. 원래 그렇게 쉬운 일일까? 아니다. 불편하고 어려운 일이다. 하지만 나는 용기를 내서 조금이라도 더 요청하려고 노력하면서 산다. 당신도 해보면 어떨까?

SUMMARY

기회란 어디에나 있다는 사실을 알았고 기회를 맞을 준비도 끝났다. 이제 기회를 발견할 시간이다! 기회 발견을 위한 11가지 접근법은 다음과 같다.

- 모든 기회에 주목하라.
- 인내심을 가져라.
- 예상치 못한 일을 예상하라.
- 어린아이처럼 상상하라.
- 모든 기회를 기록하라.
- 트렌드를 포착하라.
- 일단 시도하고 조금씩 수정하라.
- 사람들을 도울 방법을 찾아라.
- 노력의 가치를 과소평가하지 마라.
- '기회 팀'을 만들어라.
- 구하지 않으면 얻을 수 없다.

TAKE ACTION   기회를 발견하라

위 11가지 접근법 중 세 가지를 실천해보자. 그리고 발견한 기회를 최대한 적어보자. 각각에 대해 다음과 같은 사항을 기록한다.

- 그것은 어떤 기회인가?
- 어디서 발견했는가?
- 누구와 연관된 기회인가?
- 그 기회를 붙잡아 유의미한 결과를 내는 데 필요한 것 한 가지만 생각해본다면 무엇인가?

15장

지금 내게 필요한 기회인가

지금쯤 당신은 수많은 기회에 둘러싸여 있다는 사실을 인지했을 것이다. 이제 커다란 돌무더기 사이에 간간이 숨겨져 있는 다이아몬드를 찾을 시간이다. 그 기회들을 자세히 살펴보고 평가해서 당신을 위한 기회가 맞는지 판단해야 한다.

먼저, 판단하기 가장 쉬운 것들을 추려 한쪽으로 치워두자. 당신의 레이더망에 들어온 기회 중 절대로 놓치고 싶지 않은 것이 있는가? 반면에 붙잡지 않아도 아쉽지 않을 거라고 확신하는 기회가 있는가? 어쩌면 어떤 기회에 대해서는 나름의 자료 조사를 통해 이미 요모조모 따져봤을지도 모른다. 이는 당신이 기다리거나 고려하고 있던 기회일 수도 있다. 그렇다면 망설일 것 없이 즉시 결정을 내리면 된다. 이에 대해서는 16장에서 설명할 것이다.

그 외의 모든 기회에 대해서는(당신이 발견한 기회 대부분이 아마 여기에 속할 것이다) 평가를 거쳐 당신을 위한 기회가 맞는지, 지금 붙잡는 것이 옳은지 판단해야 한다. 이를 판단하는 불변의 법칙 같은 것은 없다. 각각의 기회에는 장점을 파악하고 결정을 내리기 위한 고유의 접근법이 필요하다. 하지만 기회가 레이더망에 잡혔는데 곧장 판단이 서지 않을 때 내가 자주 활용하는 몇 가지 방법이 있다. 14장의 방법으로 발견한 기회 중 하나를 선택해 이번 장에서 소개하는 평가 방식을 적용해보고 어떤 결론이 나오는지 보자. 준비됐는가? 그럼 시작하자.

기회의 배경 조사하기

기회의 수가 많다고 해서 무조건 좋은 것은 아니다. 좋은 기회여야 하고 당신에게 맞는 기회여야 한다. 이를 판단하려면 품질 조사와 실사(實査)가 필요하다. 주변 어디든 눈을 돌리면 기회가 존재하지만 때로 너무 많은 기회는 혼란을 초래하거나 부담을 줄 수 있다. 좋은 기회를 선택하는 것도 중요하지만 아니다 싶은 기회는 확실히 제외하는 것도 중요하다.

그래서 꼼꼼한 배경 조사와 실사가 필요하다. 해당 기회가 사업이든, 새집이든, 자녀의 진로든, 심지어 연애 상대든 말이다. 일단은 부적절한 기회를 탈락시키는 데 집중하라. 낙관적이기보다는 회의적인 시각으로 보고, 나중에 문제가 생길 수 있는 지점을 찾아내려고 노력하라.

- 이미 알고 있는 정보를 테이블에 올려놓고 검토한다. 생각나는 모든 내용을 종이에 적고, 당신의 레이더망에 들어온 기회에 살을 붙여 구체적 모습을 만들어본다. 그 기회의 배경을 구성하는 정보, 이력, 당신과 연결된 요소 등을 떠올려본다. 만일 새로운 일자리라면 그 회사에 대해 무엇을 알고 있는가? 그곳에서 일하는 사람들, 당신이 맡을 직책, 잠재고객층은 어떤가? 새집이라면 해당 지역은 어떤 곳인가? 학교와 병원 등 지역 시설은 어떤가? 그 집에 관한 정보를 얼마나 알고 있는가?
- 관련된 사람들은 누구인가? 그 기회에 이해관계가 있는 사람을 모두 적는다. '경고 신호'에 해당하는 이들, 즉 잘 모르거나 신뢰할 수 없는 사람, 싫어하는 사람을 파악한다.
- 그 기회가 속한 분야나 업계, 영역에 대해 알아낼 수 있는 정보를 모은다. 본격적인 자료 조사를 시작한다. 일단 구글 검색부터 해보길 추천한다. 새로운 정보를 찾아 이미 아는 정보에 추가하고, 사람들에게 묻거나 자료 보관소를 방문하는 등 다른 경로로도 정보를 찾아본다.
- 적절한 타이밍에 자료 조사를 중단한다. 사실 조사를 하자면

끝이 없다. 자료 조사는 능동적 지연 행동이 되기 쉽다. 조사만 하다가 기회를 놓쳐서는 안 된다. 이는 스스로 무덤을 파는 격이다.

- 정보가 충분치 않다고 느껴지는 부분이 있다면 한두 군데의 경로로 다시 돌아가서 해당 정보를 보완한다.

조사가 끝나면 그 기회가 어떻게 느껴지는지 생각해보자. 그 기회는 긍정적 결과로 이어질 것 같은가? 그 기회를 잡아야겠다거나 잡지 말아야겠다는 확신이 드는가?

기회에 포함된 리스크를 평가하라

비즈니스 종사자들에게 리스크 평가는 익숙한 용어다. 이는 비즈니스 세계에서 유래했지만 다른 영역들에서도 충분히 활용할 수 있다. 리스크 평가 시에는 문제가 생길 수 있는 지점, 위험 요소, 일단 발생하면 치명적일 수 있는 문제 등 모든 리스크를 떠올린 후 각각에 점수를 매긴다. 그리고 그 일의 발생을 막거나 피해를 최소화할 수 있는 계획 및 프로세스를 마련한다.

한 예로 식당의 경우 이런 리스크들이 있을 수 있다. 지면보다 높은 식당 입구의 계단(손님이나 직원이 발을 헛디며 넘어질 위험), 식당 건물 쪽으로 기울어진 나무(지붕이 파손되거나 사람이 다칠 위험), 화재 가능성(주방장이 요리 도중 음식에 술을 부어 불을 붙이는 플람베를 자주 함), 다른 식당에 직원을 뺏길 가능성(옆 건물에 식당이 새로 들어온다는 소문) 등.

각각의 리스크에 대해 그 일의 발생 가능성이 얼마나 되는지, 얼마나 위험하지 평가한 후(계단에서 발을 헛디디는 일은 나무가 쓰러져 건물을 덮치는 일보다는 낫다) 점수를 매긴다. 그리고 해결 방법을 생각해본다. 해당 상황을 막으려면 어떻게 해야 할까? 지지대와 밧줄로 나무를 고정하거나 계단을 경사면으로 바꿀 수 있을 것이다. 아울러 최악의 경우를 대비해 계획을 세운다. 만일 나무가 쓰러지면 어떻게 할 것인가? 만일 식당에 불이 나면 사람들을 대피시키기 위해 어떤 대책을 세울 수 있는가?

모든 기회에 이런 리스크 평가 프로세스를 적용할 수 있다. 여기서는 새로운 사업이라는 기회를 살펴보자. 예를 들어 헬스클럽을 차릴 기회가 찾아왔다고 가정한다. 원래는 헬스클럽 운영 전반과 관련된 종합적인 리스크 평가를 해야 하지만 일단 여기서는 기회에 대한 리스크 평가만 해보자.

리스크 1. 사업이 망하고 투자한 돈를 날린다

- 발생 가능성 및 심각도: 실패는 창업에 당연히 내재하는 리스크다. 하지만 시장 조사를 해본 결과 고객 수요도 안정적

이고 당신은 이 분야의 전문가이며, 사업 파트너도 당신만큼 이 일에 사활을 걸고 있다. 사업 실패는 매우 큰 리스크이긴 하지만(10점) 발생 가능성은 낮다(3점).

- 예방: 고객 욕구를 정확히 채워주는 방식으로 헬스클럽을 운영한다. 수입원을 다각화한다. 유료 개인 트레이닝 프로그램을 제공하거나 헬스장 위층의 사무실 공간을 다른 사업체에 임대한다.

- 최악의 경우: 손실을 커버하기 위해 대출이나 추가 투자를 받는다(추후 성장이 가능하다고 판단될 때). 아니면 더 이상 손해를 보지 않도록 헬스클럽 문을 닫고 투자금 회수를 포기한다.

리스크 2. 동업자가 도중에 손을 떼서 사업이 붕 뜬다

- 발생 가능성 및 심각도: 당신은 그를 네트워킹 이벤트에서 만났다. 괜찮은 사람 같다는 생각은 들지만 그리 오래 알고 지낸 사이는 아니다. 필요하다면 당신 혼자서 헬스클럽을 운영할 수도 있으므로 큰 리스크는 아니다(4점). 하지만 발생할 가능성은 있다(5).

- 예방: 양측의 책임 및 의무 사항을 명시하고 면책 조항을 포함한 동업 계약서를 작성해둔다.

- 최악의 경우: 동업자가 손을 뗀 후 당신 혼자 노력해보지만

> 결국 헬스클럽을 처분해야 하는 상황이 된다. 이런 경우를
> 대비해 다른 동업자 후보들을 추려놓거나 투자금 회수를
> 위한 출구 전략을 세워놓을 수 있다.

이는 가상의 예일 뿐이다. 이 밖에도 다른 여러 가지 리스크를 검토해볼 수 있다. 식별해낸 리스크가 많을수록 좋다. 모든 리스크를 인지하고, 평가하고, 줄일 방법을 생각하라.

리스크 평가란 바꿔 말하면 문제가 될 지점을 찾는 것이다. 여기서 잠깐 미국의 기업가이자 팟캐스터인 팀 페리스의 '두려움 설정하기'라는 프로세스를 소개하고자 한다. 두려움 설정하기는 말하자면 '목표 설정하기'와 반대 개념이다. 꼭 달성해 긍정적 성과를 얻겠다고 결심하며 목표를 세우는 게 아니라, 일어날 수 있는 최악의 상황을 상상하는 것이다.

기회를 평가하는 단계에서도 마찬가지 방법을 사용할 수 있다. 어떤 기회를 붙잡을 때 일어날 수 있는 최악의 시나리오를 상상해본 후 그 기회를 평가하는 것이다. 여기에는 이런 심리학적 메커니즘이 작동한다. 머릿속으로 가장 두려운 상황을 시뮬레이션하면 실제로 그런 상황이 미치는 영향력은 약해진다. 실패 시 나리오와 대비책을 생각해보면 그 실패가 당신을 죽이지는 않는다는 사실을 깨닫기 때문이다. 그래서 두려움을 어느 정도 잊고 앞으로 나아갈 수 있다.

하지만 약간의 두려움은 마음에 남겨두어야 한다. 그래야 정신을 바짝 차리고 준비할 수 있다. 잠재적 위험 요인과 리스크를 보지 못하는 것이야말로 정말 위험하다. 또한 기억할 점은 리스크를 기꺼이 감수해야 한다는 점이다(강조해서 말하지만 아무 위험도 감수하지 않으면 모든 것을 잃을 위험이 있다). 기민한 정신을 유지하면서 리스크를 감수하라. 그러면 훨씬 큰 성공을 만날 수 있다.

≡ 내 기회의 ROI는 얼마일까

비즈니스 세계에서 가져온 또 다른 개념은 투자수익률(ROI)이다. 이것은 꽤 간단한 개념으로, 얼마를 투자해 얼마의 수익을 벌었느냐를 따지는 것이다. 투자하는 금액보다 수익이 적을 것으로 예상된다면 좋은 기회가 아니다. 하지만 어쩌면 그건 별로 중요하지 않을 수도 있다. ROI는 맥락과 상황에 따라 평가해야 하기 때문이다.

전통적으로 투자수익률은 돈으로 따진다. 만일 100달러를 투자해 200달러 수익을 냈다면 투자 대비 높은 수익을 얻은 것이다. 만일 100달러를 투자해 10달러 수익을 냈다면 별로 훌륭하지 않은 결과다. 투자수익률은 투자자들이 결정을 내릴 때 활용하는 기본 지표다.

그런데 만일 투자와 수익 중 어느 한쪽이나 양쪽 모두 돈의 형태가 아니라면 어떨까? 예를 들어 150달러를 내고 퀼트를 배우는 워크숍에 참여한다고 치자. 이때 150달러라는 투자금을 내고 얻는 수익은 퀼트 기술이다. 그 가치를 어떻게 측정해야 할까? 한 가지 방법은 장기적으로 그 기술을 어떻게 사용할지 생각해보는 것이다. 당신은 퀼트 제품을 만들어 판매할 계획인가? 아니면 사람들에게 퀼트 기술을 가르칠 것인가? 이렇게 금전적 가치를 생각해보고(확정적이진 않더라도) 퀼트 워크숍 참여를 결정할 수도 있다.

또 다른 예로 소설을 쓰는 데 3개월을 투자한다고 하자. 당신은 크라우드펀딩 플랫폼 킥스타터(Kickstarter)를 통해 자금을 모금하기로 한다. 목표 금액은 5,000달러다. 이는 석 달 동안 당신이 투입하는 노동력과 책의 편집 및 인쇄, 유통 비용을 감당하기엔 부족한 금액이다. 그래도 만족하는가? 책을 출간하는 데서 오는 행복과 만족감과 자부심이 충분한 보상물이 된다고 느끼는가?

아기를 가지려고 애쓰다가 결국 시험관 시술을 시도하기로 했다고 하자. 비용은 5만 달러이고 임신에 성공할 확률은 약 10퍼센트다. 아무 소득이 없을 가능성도 있고, 그토록 바라던 아기를 가질 가능성도 있다.

얼핏 보기에 ROI는 간단한 개념이지만 삶에서 만나는 다양한 기회에 적용해보면 꽤 복잡하며 때로는 다분히 개인적인 성격을 지닌다. 이런 종류의 평가에는 깊은 숙고가 필요하다. 그리고 투자와 수익 양쪽의 가치를 제대로 이해하려면 누군가와 의논해보는 것도 좋다.

조언을 구할 때 주의할 점

아마도 저마다 다른 의견을 가진 사람들이 당신의 기회에 대해 나서서 조언하려고 할 것이다(심지어 당신이 요청하지 않아도 말이다). 그중 어떤 이의 의견은 귀 기울일 가치가 있다. 그 분야에서 당신보다 전문가이거나 더 많은 경험을 가진 사람이라면 그렇다. 현명하거나 직감이 뛰어난 사람도 마찬가지다. 그러나 경청할 만한 조언을 하는 사람이 한 명이라면 쓸데없는 조언을 하는 사람은 1,000명인 게 대부분이다.

나는 조언과 의견을 듣고 싶은 사람을 결정해 그들에게 직접 물어봐야 한다고 생각한다. 그 외의 의견들은 고려하지 마라. 외부자의 시각은 매우 중요하다. 그들은 기회를 다른 각도에서 보게 해주기 때문이다. 그들은 그들 자신의 삶과 경험과 사고 프로세스라는 맥락 속에서 바라보기 때문에 당신과 다른 시각을 가질 수밖에 없다. 이는 당신이 결정을 내리기 전에 전체 그림을 보는 데 도움이 된다.

제대로 알지도 못하는 사람이 건네는 어설픈 조언은 무시해야 한다. 이런 조언은 오히려 치명적일 수 있다. 유용한 조언은 받아들이고 나머지는 무시할 줄 알아야 한다. 이는 매우 중요한 기술이다. 수많은 의견과 피드백을 선별해 그중 유용한 것을 골라내는 기술은 반드시 필요하다. 이때 유용한 의견이란 긍정적 의견만을 뜻하는 게 아니다. 심리적 편향에 이끌려 당신과 생각이 같은 사람에게만 귀를 기울여서는 안 된다. 또한 아무 근거도 없는 부정적 의견, 비판을 위한 비판은 귀담아들을 필요가 없다.

앞서 미국의 웨딩 웹사이트 더 노트를 잠간 언급했다. 이 웹사이트는 해마다 180만 쌍의 커플이 방문한다. 미국에서 한 해에 발급되는 혼인증명서가 200만 건임을 감안하면 대단한 수치다. 더 노트는 칼리 로니(Carley Roney)와 그녀의 남편 데이비드 리우(David Liu)가 함께 설립한 회사다.

디지털 뉴스 플랫폼 〈퀴츠(Quartz)〉와의 인터뷰에서 칼리 로니는 성공할 수 있었던 요인 중 하나가 사람들의 조언을 무시한 것이라고 말했다. 초반에 사람들을 만날 때마다 회사 이름에 대한 의견을 물었는데 다양한 반응이 나왔고 '더 노트'라는 이름에 반대하는 사람도 많았다고 했다('knot'의 k가 묵음이라는 사실을 못마땅해했다). 그들의 투자자인 AOL에서는 회사명을 '웨딩스 온라인(Weddings Online)'으로 바꾸라고 요구하다시피 했다.

하지만 로니는 자신의 생각을 끝까지 고수했다. 그리고 그렇게 한 보람이 있었다. "단점도 많은 이 별난 이름은 요즘 같은 검색과 데이터 중심의 세상에서 우리의 골칫거리가 될 수도 있었죠. 하지만 지금은 많은 사람이 그 이름이야말로 우리의 성공 비결이라고 생각합니다. 어쨌든 그 이름은 시장에서 통했어요."

때로는 당신도 로니처럼 직감을 믿어야 한다. 조언을 구하고 피드백에 열린 태도를 갖는 건 중요하다. 그러나 남들의 조언을 맹목적으로 따를 필요는 없다.

그리고 멘토를 두거나, 모임에서 좋은 질문을 던지거나, 책을 읽는 것 또한 타인의 경험에서 배우고 조언을 얻는 훌륭한 길이다. 당신에게 값진 조언을 해줄 누군가는 언제 어떤 모습으로든 그 자리에 있다. 그 사람을 찾아 열심히 질문하라.

≡ 부와 성공은 타이밍이 전부다

스타트업의 약 90퍼센트는 실패한다. 연쇄 창업가 빌 그로스(Bill Gross)는 750만 조회 수를 기록한 2015년 TED 강연에서 스타트업 성공의 가장 중요한 요소를 설명했다. 그는 성공에 사업 아이디어, 팀, 비즈니스 모델, 자금 조달, 타이밍이 각기 어떤 역할을 하는지 연구하면서 10억 달러 매출을 올리는 데 성공한 기업 다섯 곳과 실패한 기업 다섯 곳을 살펴봤다.

결과는 흥미로웠다. 성공을 좌우한 가장 중요한 요소는 아이디어가 아니라 타이밍이었다. 특히 타이밍이 완벽했던 두 기업이 있었는데, 에어비앤비와 우버였다. 에어비앤비가 성공한 것은 심한 불황 속에서 사람들이 추가 수입원을 찾는 시기에 사업을 시작했기 때문이다. 우버도 마찬가지다. 차량 소유자들은 부수입이 필요했기 때문에 우버의 운전자로 등록했다.

그로스는 TED 강연에서 이렇게 말했다. "타이밍을 평가하는 최선의 방법은 당신이 제공하려는 것을 소비자들이 받아들일 준비가 되어 있는지 알아보는 것입니다. 정말 솔직하고 냉정하게 생각해봐야 하며, 현실을 부정해서는 안 됩니다. 여러분은 열정을 끌어올려 어떻게든 추진하고 싶을 겁니다. 하지만 타이밍에 대해 아주, 아주 냉정하게 검토해야 합니다."

당신이 만난 기회를 일종의 스타트업이라고 생각하자. 그리고 냉정하고 솔직하게 생각해보라. 그 기회를 붙잡기에 적절한 타이밍인가? 당신에게 좋은 타이밍인가? 세상을 위해 좋은 타이밍인가? 한 달 후나 1년 후 또는 5년 후에 그 기회를 붙잡는 게 더 나은가? 그렇게 미룰 수 있는 기회인가? 지금이 아니면 다시는 안 올 기회인가? 그 기회가 다시 안 올 것 같다면 타이밍을 활용하기 위해 필요한 사항들을 조정할 수 있는가?

누군가 갤러리에서 당신의 조각품에 깊은 인상을 받아 한 달 동안 창작 레지던스에 입주할 기회를 제안했다고 하자. 당신이 늘 꿈꿔오던 기회다. 하지만 2주 후 레지던스에 입주해야 하는데 하필 그날 집 이사가 잡혀 있다. 타이밍이 엇갈다. 레지던스에 들어가야 할까? 이사 날짜를 변경해야 할까? 누군가에게 이사를 부탁해야 할까? 지금 상태에서는 어떤 것도 변경할 수가 없으니 레지던스 입주 기회를 포기해야 할까?

비즈니스 기회도 생각해보자. 예를 들어 잠재력이 높은 가상현실 기술 스타트업에 투자할 기회가 생겼다고 하자. 가상현실이 미래를 지배할 기술이기는 하지만 투자하기엔 조금 이른 것 같다는 느낌이 든다. 게다가 투자하려면 큰돈을 동원해야 하는데 마침 새 차도 필요하다. 타이밍이 너무 안 좋다. 그 스타트업은 지금 당장 투자가 필요한 것일까? 지금 투자하지 않으면 좋은 기회를 영영 놓치는 것일까? 새 차가 정말로 필요할까? 당분간 대중교통을 이용하거나, 차를 빌리거나, 차량 공유 서비스를 이용해도 되지 않을까?

어떤 기회의 타이밍을 판단하는 공식은 존재하지 않는다. 나역시 '예스' 또는 '노'라는 답을 도출하는 어떤 공식도 모른다. 직접 장단점을 따져봐야 하고 얼마만큼의 리스크를 감수할 용의가 있는지 판단해야 한다. 때로는 금방 답이 나오지만 그렇지 않을 때가 더 많다. 그런 기회들에 대해 타이밍의 판단력을 키우려면 직감을 갈고닦을 필요가 있다. 그러려면 계속 연습하고 테스트하고 배워야 한다.

≡ 지금 내게 맞는 기회인가

리스크를 감수할지 결정하는 중요한 요인 하나는 당신에게 얼마나 잘 맞는 기회인가 하는 점이다. 2부에서 했던 연습을 떠올려보자. 당신은 자신에 대해 제대로 알려는 노력을 충분히 기울였는가? 그렇다면 이제 눈앞에 온 기회가 당신이 좋아하거나 중요하게 여기거나 늘 골몰하던 주제였는지 판단할 수 있을 것이다. 물론 당신의 선호와 가치관과 관심사는 시간이 흐르면서 변한다. 그 기회는 지금의 당신에게 맞는 기회인가? 앞으로도 그럴 것 같은가? 특정 기회가 당신의 삶과 잘 맞는지 평가할 때는 다음과 같이 여러 방향으로 생각해봐야 한다.

- 무엇을 좋아하는가? 열정을 끌어올리는 대상은 무엇인가? 머릿속에 떠올리면 가슴이 뛰는 주제가 무엇인가?
- 무엇이 필요한가? 무엇이 충족되면 삶이 당장 나아지겠는가? 지금의 삶에는 무엇이 빠져 있는가?
- 중요하게 여기는 것이 무엇인가? 사람들은 저마다 다양한 가치관을 지니고 있다. 특정 기회가 당신의 가치관과 일치하면 붙잡을 가능성이 크다.
- 돈을 어떻게 버는가? 어떤 이들은 돈으로 행복을 살 수 없다고 말하지만 내 생각은 다르다. 돈은 여러 긍정적인 방향으로 내

인생을 바꿔놓았다. 당신도 그런 결과를 맞이할 수 있다. 지금 나타난 그 기회가 부를 늘리는 데 도움이 되는가?

- 그 기회와 비슷한 어떤 일이 이미 존재한다면 그 둘을 비교해 보자. 이는 사람들이 흔히 간과하는 부분이다. 흥미롭지 않기 때문이다. 하지만 이미 하고 있는 일이나 과거에 한 일 중 지금 눈앞에 나타난 기회와 비슷한 것이 있는지 생각해보자. 그 일에 노력이나 시간, 비용을 더 쏟아서 훨씬 좋은 결과를 낼 수 있을지도 생각해보라.

이런 점을 생각해보면 그 기회가 당신과 얼마나 잘 맞는지 판단할 수 있을 것이다. 당신에게 맞는 기회라는 판단이 들면 다음 단계로 넘어간다.

≡ 조금씩 테스트하면서 앞으로 나아가라

사람들은 기회가 힘든 일감으로 변장하고 나타난다고 말한다. 하지만 나는 기회가 문제와 골칫거리로 변장하고 나타난다고 생각한다. 처음 마주쳤을 때 기회의 모습은 진짜 정체와 다를 수 있다. 당신이 찾고 있는 기회는 현재 눈앞의 그 기회에서 두세 단계쯤 떨어져 있을지도 모른다. 하지만 살짝 몇 번만 각도를 바꾸면 당신이 원하는 기회가 될지도 모른다. 마치 큰 인형 속에서 작은 인형이 계속 나오는 마트료시카 인형처럼, 기회는 여러 겹의 가면 속에 숨겨져 있을 때가 많다.

그걸 알아보기는 쉽지 않다. 직접 해보기 전까지는 무엇도 정확히 알 수 없다. 따라서 테스트한다는 생각으로 시도해보자. '되든 안 되든 해보자', '일단 저질러보자' 같은 태도가 기회를 만들어낸다.

우리는 지금 쓰는 스마트폰을 당연하게 여기지만 최초의 휴대전화는 지금과는 완전히 달랐다. 하루아침에 갑자기 그렇게 변한 건 아니다. 수많은 테스트와 작은 단계들을 거쳐 지금의 스마트폰이 된 것이다. 포르쉐(Porsche)는 반세기 넘는 세월 동안 일관된 디자인 정체성을 유지해왔으며 디자인을 혁신적으로 바꾸기보다는 조금씩 진화시키는 전략을 취한다. 우리가 만나는 다양한 기회에도 이런 접근법을 취할 수 있다.

나는 사업 파트너인 마크와 여러 비즈니스를 운영하고 있다. 초창기에 우리는 약간은 무모한 동업자 관계를 맺었다. 하지만 시간이 흐른 후에는 특정 사업을 함께 할지 말지 꼼꼼하게 의견을 조율한 다음 본격적으로 뛰어들었다. 무모할 정도로 밀어붙이는 방법과 미리 모든 조사와 협상을 마치고 시작하는 방법 둘 다 나중에는 문제를 야기할 수도 있다. 나는 새로운 기회를 붙잡는 가장 이상적인 방식은 그 중간이라고 생각한다. 무작정 추진하거나 완벽히 준비한 다음에 추진하는 게 아니라 미리 테스트를 해보는 것이다.

예를 들어 어떤 사람과 동업 관계를 맺고 부동산 거래를 한다고 하자. 그 사람은 자금을 대고 당신은 부동산을 물색한다. 이때 첫 거래를 일종의 테스트로 삼을 수 있다. 해당 부동산을 둘의 공동 소유로 한다든지, 부동산 매입을 위한 담보 대출을 당신이 아닌 상대방이 받는다든지 하는 사항들은 상의해서 정해야겠지만, 꼭 정식 공동사업 계약을 맺는다거나 장기적인 계약 관계를 형성할 필요는 없다. 일단 한 차례 부동산 거래를 해보고 추후 상황을 지켜보는 것이 좋다.

마크와 나는 지금까지 그런 방식으로 수많은 부동산을 샀다. 부동산 거래 하나를 시도하고 진행 상황 및 결과를 지켜본 후 다음 거래를 할지 판단하는 것이다. 우리는 현재 몇 개의 공동사업을 추진하고 있는데 진행 상황이 제각기 다르다. 어떤 건은 거의 9개월째 의견 조율을 하고 있다. 어떤 건은 수익 구조 문제를 확정하지 못하고 1년 동안 논의 중이다. 그런데 또 다른 공동사업에 대해서는 그냥 단순한 수익 배분 방식을 6개월간 시도해보기로 했다. 그러자 이것저것 따질 필요 없이 일단 수월하게 시작할 수 있었고 사업 운영 방식도 훨씬 유연해졌다. 6개월 후에 아마 우리는 처음 예상과는 약간 다르게 사업을 운영하고 있을 것이다. 그때쯤 정식으로 공동사업 계약서를 작성할지 말지 결정해도 늦지 않다.

이런 접근법은 기업의 정체성 자체를 바꿔놓을 수도 있다. 로열 더치 쉘(Royal Dutch Shell)이 대표적 예다. 지금은 세계적 석유 회사인 이 기업의 출발점은 장식용 조개껍데기를 판매하던 런던의 작은 골동품 가게였다. 조금씩 앞으로 나아가며 무역업을 확장했고, 1800년대 후반에 배를 여러 척 확보해 본격적으로 석유 사업에 뛰어들었다. 현재 로열 더치 쉘은 석유 업계의 공룡 기업으로 내가 아는 한 그 이름으로 운영되는 골동품 가게는 하나도 없다.

노키아(Nokia)는 처음에 제지 회사에서 출발해 나중에 이동통신장비 회사가 되었다. 닌텐도(Nintendo)는 게임용 카드를 만들다가 나중에는 비디오게임 회사가 되었다. 코카콜라는 원래 소화제였는데 나중에 음료수가 되었다.

조금씩 테스트하면서 변화에 유연하게 대응하는 방법은 계속해서 뭔가 발견하게 된다는 장점이 있다. 열린 태도로 호기심을 갖고 움직이면 기존 방식에 발목이 붙들리지 않고 생각지 못한 새로운 방법을 마주칠 수 있다. 트렌드에 맞춰 진화하고 성장하고 적응력을 키울 수 있으며 다양한 경험을 해볼 수 있다. 기회를 평가하기 위해 테스트 접근법을 취할 때 기억할 몇 가지 팁은 다음과 같다.

올바른 방식을 택하라

새 제품 출시를 고려 중이라면 먼저 프로토타입을 만들어보자. 서비스를 변화시키고 싶다면 소규모 소비자 집단을 대상으로 새로운 서비스를 테스트해본다. 만일 다른 나라로 이민하고 싶다면 먼저 그곳에서 휴가를 보내보는 것도 좋은 방법이다. 작은 시도를 먼저 해보고 결과에 따라 결정을 내린다.

계획을 세워라

일단 행동하는 것은 물론 중요하다. 먼저 저지르고 나중에 완성도를 높이면 된다. 하지만 아무 생각 없이 무턱대고 덤비는 것은 위험하다. 무엇을 테스트하고 싶은지, 어떤 식으로 하고 싶은지, 무엇을 측정할 것인지, 결과에서 알고 싶은 것이 무엇인지 생각해보고 계획을 세워라.

테스트, 평가, 조정을 반복하라

여러 차례에 걸쳐 테스트하라. 당신의 기회가 여러 겹의 가면에 둘러싸여 있다면 가면들을 벗겨 그 기회에 도달해야 한다. 테스트하고, 결과를 측정 및 평가하고, 평가 결과를 다음 테스트에 활용할 수 있는지 판단하라. 두 번째 테스트를 진행할 때도 이 단계들을 다시 밟도록 하자.

테스트를 멈춰야 할 때를 판단하라

어느 시점엔가는 결정을 내려야 한다. 그 기회를 택할 가능성을 열어둔 채 당분간 계속 테스트해보기로 할 수도 있다. 우리의 부동산 공동사업에서는 그게 효과적이었다. 하지만 당장 '예스'나 '노'로 결정해야 한다면 테스트를 멈추고 결정을 내려라.

═══ 기회들의 우선순위를 정하라

인생의 길은 직선이 아니다. 기회도 마찬가지다. 기회는 일렬로 줄 서 있다가 삶의 다른 일들을 전혀 방해하지 않고 적절한 때에 하나씩 다가오는 그런 것이 아니다. 만일 그런 식으로 돌아간다면 내 책들을 사서 볼 사람은 아무도 없을 것이다.

기회는 우리를 혼란스럽게 한다. 전혀 예상치 못할 때 나타나 우리를 힘든 상황에 빠트린다. 그래서 당장 선택하고 싶지 않은 데 선택해야 할 때도 있다. 기회는 우리가 세운 계획이나 프로세스를 눈곱만큼도 존중해주지 않는다.

흥미롭지 않은가? 다채로운 경험은 인생을 활기차게 만들어주니 말이다. 하지만 가뜩이나 일과 온갖 책무와 마감과 해결할 문제들 속에서 허우적대고 있는데 여기에 기회까지 몰려오면 당신은 정신을 못 차릴지도 모른다.

그런 과부하에 대응하는 간단한 방법은 우선순위를 매기는 것이다. 이 주제는 4부에서 다룰 예정이므로 여기서는 자세히 설명하지 않겠다(내 책 《레버리지》에도 나와 있다). 그리고 우선순위 매기기는 기회를 평가할 때도 유용하다. 눈앞의 기회를 다른 일들과 비교해 우선순위를 판단하는 것이다.

현재 당신의 삶에서 진행 중인 일들을 중요한 순서에 따라 일렬로 세우고, 여기에 새로운 기회를 끼워 넣는다고 생각해보자. 맨 끝에 있다가 떨어져 나가는 것은 무엇인가? 그것을 포기해도 괜찮은가?

기회들을 서로 비교해 평가할 때도 우선순위 매기기를 활용할 수 있다. 이건 정말 간단하다. 현재 눈앞에 있는 기회들을 포스트잇 한 장에 하나씩 적어본다. 그리고 가장 좋은 것에서 나쁜 것 순으로 테이블에 올려놓는다. 그런 다음 나쁜 것 절반을 쓰레기통에 버린다. 나머지가 상대적으로 좋은 기회들이다. 그것들을 삶의 다른 일들과 비교해 우선순위를 매겨보자. 그 기회들을 우선순위 목록에 넣어도 되겠는가?

이렇게 하면 숨겨진 보석 같은 기회를 발견하게 된다. 여러 기회를 나란히 놓고 비교하면 진짜 중요하거나 특별한 기회를 분간하기 쉬워진다. 그렇게 추려진 기회는 마땅히 에너지를 집중할 가치가 있다. 그 기회를 더 자세히 살펴보고, 테스트해보고, 일단 붙잡아 시작해보자.

≡≡≡ 미래의 나에게 물어보기

여전히 눈앞의 기회를 붙잡을지 말지 판단이 서지 않는다면 5년이나 10년쯤 후의 미래를 상상해보자. 자랑스러운 성공을 거둔 미래의 당신은 현재의 이 기회를 잡은 것 또는 잡지 않은 것에 대해 어떻게 생각할까? 미래의 당신은 그런 결정을 내린 것에 만족하고 있을까?

많은 사람이 마음속으로는 바람직하지 않다는 걸 알면서도 관계를 끝낼 용기가 없어서 나쁜 관계를 오랫동안 지속한다. 관계를 끝내고 맞이할 결과가 두려워서, 주변에서 알면 창피할 것 같아서, 자녀나 상대 배우자에게 끼칠 영향이 걱정돼서, 혼자 살아갈 자신이 없어서 등 이유도 다양하다. 하지만 생각해보자. 지금 내가 상처만 받고 있거나 힘들거나 잘못된 관계를 끝낸다면 미래의 나는 뭐라고 말할까? 아마도 분명 "강한 모습을 보여준 네가 자랑스러워. 잘했어"라고 말할 것이다.

나는 현재의 내가 가늠해보고 있는 기회에 대해 미래의 내가 뭐라고 말할지 항상 생각해본다. 어떤 기회를 평가하고 붙잡은 과정에 대해 미래의 내가 어떻게 생각할지 상상해본다. 만일 미래의 내가 현재의 나를 자랑스러워하거나 옳은 결정이었다고 생각하리라는 판단이 서면, 그것이 현재의 내게 옳은 결정이라고 믿는다.

SUMMARY

기회를 발견했다면 좋은 기회인지 아닌지 판단해야 한다. 기회의 특성에 따라 이번 장에서 소개한 접근법들을 적절히 섞어서 활용해보자. 이번 장의 소제목들을 떠올려보자. 기회의 배경 조사하기, 기회에 포함된 리스크를 평가하라, 내 기회의 ROI는 얼마일까, 조언을 구할 때 주의할 점, 부와 성공은 타이밍이 전부다, 지금 내게 맞는 기회인가, 조금씩 테스트하면서 앞으로 나아가라, 기회들의 우선순위를 정하라, 미래의 나에게 물어보기. 이 제목들처럼 기회를 충분히 평가한 후 결정을 내려야 한다.

TAKE ACTION   기회를 평가하라

14장에서 발견한 기회 중 하나를 골라 이번 장의 접근법들을 이용해 평가해보자. 판단에 도움이 되는가? 아니면 다른 접근법이 더 효과적일 것 같은가? 그렇다면 그걸 적용해보자. 효과가 없다면 어떤 접근법이 더 나을지 생각해보자. 여러 번 시도하면서 기회를 평가하는 데 익숙해지도록 하자.

16장

'예스' 할 것인가, '노' 할 것인가

지금까지 기회를 발견하고 그 기회가 나를 위한 것인지 평가하는 것까지 마쳤다. 이제 정말 정신을 바짝 차려야 한다. 그 기회를 잡을지 말지 결정을 내려야 할 때다. 결정하기 쉬운 경우라면 걱정할 게 없다. 속 시원하게 '예스' 또는 '노'라고 하면 된다. 기회를 붙잡아 앞으로 나아가거나, 없었던 일로 하고 싹 잊어버려라.

하지만 실제로 선택의 순간이 되면 기회를 붙잡는(또는 붙잡지 않는) 일은 그렇게 간단하지 않을 때가 많다. 이번 장에서는 이 단계에서 맞닥뜨릴 수 있는 상황과 기회를 붙잡기로 했을 때 해야 할 일을 살펴보도록 하자.

때로는 빠른 결정이 낫다

그냥 빨리 결정하는 것과 그럴 필요가 있어서 빨리 결정하는 것은 다르다. 때로 사람들은 너무 빨리 결정을 내린다. 나도 그런 적이 많다. 조사를 위한 시간적 여유가 있다면 충분히 기회를 분석하는 게 좋다. 그러나 시간이 촉박하다면 곧장 뛰어들어 기회를 붙잡을 태세를 갖춰야 한다. 예컨대 트렌드에 올라탈 타이밍인 경우, 경쟁자가 많은 경우, 데드라인이 조정 불가능한 경우 등일 때는 빠르게 결정해야 한다. 이런 경우 신속한 결정을 내리기 위한 팁을 아래에 소개한다.

언제든 빠른 결정을 내리도록 준비한다
일정표를 융통성 있게 짜서 필요한 경우 어떤 일은 다른 날로 옮기거나 취소할 수 있도록 만들어야 한다. 이는 결국 우선순위의 문제다. 빨리 결정해야 하는 기회가 눈앞에 있다면 그 기회와 관련된 조사나 제반 활동을 우선순위 앞쪽에 둬야 한다.

신속하게 조사한다
15장에서 설명한 기회 평가 과정을 속도를 높여 빠르게 진행하라. 지름길을 택하고, 주변에 도움을 청하라.

스스로 기한을 정한다

외부에서 정해준 마감 기한이 없다면 직접 정하도록 한다. 그러면 결정을 내리는 데 에너지를 집중할 수 있다. 정해진 기한이 없으면 몇 주나 몇 달, 심지어 몇 년째 생각만 하다가 이도 저도 아닌 상태가 되기 십상이다(최근에 마크와 나는 기한 조정이 불가능한 기회를 만났는데, 그 일 때문에 마크는 내가 500명 앞에서 강연 중일 때 연락해서 기어코 나랑 통화를 했다!).

직감을 믿는다

직감을 믿으려면 자기 자신에 대해 잘 알아야 한다. 만일 자신의 직감을 믿을 수 없다면 자기보다 뛰어난 직감과 통찰력을 가진 사람에게 조언을 구하라.

신속하게 테스트한다

앞에서 설명한 테스트를 해보되 아주 빠른 속도로 진행한다. 이와 관련해 추천할 만한 책이 있다. 전 구글 수석 디자이너 제이크 냅(Jake Knapp)이 쓴 《스프린트》는 아이디어를 5일 만에 테스트하는 방법을 알려준다.

자나 깨나 그 결정만 생각한다

다른 모든 일은 일단 접어둬라. 스마트폰과 노트북을 끄고 메시지와 전화와 이메일의 알림을 무음으로 설정한다. 오직 그 결정만 집중해서 생각하고 조사하고 상의하고 평가하는 데 5~6시간을 보내보자. 그러면 결정을 내리기까지 훨씬 오래 걸릴 수도 있는 과정이 효과적으로 압축된다.

기회에 변화를 준다

임시로 타협이나 절충이 가능한 지점이 있는가? 일단 규모를 작게 시작해볼 수 있는 일인가? 리스크를 분담할 누군가를 동참시킬 수 있는가? 해당 기회와 관련된 사항을 약간 수정할 경우 더 빨리 결정할 수 있다면 그렇게 해보라.

나는 속도를 즐기는 편이다. 특히 기한이 빠듯한 상태에서 일을 빨리 진행할 때 쾌감을 느낀다. 앞에서 언급한 교육 회사의 인수 기회를 붙잡기로 하자마자 나는 하고 있던 모든 일을 중단하고 자나 깨나 그 일에만 매달렸다. 그 결과 우리는 빛의 속도로 계약을 체결했다(며칠 만에 체결했는데 기분상으로는 몇 시간 같았다). 그리고 그 짧은 시간에 저쪽에서 요구하는 모든 서류와 절차를 완료하기 위해 최선을 다했다. 그 후 진행 상황도 일사천리였다. 결과적으로 그 계약은 그때까지 우리가 추진한 것 중에 가장 가치 높은 자산 매입 건이 되었다.

≡≡≡ 결정을 내릴 때 기억해야 할 것

오늘날 비즈니스와 소셜 미디어 분야는 속도가 생명이다. 경쟁자가 당신보다 불과 몇 시간 앞서 새로운 제품이나 서비스를 선보일 수 있다. 하지만 때로는 속도가 최우선 사항이 아닐 수도 있다. 만일 사람들의 삶과 일자리에 영향을 미치는 매우 중요한 결정을 내려야 한다면 모든 상황을 꼼꼼히 평가하면서 천천히 생각해야 한다. 이성 중심의 느린 사고를 작동시키고 감정 중심의 본능적이고 빠른 사고에 덜 의존해야 한다.

모든 결정에는 저마다 다른 상황과 요소가 수반되기 마련이다. 중요도가 높은 동시에 빨리 내려야 하는 결정이라면 바로 앞에서 소개한 팁을 참고하라. 반면 시간이 촉박하지 않다면 해당기회를 더 찬찬히 평가해볼 수 있다.

시간적 여유가 있다면 배경 및 자료 조사를 하고, 점검이 필요한 제반 사항을 체크하고, 사람들의 의견을 묻고, 혼자서 곰곰이 생각해보고, 산책을 통해 맑은 정신을 되찾고, 다양한 시나리오를 가정해 평가하라. 일생에 한 번뿐인 기회이고 급하게 결정할 필요가 없는 상황이라면 그렇게 하는 것이 마땅하다.

어떤 이는 모든 기회를 일생에 한 번뿐인 기회라고 생각한다. 그러나 뭔가를 팔려는 사람은 언제나 "평생에 한 번 오는 기회입니다"라고 말한다. 사람들은 기회를 놓칠까 봐 불안해하면서

"이건 평생에 한 번뿐인 기회인데!"라고 말한다. 하지만 정말 한 번뿐인 기회일까? 대개는 그렇지 않다.

해당 기회가 당신에게 어떤 의미인지, 그것이 얼마나 자주 나타날지 생각해보길 바란다. 발생 빈도가 낮을수록 그 기회를 붙잡을지 말지를 더 진지하게 고민하라. 발생 빈도가 높다면 흥분을 자제하고 그 기회를 놓칠까 봐 불안해하지 않아도 된다. 중요도가 높은 결정을 내릴 때는 다음을 기억하라.

루틴과 우선순위를 재조정한다

만일 인생을 뒤바꿀 기회를 만났다면 일정표를 싹 비울 각오를 하라. 원래의 루틴을 바꿔야 할 수도, 멀고 낯선 나라로 가야 할 수도 있다. 기존의 계획을 전부 취소하고 새로운 계획을 세워야 할 수도 있다.

때로 고통스러운 결정도 있다

흔히 사람들은 일생에 한 번뿐인 기회라고 하면 좋은 기회를 상상한다. 하지만 부정적인 성격의 기회일 수도 있고, 인생에서 내리기 가장 힘든 결정일 수도 있다. 이를테면 연인이나 부부 관계를 끝내는 일, 회사 규모를 축소하는 일, 원치 않는 지역으로 이사 가는 일 등이 그렇다. 강한 사람이 되어라. 즐겁지 않은 중대한 결정을 내리기 위해서는 정서적 강인함이 필요하다.

관점을 바꿔서 바라본다

당신의 에너지를 완전히 소진하는 거대한 기회인가? 아니면 여러 개의 작은 기회로 쪼개서 바라볼 수 있는가? 코끼리를 먹는 방법은 한 번에 한 입씩 먹는 것이다(하지만 진짜로 코끼리를 먹어보겠다고 덤비지는 말기를!). 거대한 기회를 작은 조각들로 나눠보자. 그러면 부담스럽게 느껴졌던 커다란 결정이 여러 개의 작은 결정으로 쪼개진다. 당신은 절벽을 기어 올라갈 필요 없이 계단을 하나씩 올라가면 된다.

═══ 부드럽고 단호하게 거절하는 법

나 말고도 이미 많은 사람이 이야기한 주제를 하나 꺼내고자 한다. 바로 '노'라고 말하기다. 혹시 지금 몸서리를 치지는 않았는가? '노'라고 말하기를 좋아하는 사람은 아무도 없다. 많은 사업가가 그렇고, 나도 그렇다. 내 팟캐스트에 출연한 데이비드 매코트도 거절하기가 어렵다고 털어놓았다.

그러나 '노'라고 할 줄 아는 것은 매우 중요하다. 그래야 일에 집중할 수 있고 전략을 계획대로 진행할 수 있다. 거절을 못 하고 항상 '예스'만 하면 스트레스와 긴장과 과부하에 빠지고, 이는 일의 지연과 행동 부족으로 이어질 수 있다. 당신에게 오는 기회들을 이용해 성공하고 싶다면 거절이 초래하는 불편한 감정을 받아들이고 단호해질 필요가 있다. '노'를 최고의 친구로 삼아라.

거절하는 일은 어렵다. 특히 당신에게 반짝이는 동전 증후군이 있어서 새로운 업무나 프로젝트, 새로운 사업, 새로운 관계를 시작하는 일을 유달리 좋아한다면 더 그렇다. 하지만 거절은 자존감을 높여준다. 거절은 타인이(심지어 당신도) 넘을 수 없는 경계선을 정하는 일이다.

만일 모든 기회에 '예스'라고 한다면 어떻게 될지 상상해보라. 아마도 반나절 동안은 기분이 좋을 것이다. 하지만 스트레스가 점점 밀려온다. 당신은 허둥거리기 시작하고, 카페인 섭취량과 함께 심박수도 올라가고, 일을 마감 시간에 맞추지 못한다. 더 빨리 일하려고 애쓰다가 실수를 거듭한다. 작업물의 질이 현저히 떨어진다. 가족과 외식도 못 하고, 함께 놀러 가지도 못하고, 결국 크리스마스까지 반납한다. 마음속에 분노와 죄책감과 스트레스가 쌓이고, 주변 사람들은 당신을 믿을 수 없고 불안한 사람으로 여기기 시작한다.

하지만 그렇게 될 수 있다는 걸 알면서도 우리는 거절이 힘들어서 타인의 제안이나 부탁을 수락해버리곤 한다. 요즘 거절의 기술은 사람들에게 크게 주목받고 있다. 구글에 검색해보면 거절하는 기술에 관한 수많은 조언과 팁이 넘쳐난다.

나는 동전의 어느 한쪽에만 집중하는 것은 바람직하지 않다고 본다. 대니 월리스가 모든 일에 '예스'라고 하기로 한 후 겪은 흥미로운 일을 기록한 《예스맨》이 출간되었을 때 '예스'라고 하기가 유행처럼 번진 것도 솔직히 맘에 들지 않았다. 이 역시 또 다른 역설이다. 우리는 항상 '노'라고만 할 수 없고 항상 '예스'라고만 할 수 없다는 사실 말이다. 나는 전작 《확신》에서 더 쉽게 거절하는 몇 가지 방법을 다음과 같이 소개했다.

- "좋습니다. 하지만 지금은 안 됩니다" 또는 "알겠습니다만, 나중에 하거나 제 일이 끝난 후에 다시 시간을 잡으면 어떨까요?"라고 말하라.
- "저 대신 ○○○이 더 잘 도와줄 수 있을 것 같은데, 그에게 부탁해보시겠어요?"라고 말하라.
- 시간이 없거나 중요한 일을 하는 중에는 전화를 받거나 이메일에 답장하지 마라. 일을 마치고 당신이 편한 시간에 상대방에게 회신하라.
- 개인 비서나 가상 비서 또는 메시지 필터를 활용해 당신이 원하는 메시지만 받아라.
- 회의, 전화 통화, 행정 업무 등 특정한 작업별로 구체적인 일정을 세워라.

나는 그냥 거절하기보다는 "좋습니다. 하지만 지금은 안 됩니다"

를 더 애용하는 편이다. 새로운 일과 기회를 누구보다 좋아하고 내 인생에서 최대한 많은 기회를 뽑아내고 싶은 나로서는 문을 완전히 막아버릴 수 없기 때문이다. "좋습니다. 하지만 지금은 안됩니다"라고 말하는 것은 문을 잠그지 않고 잠시 닫아두는 것과 같다. 내가 준비되면 언제든 나중에 그 문을 열 수 있다.

나는 다양한 상황에서 이런 접근법을 취한다. 몇 년 전 나는 책 쓰기 강의와 링크드인 교육 강의를 시작하려고 결심했다. 관련 전문 기술도 갖췄고 관심 분야이기도 해서다. 하지만 강의를 시작하기에 좋은 타이밍을 계속 만나지 못하고 있다. 그래서 그 기회들에 '노'라고 말하는 대신 "좋아. 하지만 석 달 후에 하자"라고 말한다. 좋은 타이밍이 올 때까지 나는 계속 그렇게 말할 것이다.

책 집필의 경우도 마찬가지다. 현재 내 메모 앱에는 15개의 책 출간 아이디어가 담겨 있다. 이것들 역시 "좋아. 하지만 지금 말고 나중에" 접근법이 적용돼 아직 때를 기다리고 있다. 그리고 몇 년 전부터 나는 '프로그레시브' 브랜드를 글로벌 무대로 진출시켜 최대한 많은 나라에서 행사를 개최하면서 전 세계 사람들을 만나고 싶다는 꿈을 꾸고 있다. 하지만 그러자면 가족과 보내는 시간이 훨씬 줄어들 텐데 아직은 그럴 마음의 준비가 되지 않았다. 그래서 이 계획에게도 "좋아. 하지만 지금 말고 나중에"라고 말하고 있다.

당신이 세상을 어떻게 길들이느냐에 따라 세상이 당신을 대하는 방식이 달라진다. 당신이 원치 않는 기회는 단호히 거절하고 원하는 기회에는 '예스'라고 말할 줄 알아야 한다. 그리고 좋은 기회지만 당신은 붙잡을 생각이 없고 다른 누군가에게 유용한 기회라고 여겨지면 그에게 넘겨주는 것도 좋은 방법이다. 이에 대해서는 이번 장 끝에서 다시 이야기하겠다.

≡ '예스!' 한 후에는 천천히 시작하라

— 만일 누군가가 당신에게 멋진 기회를 주면 자신이 없어도 일단 하겠다고 하라. 그리고 해내는 방법은 차차 알아내라!

리처드 브랜슨

당신의 대답이 '노'가 아니라면 남은 답은 '예스' 하나뿐이다. 그렇다면 이제 무엇을 해야 할까? 기회를 붙잡는다고 해서 꼭 두 발로 풍덩 뛰어들 필요는 없다. 먼저 발가락 하나만 담가보고, 그다음에 한쪽 발을 집어넣으면서 천천히 물의 온도에 익숙해져도 된다. 서두르지 않고 천천히 몸을 담그면 그 일이 당신의 삶에 미치는 갑작스러운 영향을 줄일 수 있고 당신도 상황에 적응하기가 수월해진다.

마크와 나는 현재 아홉 개의 수입원을 갖고 있다. 무려 아홉 개다. 우리가 그걸 한꺼번에 만들었을까? 절대 아니다. 우리는 그것들을 12년에 걸쳐 만들었다. 기존 수입원을 레버리지로 이용해 그와 관련된 수입원을 새로 창출하는 식으로 말이다.

한꺼번에 너무 많은 일을 동시에 진행하면 각각에 할애할 시간이 줄어들 뿐 아니라 한 프로젝트에서 다른 프로젝트로 업무를 자주 전환하느라 시간 낭비가 많아진다. 처음부터 온몸을 풍덩 담그면 익사할지도 모른다. 너무 많은 일에 '예스'라고 할 때처럼 과부하에 걸려 스트레스를 받거나 일을 제 속도로 진행하지 못할 수 있다.

예를 들어 일을 그만둘 기회가 생기자마자 즉시 사표를 낸다고 하자. 당신은 그 기회를 붙잡았고 단호한 행동을 취했다. 하지만 이제 당신은 수입도 없고, 새로운 삶으로 부드럽게 이동할 어떤 완충 장치도 없다. 그러다 정신을 차려보면 슈퍼마켓 쓰레기통을 뒤지며 소비 기한이 임박한 음식을 찾고 있을지도 모른다. 너무 극단적인 예시를 들었지만 내가 무엇을 말하려고 했는지는 알아챘을 것이다.

위의 경우 무작정 사표를 내는 대신 일하는 일수를 줄이면서 다른 새로운 일을 하는 일수를 늘리거나 다른 수입원을 만드는 식으로 연착륙을 할 수 있다. 하지만 경우에 따라서는 그런 양면 작전을 취하기보다는 기회를 향해 과감히 직진하는 편이 나을 때도 있다. 봉급을 받으며 안정된 직장을 다닐 때는 사업을 시작할 엄두를 못 냈지만 해고당하고 나니 강력한 추진력이 절로 생겨 창업할 수 있었다는 사람을 많이 봤다.

한 가지 덧붙일 점이 있다. 새로운 기회를 붙잡기로 하고 그 일을 본격적으로 추진할 때 꼭 혼자서 할 필요는 없다는 사실을 기억하자. 누군가와 동업을 하거나 파트너십을 맺을 수도 있고, 멘토나 코치에게 조언을 얻을 수도 있다. 가족이나 친구와 상의해볼 수도 있다. 사랑은 퍼트리고, 힘든 짐은 나눠서 지자.

≡≡≡ 갑자기 두려움이 고개를 들 때

드디어 기회를 붙잡고 행동을 취하려고 하는데 마음속에서 '잠깐!'이라는 외침이 들려온다. 가면 증후군이 슬며시 고개를 들고 실패에 대한 두려움이 밀려온다. 분명 당신은 그 기회를 열심히 조사했고, 당신에게 맞는 기회라는 판단이 들어 붙잡기로 했다. 그런데 왜 갑자기 스스로 브레이크를 밟는단 말인가?

디마 가위(Dima Ghawi)라는 여성의 사례를 살펴보자. 그녀는 결혼과 동시에 요르단 암만을 떠나 미국 샌디에이고로 이주했다. 그곳에서 자신의 정체성을 발견하고 있는 모습 그대로 존중받을 수 있으리라고 생각했다. 하지만 막상 결혼해보니 현실은 달랐다. 그녀는 남편과 남편의 가족을 위해 봉사하고 완벽한 이미지를 유지하기 위해 더 많은 일을 해야 했다. 심지어 그녀의 부모님과 대화하는 것조차 허락되지 않았다. 그녀는 수많은 일과 규율에 갇혀 살아야 했다.

가위는 스물다섯도 안 된 나이였지만 살아가는 의미가 없다고 느꼈다. 관계를 유지하는 것이 두려웠지만 떠나는 것도 두려웠다. 그러다 결국 행동을 취해야겠다고 결심했다. 결혼 생활을 끝낸 것이다.

가위의 가족은 그녀와 인연을 끊었다. 심지어 그녀의 아버지는 가족의 명예를 지키기 위해 그녀를 죽이려고까지 했다. 그녀가 앞으로 나아갈 유일한 방법은 교육이었다. 그녀는 샌디에이고 대학교에 입학해 공부를 시작했고 1년 후에는 면접 기술을 익히고 싶어서 수많은 회사에 입사 지원서를 넣었다. 그녀는 지원한 모든 곳에서 입사 제안을 받았고 그중 IBM에 들어갔다. 나중에 TEDx 강연에서 그녀는 이렇게 말했다.

"저는 너무나 두려웠습니다. 제가 선택한 남편과 가족, 샌디에이고를 떠나는 것이, 과거를 뒤로하고 떠나는 것이, 그 큰 회사에서 제 능력을 증명해야 하는 것이 두려웠습니다. 하지만 직감이 계속 제게 말했습니다. 두려워도 무조건 행동하라고 말입니다. 그래서 그렇게 했습니다. 그러자 세상이 열렸습니다. 저는 IBM에서 일하며 전 세계를 돌아다녔습니다. 일본에서 1년 넘게 살았고, 유엔과 남아프리카공화국에서도 프로젝트를 맡아 진행했습니다. 지금도 매일 아침 눈뜰 때면 두려워도 행동하겠다고 다짐하곤 합니다."

솔직히 말하면 나는 두려울 때 더 과감하게 행동하는 성격이다. 물론 몇 가지 예외 상황은 있다. 비도덕적이거나 공격적인 행동, 타인에게 상처를 주는 말, 불법적인 일은 아니어야 한다. 그런 경우만 아니라면 나는 두렵거나 걱정이 되어도 일단 과감히 해버리는 모험을 택한다.

예를 들면 뭔가 말하고 싶은데 너무 직설적으로 말할까 봐 걱정될 때도 나는 과감하게 말해버린다. 무대에서 강연하는 도중 재치 있는 답변이나 농담이 떠올랐는데 약간 과할 것 같다는 생각이 들어도 그냥 말해버린다(물론 이때도 타인의 기분을 상하게 하거나 창피하게 만들지 않는 경우에만 그렇게 한다). 그리고 그런 시도는 늘 좋은 결과를 낳는다!

나는 그림에 소질이 있었다. 그림 그리는 일은 언제나 즐거웠다. 누가 시키지 않아도 몇 시간, 아니 며칠이라도 계속 그릴 수 있었다. 그림 그리는 재능을 이용해 딱히 뭔가를 하진 않았어도 그림은 항상 내 삶의 일부였다. 대학에서 건축학과를 전공하고 졸업한 후에는 부모님 술집에서 일했다. 어머니가 아버지 건강이 안 좋으니 당분간 가게 일을 도와달라고 했기 때문이다. 당시엔 오스트레일리아로 가서 건축가가 되는 것을 고려 중이었기에(결

과적으로는 안 간 게 얼마나 다행인지!) '몇 주만 잠깐 도와드리지, 뭐'
라고 생각했다.

그로부터 4년 후에도 나는 여전히 부모님 술집에서 일하고 있
었다. 나는 다른 사람의 삶을 살고 있었다. 내 길을 가는 게 아니
라 남이 간 길을 걷고 있었다. 늘 뭔가에 억눌려 답답한 기분이었
고, 좀 억울하기도 했고, 방향을 잃은 느낌이었다.

나는 술집에서 오래 일하고 싶진 않았고 부모님도 그걸 알았
다. 하지만 부모님은 그곳에서 일하는 게 내게도 도움이 된다고
생각했고, 나는 아버지가 아프기 때문에 가족을 도와야 한다는
도덕적 의무감을 느꼈다. 그러나 그게 전부는 아니었다. 나는 인
생에서 뭘 해야 할지 몰랐고, 두려웠으며, 나 자신을 울타리 안에
가두고 있었던 것이다.

그러던 어느 날 가게에서 아버지와 심하게 말다툼을 했다. 우
리는 둘 다 이성을 잃고 소리를 지르면서 서로에게 험한 말을 쏟
아냈다. 급기야 아버지는 감자 칩 봉지 32개가 담긴 커다란 상자
를 발로 냅다 걷어찼고 그 상자가 날아와 내 몸을 맞혔다. 60명
쯤 되는 손님 앞에서 말이다. 내가 "빌어먹을! 이 거지 같은 술
집, 아주 혼자 다 말아 드셔!"라고 소리치자, 아버지는 "그래, 이
놈아. 당장 나가! 다시는 여기서 일할 생각 마!"라고 소리를 질렀
다. 나는 아버지를 사랑했고 아버지와 별로 싸우지 않았지만 일
단 싸우면 그렇게 끝장을 보곤 했다.

가게 밖으로 나온 내 머릿속은 엉망진창으로 헝클어져 있었다. '제길, 난 대체 뭘 해야 하나?' 당시 나는 가게 바로 옆, 정말 10미터밖에 안 떨어진 곳에 살고 있었다. 술집에서 나와 집까지 가는 10초 동안 화가가 돼야겠다고 결심했다. 딱히 다른 기회도 없고 기술도 없는 데다 이제 돌아갈 곳도 없어졌다. 두려움을 정면으로 마주하고 내 길을 스스로 찾아야 했다.

이후 화가로 성공하거나 큰돈을 벌지는 못했지만 몇 년 동안 나 자신을 위해 일하면서 독립적인 인간이 되어갔다. 그리고 화가란 직업은 술집에서 일하는 20대 중반의 삶에서 부동산 사업가의 삶으로 건너가는 다리가 되었다. 내가 두려움에 붙들려 화가가 되기로 마음먹지 않았다면, 화가가 되지 말아야 할 온갖(어쩌면 타당한) 이유를 생각해냈다면 현재의 나는 없을 것이다. 두려웠지만 단호하게 내린 그때의 결정은 내 생애 몇 안 되는 최고의 결정 중 하나였다.

≡ 내게 안 맞는 기회는 타인에게 양보하라

마지막으로 매우 중요한 것 하나를 언급하겠다. 눈앞에 나타난 기회가 당신에겐 맞지 않지만 다른 누군가에겐 더없는 기회일 것 같은 경우가 있다. 좋은 기회가 왔는데 당신이 붙잡을 수 없다면(타이밍이 안 맞는다든지, 다른 중요한 일이 있다든지) 기꺼이 타인에게 양보하라. 이는 당신에게도 커다란 보상을 가져온다.

사실상 거의 모든 기회는 사람을 통해서 온다. 따라서 선행을 하고 당신이 도울 수 있을 때 사람들을 도우면 결국에는 당신에게 도움이 된다. 사람들에게 호의를 베풀고, 호혜의 법칙에 따라 행동하며, 함께 시간을 보내면서 경험과 감정을 공유하라. 그러면 사람을 통해 기회가 다가오는 일이 더 많아진다.

내가 남을 도우면 남도 나를 도와준다. 사람들이 원하는 것을 얻도록 도우면 당신도 당신이 원하는 것을 얻게 된다. 아무런 대가도 바라지 않고 순수하게 사람들을 도와 당신의 '선행 은행'에 저축액이 쌓이면 역설적으로 당신은 더 많은 것을 되돌려 받을 것이다. 도울 수 있을 때마다 사람들을 도와라. 호의를 베풀어라. 그들을 위해 좋은 일을 하라. 매일 노력해 덕을 쌓으면 무한한 기회라는 보상이 당신에게 되돌아온다.

선한 행동은 어떤 형태로도 가능하다. 선물을 주는 것, 문제의 해결책을 찾게 도와주는 것, 어떤 사안에 협력하는 것, 사람이나 구매할 집을 소개해주는 것 등 찾으려고 마음만 먹으면 쉽게 눈에 보인다.

기회를 연결해주는 브로커가 되어보자. 다음번에 당신에게 맞지 않는 기회를 발견하면 무조건 밀어내지 말고 누구에게 그 기회가 유용할지 생각해보라. 친구? 동료? 이웃? 여동생? 아버지?

그 기회를 그들 앞에 놓아줘라. '노'라고 하지 말고 '좋아. 하지만 나 말고 다른 사람에게'라고 말하라. 매사에 이런 태도를 취하면 당신과 주변 이들의 삶에 긍정적인 영향을 미칠 수 있다.

SUMMARY

빠른 결정과 중요한 결정을 내려야 할 때를 현명하게 판단하라. 거절의 중요성을 기억하고, 두려움이라는 장애물을 극복하고, 대가를 바라지 말고 도와라. 기회에 대한 평가를 마친 후에는 결정을 내리고 그 결정에 끝까지 책임져야 한다. 두려움을 정면으로 마주하라. 때로는 가장 두려웠던 결정이 인생 최고의 결정이 되기도 한다. 당신이 목격한 기회의 특성을 면밀히 관찰한 후 신중하게 판단하라. 거기에 쏟은 노력을 헛되게 하지 않을 방법은 분명히 있다.

TAKE ACTION   기회를 분류하라

이제까지 발견한 기회 중 붙잡기로 한 것, 붙잡지 않기로 한 것, 아직 미결정인 것을 각각 하나씩 선택해보자.

- 아직 미결정인 것에 대해서는 빨리 판단하라. 망설이는 이유가 무엇인가? 혹시 직감을 믿는가? 그 기회의 어떤 측면이 달라지면 좋은 기회로 변할 것 같은가?
- 붙잡기로 한 것에 대해서는 조금씩 추진하라. 천천히 익숙해질 방법을 찾아라. 급격한 변화가 아닌 연착륙을 하고 싶다면 어떻게 해야 하는가?
- 붙잡지 않기로 한 것은 이를 잘 활용할 다른 사람에게 넘겨주어라.

OPPORTUNITY
ROB MOORE

4부

모든 변화는 오늘로부터
시작된다

17장

변화의 여정을 시작하며

수많은 사소한 행동과 수많은 결정, 수많은 작은 기회가 쌓여서 승리하는 인생이 된다. 수많은 화소가 모여 컴퓨터 화면의 이미지가 만들어지고, 수많은 원자가 모여 당신이 읽고 있는 책이 만들어지는 것과 같은 이치다. 우리가 당장 할 수 있는 일은 오늘 승리하는 하루를 사는 것이다. 패배하지 않고 승리하는 하루하루를 살면 인생에서도 승리할 수 있다. 매일 빈 깡통 같은 하루를 살지 않고 알찬 하루를 살아가면 결국 인생의 승리자가 된다.

나는 운 좋게도 평균 수명이 81세인 영국에 살고 있다. 만일 내가 81세까지 산다면 2만 9,586일을 사는 셈이다. 즉 하루를 붙잡아 내 것으로 만들 기회가 2만 9,586번 있다는 뜻이다. 현명한 결정을 내릴 수 있는 날, 원하는 인생을 위해 작은 승리들을 쌓을 수 있는 날이 2만 9,586일이란 뜻이다. 우리의 인생에 주어진 시간은 유한하다. 우리는 흘러가는 시간을 어찌하지 못하지만 어떻게 쓸지는 결정할 수 있다.

물론 여기에도 역설은 있다. 만일 그날그날 닥치는 일에만 너무 골몰하면, 자잘한 일들과 작은 성공들에만 지나치게 신경을 쏟으면 큰 그림을 놓칠 위험이 있다. 오로지 오늘만 생각하면서 살거나 발끝만 보고 멀리 앞쪽을 보지 않으면 아직도 승리해야 할 1만 5,000일이 남아 있다는 사실을 잊어버린다. 그래서 우리에겐 목표가 필요하다. 로드맵과 계획이 필요하다. 하지만 그 여정은 수없이 많은 한 걸음, 한 걸음이 모여 이뤄진다.

매일의 작은 결정이 현재의 나를 만든다

매일의 작은 결정들은 오늘을 붙잡아 인생에서 승리하기 위해서만 중요한 게 아니다. 자기 파괴를 막기 위해서도 기억해야 한다. 이를 잘 보여주는 인물이 리사 니콜스(Lisa Nichols)다. 니콜스는 세계적으로 유명한 교육 및 개발 회사 모티베이팅 더 매시스(Motivating the Masses)의 CEO다. 하지만 그녀가 지금까지 늘 성공만 거두며 살아온 것은 아니다.

20년 전 니콜스는 정부 보조금에 의지해 사는 싱글맘이었으며 통장에 남은 돈은 12달러뿐이었다. 그녀의 삶을 거기까지 끌고 간 것은 그동안 내린 많은 작은 결정이었다. 물론 남편의 폭력에 시달리는 삶을 살기로 선택한 적은 없었다. 그러나 자신의 삶에 대한 눈높이를 낮추기로 한 작은 결정, 일단 참아보기로 한 작은 결정, 앞으로 잘하겠다는 남편의 말을 믿기로 한 작은 결정은 모두 그녀 자신이 내린 것이었다.

어느 날 니콜스는 그런 작은 결정들이 현재 자신의 인생을 만들었다는 사실을 불현듯 깨달았다. "인생의 리셋 버튼을 누르기에, 자신의 삶과 열정적인 사랑에 빠지기에 너무 늦은 때는 없습니다." 그녀는 무엇보다 자신을 제대로 알아야 한다고, 자신을 사랑해야 변화를 이룰 수 있다고 믿는다. 기회는 바로 당신 안에 있다. 그리고 그것은 당신이 허락해야만 모습을 드러낸다.

부모님 술집에서 일하던 시절과 가난한 화가로 살던 시절을 되돌아보면 나는 자기혐오와 자기 회의라는 가리개로 내 안의 기회를 덮어놓은 채 하루하루를 보냈다. 그럭저럭 견디는 날, 냉소적이고 닫힌 태도로 일관하는 날, 잘못된 결정을 내리는 날들이 쌓여갔다. 변화를 시도하지 않고 아무것도 하지 않기로 한 것 또한 결정이었다. 나는 내 삶이 의미 있는 삶이 아닌 하찮은 삶이 되도록 방관했다.

변화는 물론 어렵다. 하지만 단 한 번의 점프로 산 정상에 올라야 하는 건 아니다. 한 번에 한 걸음씩 올라가면 된다. 등산 장비와 로프와 헬멧을 활용하고 주변 이들의 도움을 받으면서, 때로 실패할 수도 있다는 마음의 준비를 하고서 올라가면 된다.

다른 비유적 표현도 얼마든지 가능하다. 로마는 하루아침에 이뤄지지 않았다. 코끼리를 먹는 방법은 한 번에 한 입씩 먹는 것이다. 이런 말들이 툭하면 인용되는 까닭은 맞는 말이기 때문이다. 우리는 한 번에 하루씩 살아간다. 그 하루를 놓치지 않는 것, 오늘을 붙잡아 열심히 사는 것만이 인생에서 승리할 수 있는 유일한 방법이다.

4부에서 다룰 주제도 바로 이것이다. 4부에서 소개하는 실용적인 팁들 중에는 내 전작들에서 소개한 것도 있다. 각 장은 비교적 길이가 짧고 읽기 쉬우므로 즉시 실천할 수 있을 것이다. 지금 바로 노트나 문서 창의 새 페이지를 열고 메모할 준비를 하라.

SUMMARY

승리하는 인생은 하루아침에 이뤄지지 않는다. 하루하루가 쌓여야 한다. 성공하는 인생을 살고 싶다면 오늘을 놓치지 말고 붙잡아라. 4부에서 그 방법을 알려줄 것이다.

TAKE ACTION   기회의 부피를 줄여라

너무 커서 감당하기 버겁게 느껴지는 기회를 떠올려보자. 그리고 그 기회를 매일 조금씩 소화할 수 있는 작은 조각들로 쪼갤 방법이 있을지 생각해보자.

18장
하루를 전날 밤부터 시작하라

나의 오늘은 어젯밤에 시작되었다. 어제 나는 잠자리에 들기 전에 다음 날을 위한 준비를 했다. 전날 준비를 하고 하루를 시작하는 사람은 그렇지 않은 사람보다 훨씬 유리하게 출발할 수 있다. 다음 날 일어날 일을 정확히 예측할 수는 없지만 무엇을 하고 싶은지 정확히 아는 상태로 하루를 시작하면 성공적인 하루가 될 가능성이 크다.

나는 아이들이 잠든 저녁때 이메일과 이런저런 메시지를 확인하며 답장을 쓴다. 내가 보기엔 6시 이후의 저녁 시간이 이메일 작업에 가장 좋은 때다. 서로에게 계속 회신을 보내는 '이메일 랠리'가 일어나지 않기 때문이다. 그때는 연락하는 사람들 대부분이 퇴근한 이후라 다음 날 아침에야 이메일을 확인할 수 있다.

그다음에는 하루를 돌아보면서 성과가 좋았던 일과 나빴던 일, 다음 날을 성공적인 하루로 만들기 위해 할 수 있는 일을 생각해본다. 그리고 목록을 하나 만든다. 흔히 말하는 '해야 할 일 목록'이 아니라 '레버리지 목록'이다. 이에 대해서는 22장에서 다시 설명할 것이다. 레버리지 목록이란 내가 직접 하지 않고 다른 사람에게 맡길 일들의 목록이다. 나는 그들이 다음 날을 더 효율적으로 시작할 수 있도록 해당 업무와 관련된 지시 사항도 미리 정리해 보내놓는다.

그런 후 아내와 둘이서 화끈한 시간을 보낸다(이를 위한 최적 시간이 저녁 7시 45분에서 8시 15분 사이라는 사실을 밝혀도 아내가 싫어하진 않을 것이다. 이 시간만큼은 다른 일에 절대로 양보하지 않는다). 그리고 나서 잠을 청한다. 이 마지막 일과는 내게 꿀잠을 선사한다.

≡ 기회의 관점에서 계획 세우기

다음 날의 계획을 세울 때는 기회의 관점에서 생각해본다. 기회를 맞이할 준비를 하거나, 기회가 생길 조건을 만들거나, 기회를 발견하고 평가해 붙잡는 것과 관련해 내일 할 수 있는 일은 무엇인가?

- 지금 당신 앞에 있는 기회를 전부 떠올려보자. 14장의 'Take Action'에서 메모해둔 기회들을 다시 들춰봐도 좋다. 그중 어떤 기회와 관련해 내일 행동을 취할 수 있는가? 자료 조사가 더 필요한 기회가 있는가? 내일 내려야 할 결정이 있는가? 다른 누군가에게 넘겨주고 싶은 기회가 있는가?

- 각 기회와 관련해서 해야 할 일을 적는다. 중요한 기회라면 당연히 그와 관련된 일이 우선순위의 맨 위에 와야 한다. 잠시 후 다시 언급하겠지만 모든 일을 해내는 것보다는 가장 중요한 일 하나를 어떻게든 완수하는 것이 더 중요하다.

- 새로운 기회가 나타날 조건을 만들기 위해 할 수 있는 일을 생각해보자. 그중 내일 실천할 수 있는 것은 무엇인가? 2부에서 소개한 팁들을 떠올려보자. 예를 들어 어떤 책의 두세 장을 읽는 일일 수도, 오늘 겪은 안 좋은 일에 관해 글을 써서 블로그에 올리는 일일 수도 있다. 그런 일들을 목록으로 작성하라.

이것을 습관으로 만들어라. 이미 붙잡은 기회와 관련해 실천할 행동 그리고 새로운 기회를 만들기 위한 행동을 목록에 반드시 포함시켜라.

이처럼 전날 밤에 다음 날을 계획하는 습관을 들이는 건 쉽지 않다. 넘치는 업무와 스트레스로 하루를 보내고 나면, 종일 아이들 뒤치다꺼리하느라 정신없이 뛰어다니고 나면, 상점에서 내내 서서 일하고 돌아오면, 까다로운 고객들을 상대하며 힘든 하루를 끝내고 퇴근하면 술 한 잔 손에 들고 소파에 늘어져서 넷플릭스나 보고 싶은 마음이 굴뚝같을 것이다.

　나도 안다. 나도 때로는 그렇게 한다. 하루도 안 빼놓고 모든 날을 붙잡을 수는 없다. 그러나 잠들기 전에 다음 하루를 계획하는 습관을 들이면 자칫 빠질지 모르는 함정을 피할 수 있다. 또한 나쁜 상황에서 받는 타격을 줄일 수 있으며, 힘든 일이 닥칠 때 당신에게 갑옷이 되어줄 강한 마음가짐을 갖출 수 있다. 더 편안한 마음으로 숙면할 수 있고 알찬 하루를 보낼 수 있다는 자신감을 느끼며 가벼운 기분으로 잠에서 깰 수 있다.

SUMMARY

하루를 전날 밤에 시작하면 더 알차고 충실한 하루를 보낼 수 있다. 저녁때 이메일과 메시지를 처리하고, 그날 하루를 되돌아보고, 다음 날 실천할 일의 목록을 작성하라. 그리고 이를 습관으로 만들어라. 준비된 상태로 새날을 맞으면 기회를 붙잡아 당신의 것으로 만들 가능성이 커진다.

TAKE ACTION　　　　　　　　내일을 위한 목록을 만들어라

앞에서 설명한 대로, 이미 가진 기회와 관련해 해야 할 행동과 새로운 기회를 끌어당기는 행동을 반드시 목록에 넣어라.

19장
하루의 시작과 끝의 주인이 되어라

나는 하루의 시작과 끝을 철저하게 관리하는데(앞서 18장의 내용도 이 관리법의 일부다) 이것이 다가올 기회들에 대단히 긍정적인 영향을 미친다고 믿는다. 나는 하루를 끝내는 시간과 다음 날 시작하는 시간을 관리함으로써 내 일상의 온전한 주인이 된다. 그러면 하루의 끝부터 어떻게 관리하는지 살펴보자.

하루의 끝을 마무리하는 루틴

내가 하루를 마무리하는 루틴의 일부는 이미 앞 장에서 설명했다. 이제 나머지를 말해주겠다. 하루의 마지막은 굉장히 중요하다. 그 시간의 주인이 되어야 오늘 있었던 일을 정리하고 다가올 내일을 준비하는 자신만의 방법을 찾을 수 있다.

이 시간을 잘 활용해 오늘 겪은 일을 평가하고 목표를 달성하는 모습을 상상하고 그 이미지를 머릿속에 깊이 각인시켜라. 하루의 마지막 시간의 주인이 되면 양질의 수면을 취할 가능성도 커진다. 잠의 중요성은 불면증 환자와 부모님들만 강조하는 게 아니다. 질 좋은 수면의 중요성은 아무리 강조해도 지나치지 않는다.

내 저녁 루틴의 두 번째 과정은 이렇다. 나는 침대에 누워 마음속 시각화를 실행한다. 이에 관해서는 1부에서도 설명한 바 있다. 수년 전부터 나는 밤마다 자기 전에 다음과 같이 한다.

- 만트라를 외운다. "부, 성공, 건강, 강인함, 행복, 자신감, 판단하지 않기, 풍요로움, 사랑, 감사."
- 목표와 비전, 도전 과제, 문제를 마음속에 생생하게 그려본다. 언어 또는 이미지로 그 해결책도 그려본다.

이렇게 하면 내가 모든 걸 통제하고 있다는 기분으로 잠들 수 있다. 나는 긍정적인 마음가짐을 갖고 목표에 집중한 채로 잠이 든다. 문제를 해결하는 모습을 상상하므로 자신감도 충전된다. 삶의 주인이라는 기분으로 잠이 들고 잠에서 깬다.

≡≡≡ 아침의 루틴이 하루의 성공을 결정한다

이런 하루를 한번 상상해보자. 아침에 잠에서 깨어 휴대전화를 보고 화들짝 놀라 허둥대기 시작한다. 늦잠을 자서 회의에 늦게 생겼다. 사실은 회의 준비를 제대로 못 한 게 걱정돼서 잠을 설쳤다. 컨디션도 별로고, 아이들은 감기 기운이 있고, 반려견도 산책 시켜야 하는데 밖에는 비가 오기 시작한다. 마음이 더욱 허둥대기 시작한다.

서둘러 아이들에게 비상약을 먹인 후 전화 몇 통을 걸어 집에서 화상으로 회의에 참석해도 되는지 알아본다. 아이들을 위해 TV를 켜놓고, 커피를 내린 후 잠옷 차림으로 노트북 앞에 앉는다. 그다지 이상적인 하루의 시작은 아닌 것 같다. 차라리 침대에서 나오지 않는 편이 더 나을 수도 있겠다.

위 상황 중 어떤 것은 당신이 통제할 수 없는 일이다. 하지만 당신의 행동은 당신이 통제할 수 있다. 힘든 상황에서 어떻게 대응하고 행동할지는 당신이 결정할 수 있다. 허둥대는 까닭은 미처 준비되어 있지 않은 상태에서 뜻밖의 (달갑지 않은) 일이 발생했기 때문이다.

이제 다른 시나리오를 상상해보자. 통제할 수 없는 일들은 여전히 일어나지만 당신이 아침 시간의 주인인 경우의 시나리오다. 하루의 시작을 위한 루틴이 확립되어 있다.

아침에 알람이 울리기 직전에 잠에서 깬다. 물을 한 잔 마신 후 잠시 앉아 천천히 심호흡한다. 다른 모든 것은 잊고 오로지 호흡에만 집중한다. 오전에 있을 회의에 대한 몇 가지 생각이 떠오르지만 일단 접어둔다. 중요한 회의지만 어제 잘 준비해놨고 잠도 푹 자서 잘 해낼 자신이 있다.

잠자리를 정돈하면서 컨디션이 조금 안 좋다는 걸 알아챈다. 그래서 최대한 건강한 식단으로 아침을 먹고 반려견과 함께 산책하며 몸에 활력을 불어넣는다. 비가 내려서 대기가 깨끗해진 기분이 든다. 빗물 덕분에 풀밭에서 봄 내음이 올라오는 것 같다.

집에 도착해 샤워하고 이메일을 확인한다. 일과 관련해 작은 사건이 생겼지만, 그에 대비해 구상해놓은 몇 가지 해결책이 있다. 아이들도 컨디션이 좀 안 좋아 보이지만 활기찬 모습으로 아침을 시작하는 당신 옆에서 금세 기운을 차린다. 당신은 기분 좋게 일터로 출근한다.

누가 봐도 이 시나리오가 훨씬 낫다. 그 차이를 만들어낸 몇 가지 요인은 다음과 같다.

- 전날 밤 충분한 휴식을 취했다. 자기 전 회의 준비를 모두 마치고 제시간에 잠자리에 들었고, 깊게 잔 후 알람이 울리기 전에 깼다.
- 외부 세계의 일을 체크하지 않고 먼저 자신의 내면부터 점검

했다. 세상의 일들을 만나기 전, 심호흡과 명상으로 뇌를 평온하게 만들어 정신적 에너지를 충전했다.

- 자신의 몸을 적절히 돌봤다. 기상 직후의 물 한 잔과 아침 식사, 운동으로 하루를 건강하게 시작했다.
- 긍정적인 마음가짐을 유지했다. 상황의 안 좋은 측면에 눈을 돌리는 대신 긍정적인 측면에 집중했다. 비가 오는 것을 긍정적으로 받아들였고, 문제의 해결책을 떠올렸고, 즐겁게 아침을 시작했다.

이렇게 하루를 시작하면 나머지 하루도 좋을 것이다. 승리하는 하루를 살 수 있다. 아침을 어떻게 시작하느냐가 하루의 나머지 시간을 좌우하는 경우가 많다. 아침의 주인이 되면 하루를 제대로 보낼 수 있는 추진력이 생긴다. 매일 이런 아침을 보내면 그 효과가 증폭돼 결국 당신에게 오는 기회도 늘어난다.

하루를 시작하는 방법의 중요성은 나만 강조하는 것이 아니다. 이를 위한 조언은 이미 많이 나와 있다. 많은 사람이 미국의 성공 코치 할 엘로드(Hal Elrod)가 만든 '미라클 모닝(The Miracle Morning)'을 실천한다. 엘로드는 평소 기상 시간보다 한 시간쯤 일찍 일어나 다음 여섯 가지 단계를 거치라고 말한다. 'SAVERS'라고 부르는 이 여섯 가지 아침 습관은 다음과 같다.

- 침묵(Silence): 명상을 한다.
- 확신의 말(Affirmations): 자신을 향해 긍정적인 말을 한다.
- 시각화(Visualization): 이루고 싶은 꿈과 목표를 눈으로 보듯 상상한다.
- 운동(Exercise): 건강한 몸을 만든다.
- 독서(Reading): 책을 읽는다.
- 기록(Scribing): 일기를 쓰는 등 글로 적는다.

나도 이것들을 전부 실천하지는 못한다. 그리고 하루의 시작이나 끝을 위한 마법 같은 공식은 없다고 생각한다. 하지만 위의 여섯 가지 습관은 아침의 주인이 될 수 있는 꽤 괜찮은 방법이다.

▬▬ 나만의 아침 루틴을 만들어라

중요한 것은 자신에게 맞는 방법을 찾는 것이다. 당신은 아침에 무엇을 하면 에너지가 충전되는가? 하루를 잘 시작하려면 무엇이 필요한가? 사람마다 다르겠지만 아침 루틴을 만들고자 하는 당신에게 다음 다섯 가지 팁은 꼭 알려주고 싶다.

1. 눈 뜨자마자 페이스북을 보지 마라

인스타그램도, 이메일도 마찬가지다. 스마트폰은 아주 아주 영리한 물건이다. 우리가 중독되게끔 설계되어 있다. 작고 동그란 빨간색 알림 숫자는 우리가 앱을 열어보지 않고는 못 배기게 만든다. 온갖 소리와 진동과 화려한 색깔로 계속 우리의 주의를 끌어당긴다.

하지만 눈을 뜨자마자 습관적으로 스마트폰을 보는 행동은 당신의 자신감과 자존감이 깨어나기도 전에 산산이 부서뜨릴 수 있다. 다들 알다시피 소셜 미디어에 보이는 삶은 실제와 달리 화려하게 포장된 삶이다. 온라인 화면으로 보이는 타인의 삶과 내 삶을 비교하는 것은 끔찍한 우울감에 빠지는 지름길이다. 정말로 당신은 열대의 아름다운 섬나라에서 더없이 행복하게 사는(또는 그렇게 보이는) 누군가와 당신을 비교하는 일로 하루를 시작하고 싶은가? 아닐 것이다. 당신의 에너지와 자신감을 채우는 아침 루틴을 다 끝내기 전까지는 절대로 스마트폰을 보지 마라.

2. 잠자리를 정돈하라

유튜브에 들어가면 2014년 텍사스대학교 졸업식에서 미 해군 제독 윌리엄 H. 맥레이븐(William H. McRaven)이 한 연설 동영상을 쉽게 찾을 수 있다. 이 연설에서 그는 네이비실(Navy SEAL) 기초 군사 훈련에서 배운 10가지 교훈을 들려준다. 그중 하나는 매일 아침 침대를 정리하는 일의 중요성이다. 나는 그보다 더 멋지게 말할 재주가 없으므로, 여기에 그의 연설 일부를 그대로 옮겨 놓고자 한다.

"매일 아침 침대 정리를 한다면 여러분은 그날의 첫 번째 과제를 완수하는 것입니다. 이는 여러분에게 작은 자부심을 안겨 줄 것입니다. 그리고 두 번째, 세 번째 과제를 해낼 용기를 줄 겁니다. 그렇게 해서 하루가 끝날 때쯤엔 수많은 과제를 완수한 상태가 됩니다. 침대 정돈은 사소한 일이 인생에서 얼마나 중요한지 일깨워줍니다. 작은 일을 제대로 해내지 못하는 사람은 큰일도 해낼 수 없습니다. 그리고 지독하게 힘든 하루를 보냈다면 여러분은 집에 돌아와 깔끔하게 정돈된 침대를 볼 겁니다. 바로 여러분 자신이 정리한 침대 말입니다. 그 모습은 내일은 더 훌륭한 하루를 보낼 수 있다는 용기를 심어줍니다. 그러니 세상을 변화시키고 싶다면 침대 정리부터 하십시오."

3. 몸을 움직여라

반드시 10킬로미터를 뛰거나, 고강도 헬스 트레이닝을 하거나, 힘든 핫요가를 하라는 이야기가 아니다. 적당히 몸을 움직이는 것만으로도 정신과 신체에 활력을 불어넣는 데 도움이 된다. 나는 집에 운동실이 따로 있어서 아침에 거기서 운동할 때도 있지만 때로는 가볍게 산책하거나 간단히 스트레칭만 한다. 날마다 똑같은 운동을 하지는 않지만 잠자리에서 일어나자마자 책상으로 직행하거나 자동차 운전석으로 들어가지는 않는다.

4. 기회에 대해 생각하라

몸과 마음이 새롭게 하루를 시작하는 아침에는 두뇌의 신경 연결이 더 활발해져 문제의 해결 방법과 아이디어를 떠올리기 좋은 조건이 된다. 이는 머릿속에서 기회를 숙성시키기도 좋은 때다. 의식적으로 기회에 대해 생각하라. 당신이 만나고 싶은 기회, 만들거나 붙잡을 수 있을 것 같은 기회를 떠올려라. 그 기회들이 주는 설렘을 만끽하라.

5. 가장 중요한 항목을 완료하기로 다짐하라

전날 밤에 작성한 목록을 펼쳐 거기서 가장 중요한 항목을 실천할 수 있도록 마음을 준비시켜라. 가장 영향력이 크고 중요한 일 말이다. 가장 어렵고 중요한 일을 먼저 해치우라는 뜻으로 '개구리를 먹어라'라고 했던 브라이언 트레이시(Brian Tracy)의 말을 떠올리자. 당신도 개구리를 먹을 준비를 하라. 그 일을 성공적으로 완수하는 모습을 마음속에서 시각화하거나, 그 일에 어떻게 접근할지 생각해보거나, 그 일을 잘 해냈을 때 자신에게 줄 보상을 상상해보자. 가장 중요한 그 항목을 어떻게든 완료하겠다고 다짐하라.

하루의 시작을 온전히 다스리면, 즉 그 시간을 잘 설계해 하루라는 레이스의 출발선에 선 자신을 최상의 상태로 만들면 앞으로 만날 기회도 최대한 늘릴 수 있다. 시간의 주인이 되어 통제감을 확보하면 주변 상황에 짓눌리지 않는다. 모든 것을 자신의 의지대로 통제하며 아침을 시작하는 사람은 나머지 하루도 그렇게 보낼 가능성이 크다.

SUMMARY

하루의 시작과 끝의 주인이 되면 그날 전체의 주인도 될 수 있다. 그날 하루를 붙잡을 수 있는 태도와 힘이 생긴다. 일과가 끝난 저녁에 하루를 되돌아보고, 다음 날 할 일을 계획하고, 목표와 문제의 해결책을 마음속에 생생하게 그려보자. 그러면 충분한 휴식과 재충전의 밤을 보낼 수 있다. 일과를 시작하는 아침에는 몸과 마음 상태를 점검하고, 내 삶은 내가 통제한다는 주도적인 마인드로 기회들에 대해 생각하라. 그러면 긍정적이고 건설적인 하루를 보낼 수 있다.

TAKE ACTION   하루의 시작과 끝 루틴을 만들어라

하루의 시작과 마지막을 붙잡기 위한 루틴을 만들어보자. 이때 다음과 같은 사항을 고려한다.

- 다음 날 할 일 계획하기.
- 목표의 마음속 시각화.
- 숙면 취하기.
- 몸과 마음을 최적의 상태로 만들기.
- 기회 끌어당기기.
- 가장 중요한 일 먼저 처리하기.

20장
시간이 아닌 인생을 관리하라

당신이 생각하는 이상적인 하루는 어떤 모습인가? 어떤 모습일지 생각해보거나 그려봤는가? 이상적인 하루를 설계하는 것은 얼마든지 할 수 있다. 이제부터 그 방법을 설명하겠다.

나는 다이어리에 시간대별 블록을 설정해 관리하는 방식의 광신자다. 내 일과표에는 직원들과의 미팅, 아내와의 외식, 헬스장 가기, 아들과 골프 치기 등 다양한 일정이 반복되곤 한다. 물론 처음에는 시간 블록으로 설정된 일정표를 그대로 지키기가 쉽지 않다. 하지만 여기 소개하는 프로세스를 따르고 당신 나름대로 정한 규칙을 지키다 보면 삶에 큰 영향을 미칠 기회들을 포착할 수 있을 것이다.

나는 전작 《결단》에서도 이 주제를 다뤘다. '루틴=결과'의 공식을 기억하라. 이 공식의 의미는 루틴을 어떻게 관리하느냐가 결과를 좌우한다는 것이다. 우리는 하루하루를 계획하고 다스림으로써 기회를 창조하고 활용할 수 있으며 승리하는 인생에 더 가까워질 수 있다.

당신은 지금까지 이 책을 읽으면서 틀림없이 이런 생각을 떠올렸을 것이다. '나는 이것들을 할 시간이 없는데?' 어쩌면 너무 바빠서 책을 읽거나, 새로운 사람들을 만나거나, 눈앞에 나타난 기회를 조사할 시간이 없다고 느낄지 모른다. 하지만 말도 안 되는 소리. 누구에게나 똑같이 하루에 1,440분이 주어진다. 오프라 윈프리와 빌 게이츠도 하루에 당신과 똑같은 양의 시간으로 살아간다.

우리는 시간을 통제할 수 없다. 그건 불가피한 진실이다. 시간은 날마다 정확히 똑같은 속도로 흘러간다. 시간은 당신을 위해 멈춰주지 않는다. 그렇다면 당신이 할 수 있는 일은 주어진 시간 안에서 당신의 인생을 관리하고 통제하는 것이다. 당신의 에너지와 감정, 우선순위와 생산성을 관리하는 것이다.

인생을 관리하는 것의 출발점은 다이어리 관리다. 이에 대해서는《결단》에서 자세히 다뤘지만 여기서도 중요한 몇 가지를 소개하고자 한다. 나는 이 프로세스가 당신의 삶에서 만나는 기회의 양과 질을 한층 높여주리라 확신한다.

다이어리에 시간 블록 설정하기

솔직히 털어놓자면 이 스케줄 관리법을 처음 알게 됐을 때 세상 따분한 방식이라고 느꼈다. 그렇다. 나는 '쿨한' 예술가였다. 그런 식으로 답답한 벽을 만들어놓으면 내 자유로운 영혼과 예술가적 매력이 질식될 것 같았다. 권위와 기존 체제에 대항해 싸워온 나 같은 젊은이에게 어울리지 않는 일이라고, 내 자유가 줄어드는 일이라고 생각했다.

그 젊은 예술가는 아직 한참 더 배워야 하는 단계에 있었다. 때때로 나는 과거로 돌아가 그 젊은이를 앞에 앉혀놓고 훈계하고 싶다는 생각이 든다. 물론 그 젊은이가 빨간 스포츠카를 타고 다니는 부자 놈이 하는 말에 절대 귀를 기울이지 않았을 것이라는 사실도 잘 안다.

나는 다이어리를 엄격히 관리하면 오히려 자유가 생긴다는 것을 알게 됐다. 시간대별 블록을 설정해 일과를 관리하면 기회를 만들거나 붙잡기가 훨씬 용이해진다. 이것은 따분함과는 거리가 멀다. 하루의 모든 시간을 한 방울도 남기지 않고 알차게 쓰는 방법이다.

이 방법의 기본 개념은 간단하다. 중요도가 높은 것부터 낮은 것의 순서로, 다이어리에 당신이 하고 싶거나 해야 하는 일을 위한 시간 블록을 설정하는 것이다. 하지만 그전에 먼저 할 일이 있다. 현재 당신이 하루를 어떻게 보내고 있는지 21일 동안 기록한 후 분석해보는 것이다(이를 위한 양식을 온라인에 올려놓았다. robmoore.com/round-up에 접속하면 내려받을 수 있다. 아니면 직접 양식을 만들어도 상관없다). 다음과 같이 해보자.

- 하루의 총 시간을 30분 간격으로 나눈다. 더 세부적이길 원한다면 15분도 좋다.
- 각 칸에 시간을 보낸 방식을 간단히 약자로 적는다. 예컨대 W는 일, R은 휴식, S는 사람들이나 가족, O는 기회와 관련된 활동과 같이 적는다.
- 각 약자 옆에 한 일을 짧게 적는다. O의 경우 새 기회를 맞이할 준비를 했는지, 아니면 이미 주어진 기회와 관련된 행동을 취했는지를 적는다.
- 아주 솔직하게 작성한다. 자신에게 거짓말하는 건 바보짓이다.

21일 동안 위와 같이 일지를 작성하고 다시 돌아오자. 이제 그동안 적은 일지를 분석하면서 활동을 재배치할 계획을 세워보자. 시간을 낭비한 부분이 있는가? 그렇다면 거기에 어떤 패턴이 있는지 살펴보자. 당신의 에너지가 낮은 시간대가 있는가? 그러면 그 시간에 커피를 마시거나 산책하도록 하자. 집중이 잘 되는 때가 있는가? 그 시간에는 집중력이 필요한 힘든 일을 배치하라.

주의가 산만해지는 때가 있는가? 주의력 분산 요소를 없애려고 노력하거나 그 시간에는 다른 활동을 하자.

하루의 활동들을 전체적으로 훑어보면서 비슷한 종류의 일들을 묶을 수 있는지도 생각해보자. 업무를 전환한 후 다시 집중하는 데는 평균 약 25분이 걸린다. 따라서 비슷한 일들을 묶어서 처리하면 상당한 시간을 절약할 수 있다.

이제 일과표에 시간대별 블록을 설정해보자.

삶의 우선순위를 결정하라

나는 《레버리지》에서 세 글자로 된 약어를 자주 사용했다. 그중 다음 세 가지는 이상적인 하루를 설계할 때 반드시 필요한 것들이다.

- KLA(Key Life Area): 핵심 인생 영역. 당신의 삶에서 가장 중요한 것들로서 돌덩이에 비유할 수 있다.
- KRA(Key Result Area): 핵심 결과 영역. 당신을 발전시키는 여러 일들이며 자갈에 비유할 수 있다.
- IGT(Income-Generating Task): 소득 창출 업무. 소득을 만들어내는 일들로 모래에 비유할 수 있다.

당신 앞의 테이블에 커다란 유리병이 놓여 있다고 상상하라. 그리고 옆에 돌덩이, 자갈, 모래가 각각 한 무더기씩 쌓여 있다. 당신은 그것들을 전부 유리병에 담아야 한다. 만일 모래부터 붓는다면 그다음에 자갈은 몇 개 넣을 수 있을지 몰라도 돌덩이까지는 안 들어갈 것이다. 따라서 제일 처음에 돌덩이부터 넣어야 한다. 그런 다음 자갈을 넣어 빈 공간을 채우고, 마지막으로 모래를 부어 미세한 틈을 메우면 된다.

이는 우선순위의 중요성을 일깨우는 훌륭한 비유다. 하지만 사람들은 좀처럼 이렇게 하지 않는다. 왜일까? 날마다 마주치는 수많은 책무에 함몰되기 때문이다. 하지만 기회를 붙잡고 싶다면 우선순위에 따라 일을 처리할 줄 알아야 한다.

우선순위 관리의 출발점은 다이어리다. 다이어리에 위의 세 가지 범주에 할애할 시간 블록을 설정하라. 그것들을 하기로 정해놓은 시간에는 절대 다른 것을 하지 마라. 먼저 돌덩이, 즉 KLA을 위한 시간 블록을 정한다. 여기에는 당신이 가치 있게 여기는 일, 당신의 삶에서 가장 중요한 일이 포함된다. 예컨대 주말 저녁 데이트, 토요일 오전에 딸의 축구 경기 관람하기, 헬스장 프로그램, 금요일 저녁에 가족과 영화 관람하기, 색소폰 연습, 북클럽 활동 등이 될 수 있겠다.

그다음에는 자갈인 KRA를 추가한다. 사람들의 KRA는 대개 3~7개 정도다. 이는 당신이 어떤 종류의 일이나 활동에 집중하느냐에 따라 달라진다. 예컨대 프리랜서 마케터의 KRA는 블로그 활동, 소셜 미디어 콘텐츠 제작, 전자책 쓰기가 될 수 있다. 부동산 업계 종사자라면 부동산 목록 관리, 투자자 만나기, 매물 검색, 변호사 및 중개인과의 조율 활동 등이 될 것이다. 당신의 KRA가 무엇인지는 당신만 알 수 있다. 성과의 80퍼센트를 좌우하는 몇 가지 핵심 활동에 집중하라.

마지막으로 모래를 붓는다. 소득 흐름을 계속 유지하기 위해 당신이 날마다 해야 하는 일들은 무엇인가?

유리병은 이제 가득 찼다. 다시 테이블을 보자. 방금 채운 큰 유리병 옆에 작은 유리병 두 개가 또 있을 것이다. 둘 중 하나는 다른 하나의 절반 크기다. 이제 그것들도 살펴보자.

≡ 70-20-10 기법 활용하기

나는 모든 일에 쉽게 따분함을 느끼는 타입이다. 그래서 항상 흥미로운 뭔가를 찾으며 새로운 기회에 '예스'라고 말하기를 좋아한다(물론 때로는 '좋아, 하지만 지금 말고 나중에'라고 한다). 극단적으로 말하면 나는 기회 중독자다. 따라서 일정과 전략을 짤 때도 언제든 기회를 만나고 붙잡을 수 있게 계획하려고 애쓴다.

사업가로서 나는 70-20-10 기법을 사용한다. 시간의 70퍼센트를 가장 중요한 일에 쓰고 20퍼센트는 아직 초반 단계인 일, 10퍼센트는 예측할 수 없는 일에 쓰는 것이다.

70퍼센트가 할당되는 부분은 나의 본업이자 주요 소득원, 현금 수입을 만들어내는 일이다. 다이어리의 시간 블록을 설정할 때 시간의 70퍼센트는 거기에 쓰도록 일정을 짠다. 내 다이어리에서 그 시간대는 시각적으로 볼 수 있다.

20퍼센트는 그 밖의 다른 일이나 프로젝트에 사용한다. 뭔가 새로운 일, 아직 초반 단계이거나 그다지 많은 수입을 올리지 못하는 일이다. 이 역시 다이어리에 따로 시간을 할당해둔다.

나머지 10퍼센트는 일종의 '와일드카드'다. 남들의 눈에는 터무니없어 보이는 새로운 일, 열정을 갖고 과감히 시도해보는 일을 위한 시간이다. 약간은 위험하고 불확실하지만 색다른 도전을 해보는 시간이다. 다이어리에 따로 블록을 따로 정해두지 않는다면 평소엔 억지로 짜내야 만들 수 있는 시간이다. 하지만 이런 시간은 정말로 중요하므로 반드시 시간 블록을 확보해둬야 한다. 만일 위의 70퍼센트에서 재미를 느끼기 힘들다면(사실 우리 대부분이 그렇지 않은가) 이 10퍼센트가 당신의 에너지를 유지할 힘을 줄 것이다.

구글을 비롯한 여러 기업은 이를 잘 알고 있다. 그래서 직원들에게 각자 원하는 개인 프로젝트를 자유롭게 진행할 수 있는 시간을 준다. 프로젝트는 회사의 전략이나 직원의 업무 목표와 꼭 일치하지 않아도 되며 이는 직원들의 업무 의욕과 행복도를 높여준다. 구글처럼 하라. 당신 자신에게 즐거움을 위한 10퍼센트의 시간을 허락하라.

≡ 성공적인 다이어리 관리 팁

지금 나는 다이어리 설계 전문가라 할 만하지만 처음부터 그랬던 것은 아니다. 예전에 나는 비서와 머리를 맞대고 앉아서 다이어리를 모조리 뜯어고치며 정리하곤 했다. 이것은 꽤 효과적이라서 나는 해마다 다이어리를 정리한다. 그 방법은 다음과 같다.

- 폐기하고 수정한다: 비교적 한가할 때 다이어리를 청소한다. 불필요한 약속을 취소하고, 일정의 개수를 줄이고, KLA와 KRA에 비춰볼 때 적절한 일들이 일정에 들어 있는지 확인한다. 우선순위와 기회를 생각해보면서 더하거나 빼거나 수정할 일이 있는지 판단한다.
- 다이어리 내용을 공유한다: 해당 일정과 관련된 사람이 당신의 다이어리에 접근할 수 있게 하라. 그렇게 하지 않으면 혼란이 초래될 수 있다. 다이어리를 클라우드에 올려 관련된 사람이 언제든 볼 수 있게 하라.

- 다이어리를 모든 기기에서 사용할 수 있도록 동기화한다: 이렇게 해두면 불필요한 혼란이나 오류를 막을 수 있다.
- 가장 중요한 일정의 시간 블록을 먼저 지정한다: 명절, 아이들 학교 행사, 데이트 약속, 운동, 사업 전략, 시험, 중요한 기회 등이 이에 해당한다. 즉 KLA와 KRA에 속하는 일들이다.
- 가장 중요한 일정을 가장 생산성 높은 시간에 배치한다: 21일 동안 작성한 일지를 참고해 자신을 제대로 파악한 후 다이어리의 시간 블록을 설정한다. 활력과 집중력이 최상인 시간대에 중요한 일을 배치한다. 그 시간대를 누군가와의 비생산적인 회의로 채우지 않도록 하자.
- 반복 일정 설정 기능과 초대하기 기능을 활용한다: 디지털 캘린더는 기대 이상으로 똑똑하다. 약간의 시간을 투자해 모든 기능을 익히거나 가상 비서를 활용하라. 사소한 조언을 하나 하자면 질리지 않을 만한 캘린더 색깔을 골라라. 갈색을 싫어한다면 계속 갈색 화면을 쳐다봐야 할 이유가 없다.
- '메모' 칸에 일정에 관한 세부 정보를 적는다: 애매하게 적어둬서 '이게 뭐였지?' 하는 일이 발생해선 안 된다. '결혼식'이라고만 적어놨는데 막상 당일이 되어 정장만 입어야 하는 게 아니라 축사도 준비해야 하는 결혼식임을 깨달아서는 안 되지 않을까?
- 6개월이나 1년마다 다이어리를 업데이트하거나 재설계한다:

안일하게 살지 마라. 효율적인 다이어리가 유지되도록 계속 점검하라.

- 자녀의 방학이나 가족 휴가를 위한 제2의 다이어리를 만든다: 24시간 일만 해서는 안 된다. 가족 휴가 기간에는 당신의 활력이 최상인 시간대를 아이들과 놀아주는 시간으로 정하라.

다이어리를 꽉 채웠다면 잠시 뿌듯함을 느껴도 좋다. 그런 다음에는 곧장 삶에서 실천하라. 새 양식을 뽑아서 다시 21일간 일지를 작성해보고, 과거에 작성한 일지와 비교해보자. 자신에게 가장 효과적인 일정이 배치될 때까지 다이어리를 계속 조금씩 수정한다.

그렇게 만든 루틴이 지루하다는 선입견은 버리도록 하자. 루틴은 인생을 변화시키는 힘이 있다. 올바른 루틴이 있으면 시간을 더 알차게 쓸 수 있고, 기회를 발견하고 붙잡을 더 많은 자유와 유연성을 얻을 수 있다.

SUMMARY

루틴을 관리하는 것이 결과를 좌우한다. 우리 누구에게나 주어진 시간은 똑같다. 우리는 시간의 흐름을 통제할 수 없다. 시간은 정확히 같은 속도로 흘러간다. 하지만 다이어리는 관리할 수 있다. 하루하루를 계획하고 다스리면 더 많은 기회를 만들고 활용할 수 있다. 우선순위를 결정하라. 당신의 삶에서 무엇이 가장 중요한가? 21일 동안 일지를 작성하고, 어떤 것이 효과적이고 어떤 것이 그렇지 않은지 파악하라. 그런 후 다이어리에 시간 블록을 설정해 일정을 배치하라. 결과를 점검하면서 자신에게 가장 효과적인 다이어리가 될 때까지 수정하라.

TAKE ACTION   다이어리를 정리하라

이번 장을 다시 읽으면서 각 단계를 실천해보자.

- 자신의 KLA와 KRA, IGT를 파악한다.
- 21일 동안 일지를 작성한다.
- 다이어리에 시간 블록을 설정해 일정을 배치한다.
- 다시 21일 동안 일지를 써보고 자신에게 가장 효과적인 다이어리가 될 때까지 수정한다.

21장

죄책감에 대응하는 법

죄책감은 우리를 힘들게 한다. 모든 사업가는(그리고 아마도 인간이 라면 누구나) 죄책감이라는 감정에 너무나 익숙하다. 우리는 이미 해놓고(또는 하지 않고) 돌이킬 수 없는 일에 대해 쉽게 자책하곤 한다. 그러면서 한편으로는 이런 죄책감이 에너지를 갉아먹는 쓸 모없고 파괴적인 감정이라고 생각한다. 기회를 찾아나서는 여정 에서 죄책감에 대응하는 방법을 알아두도록 하자.

이기심과 이타심의 저울이 균형을 잃을 때

나도 당신과 마찬가지로 죄책감이 끔찍이 싫다. 하지만 전혀 쓸

모없는 감정이라는 생각에는 반대한다. 사실 죄책감은 우리가 주목해야 하는 중요한 감정이다. 이기심과 이타심의 저울이 균형을 잃었는지 아닌지 말해주는 신호이기 때문이다.

세상의 모든 일은 역설적인 측면이 있고 균형이 필요하다. 그 저울이 어느 한쪽으로 크게 치우쳐서 당신과 주변 이들에게 이로울 가능성은 거의 없다. 나는 우리 모두가 약간은 이기적이고 약간은 이타적이어야 한다고 생각한다.

당신이 너무 이기적으로 행동하면 사람들은 당신의 인품을 의심하거나 당신을 싫어하고 부정적 시선으로 바라볼 것이다. 어쩌면 따돌림을 당할 수도 있다. 극단적일 경우 감옥에 갇히거나 살해당할지도 모른다. 이기적인 태도는 손실을 초래하기도 한다. 타인을 돕는 데서 오는 진정한 기쁨과 만족감을 느낄 기회를 놓치기 때문이다. 더 중요하게는 자신의 시야 너머를 바라보지 못하는 탓에 기회로 향하는 문을 닫아버리게 된다.

한편 너무 이타적인 사람은 약하고 만만한 존재가 되어 혹사당할 위험이 있고 자신을 위해 사용할 에너지가 고갈되기 십상이다. 스스로 제 목숨을 저버리는 순교자 타입을 좋아할 사람은 없다. 당신이 지나치게 이타적이라 늘 상대방을 먼저 생각하면 이제는 상대방이 죄책감을 느끼게 된다. 또한 자신에게 더 집중했다면, 자신의 개인적 발전과 삶을 우선순위에 두었다면 잡을 수도 있었을 기회를 놓치기도 한다.

따라서 당신에게 다가올 기회를 늘리고 싶다면 이기심과 이타심의 적절한 균형을 유지할 줄 알아야 한다.

죄책감을 받아들이고 관리하는 법

죄책감은 언제고 찾아오게 되어 있다. 이는 피할 수 없는 감정이다. 스스로 정한 길을 걸어가면서 죄책감을 조금도 느끼지 않기란 불가능하다. 어차피 모든 사람을 만족시킬 수는 없다. 남에게 받는 것보다 주는 게 많으면 자신에게 죄책감을 느낄 것이고(그 죄책감은 분노로 표출되기도 한다), 주는 것보다 받는 게 많으면 죄책감이 후회라는 형태로 밀려올 것이다.

시각을 바꿔 죄책감을 일종의 나침반으로 여기면 이 복잡하고 힘든 감정을 관리할 수 있다. 죄책감이라는 감정을 관리하는 방법은 다음과 같다.

- 받아들인다: 죄책감은 나쁘지만 억누르는 것은 더 나쁘다. 억누른 감정은 어떤 방식으로든 표출될 수밖에 없다. 죄책감을 무시하거나 안 보이는 곳에 묻어두려고만 하지 마라. 대신 솔직히 받아들이되 거리를 두고 바라보면서 유용한 피드백 역할을 하는 감정이라고 생각하라.

- 죄책감의 속성을 이해한다: 죄책감이 피드백 감정임을 기억하라. 이는 이기심과 이타심의 균형을 맞추도록 도와준다. 죄책감은 당신이 엉뚱한 일이나 삶의 엉뚱한 영역에, 엉뚱한 사람에게 에너지를 쏟고 있는지 아닌지를 알려준다. 죄책감이 들 때마다 이를 주시하면서 삶을 조정하도록 하라.

- KLA와 KRA에 따라 일정을 짠다: 20장의 내용을 참고해 당신의 삶에서 중요한 것들을 위한 시간을 먼저 확보하라.

- 주의 깊게 관찰한다: 언제 죄책감이 마음속에 일어 당신을 괴롭히는지 알아채라. 그럴 때 잠시 멈춰서 그 죄책감이 당신에게 보내는 신호가 무엇인지 생각해보라.

- 자신을 받아들이고 사랑한다: 죄책감은 순식간에 몸집을 불린다. 당신이 마음속에 죄책감이 들어설 공간을 허락하면 죄책감은 쉽게 당신을 물리치고 승리를 거둔다. 가장 아끼는 친구를 대하듯 당신 자신을 대하라. 자신에게 가혹한 말을 쏟아내고 있다면 이 질문을 떠올려라. '내가 가장 아끼는 친구에게도 이렇게 말할까?'

- 통제할 수 없는 것은 받아들인다: 통제할 수 없는 것을 통제하려고 애쓰는 건 어리석은 짓이다. 대신 어떻게 행동하고 반응할지를 생각하라. 당신이 할 수 있는 일은 그뿐이다.

- 모두를 만족시키려 애쓰지 않는다: 아무것도 잘하지 못하는 사람이 되는 확실한 길은 모든 걸 잘하려고 하는 것이다. 물

론 지금보다 더 나은 사람이 되려고 노력하는 것은 중요하다. 그러나 모든 걸 잘하고 모두를 만족시킬 수는 없다. 자신을 정확히 아는 상태에서 최고의 자신이 되려고 노력하라.

≡≡≡ 당신은 모든 사람을 만족시킬 수 없다

위 마지막 항목은 죄책감과 관련해 대단히 중요하다. 당신은 모두를 만족시킬 수 없다. 당신은 언제나 타인을 돕고, 곤경에서 구해내고, 문제를 해결해주는 사람이 될 수 없다.

폴란드 속담 중에 '내 서커스도 아니고 내 원숭이도 아니다'라는 재미난 말이 있다. 이는 '그건 당신 문제이니 내가 상관할 바 아니다. 난 빠지겠다'라는 뜻이다. 문제 해결사 본능을 갖고 있어서 곤란한 상황에 빠진 사람을 보면 도움을 제공하거나 그 상황을 해결해주지 않고는 못 배기는 사람들이 가끔 있다. 하지만 오지랖이 지나치게 넓으면 결국 번아웃에 빠지고, 도움을 요청하지 않은 상대방의 기분을 오히려 상하게 할 수도 있다. 모든 이를 만족시키고 싶은 충동이 든다면 한 발짝 물러나서 자제하라.

물론 그러기는 쉽지 않다. 특히 당신을 필요로 하는 사람이 많을 때는 더 그렇다. 가끔 나는 나를 뜯어 먹으려는 맹수들에 둘러싸인 기분이 든다. 그럴 때면 스트레스가 차오른다. 어떤 이들은 당신의 죄책감을 이용해 그들이 원하는 대로 당신을 움직이려고 할 것이다. 그럴 때는 재빨리 알아차려 그들의 술수에 넘어가지 않도록 하자.

당신의 시간은 소중하다. 이건 당신의 인생이다. 당신의 시간을 다 퍼주면 당신의 삶을 위한 시간은 남지 않는다. 새로운 기회를 추구할 시간적, 정신적 여유는 당연히 꿈도 꿀 수 없다. 나는 내 시간을 타인으로부터 보호하기 위해 다이어리에 적힌 일정을 엄격하게 지킨다. 그리고 거절의 기술을 활용한다.

≡ 중요한 일의 우선순위를 점검하라

대개 죄책감은 중요한 일, 즉 KLA에 해당하는 것들에 충분히 집중하지 않을 때 고개를 든다. 이를테면 가족과 충분한 시간을 보내지 않거나 좋아하는 취미 활동에 소홀할 때 온다.

그런 상황을 막는 방법은 딱 한 가지다. 인생에서 중요한 일들을 다이어리에 변경 불가능한 일정으로 못 박아두는 것이다. 그렇게 하면 중요한 일을 지킬 확률이 커진다. 다이어리에 일정을 짤 때부터 중요한 일에 미리 시간을 할당하면 미래에 느낄 죄책감도 자동적으로 줄어든다. 또한 우선순위를 점검해두면 기회를 놓치고 자신에게 죄책감을 느끼는 일도 피할 수 있다.

SUMMARY

이기심과 이타심의 균형을 잡아야 한다. 우리에게는 그 둘이 모두 조금씩 필요하다. 어느 한쪽으로 지나치게 기울면 죄책감을 느끼게 된다. 죄책감을 관리하는 방법들을 활용하라. 죄책감을 받아들이고, 속성을 이해하고, 모두를 만족시키려 애쓰지 마라. 당신의 시간을 보호하고 인생의 중요한 것들을 위한 시간을 확보하라. 그래야 기회를 붙잡을 수 있는 시간도 허락된다.

TAKE ACTION   얼마만큼의 죄책감을 느끼는가?

당신이 느끼는 죄책감을 1에서 10까지 점수로 매겨보자. 그 점수는 무얼 말해주는가? 혹시 다음과 같은 것을 말해주는가?

- KLA에 해당하는 일들에 소홀함.
- 기회를 놓치고 있음.
- 자신을 충분히 돌보지 않고 있음에 대한 분노.

이기심과 이타심의 균형을 되찾기 위해 할 수 있는 일을 세 가지 적어보자.

22장

레버리지 목록을 만들어라

혹시 이제까지 '해야 할 일 목록(to do list)'을 만들어왔는가? 그렇다면 이제 그보다 더 나은 방법을 알려주고자 한다. 앞서 일정과 계획표를 설계하고 시간을 관리하는 법을 살펴봤다. 여기서는 할 일을 관리하는 법을 간단히 설명할 것이다. 이 방법을 활용하면 기회 사냥을 할 수 있는 시간이 더 많아진다.

나는 이제 '해야 할 일 목록'을 만들지 않는다. 이는 업무에 압도되어 비생산적 하루를 보내는 지름길이다. 삶을 한 단계 도약시키고 싶다면, 하루의 시간을 최대한 활용하고 기회를 붙잡고 승리하는 하루를 이어가고 싶다면 중요하지 않은 일에 시간을 쓰는 일을 멈춰야 한다. 그런 일은 다른 사람에게 맡기면 된다.

≡≡≡ '해야 할 일'이 아닌 '레버리지' 목록을 만들어라

이제 우리는 '해야 할 일 목록'이 아니라 '레버리지 목록'을 만들어야 한다. 앞에서도 설명했지만 전날 밤에 다음 날을 위한 목록을 만든다고 하자. 분명히 말해두지만 '다음 날'을 위한 목록이다. 그러니 향후 5년 동안 해야 할 일을 장황하게 적지 마라. 이때 다음과 같은 사항을 주의한다.

- 목록에 최대 일곱 가지만 적는다.
- 중요한 순서대로 적는다. 즉 KLA, KRA, IGT 순으로 적는다.
- 실행할 때는 반드시 가장 중요한 일부터 하고, 끝나기 전에는 다음으로 넘어가지 않는다.

이제 목록에 적힌 일들을 표의 세 칸에 나눠 적는다. 나는 이것을 'L1, M2, DL 시스템'이라고 부른다. 먼저 레버리지하고(Leverage First), 다음으로 관리하고(Manage Second), 마지막으로 직접 한다(Do Last)는 뜻이다. 표 각 칸의 상단에 왼쪽부터 '레버리지', '관리', '직접 하기'라고 적는다.

목록을 보자. 당신이 아닌 다른 사람에게 맡길 수 있는 일이 무엇인가? 아무리 바닥 청소 실력이 뛰어나다고 해도 그 일은 청소부에게 맡길 수 있지 않은가? 청구서 발송 업무는 당신의 가상 비서가 할 수 있지 않은가? 찾아가서 봐야 할 부동산이 있다면 당신 대신 사업 파트너가 하면 어떨까? 레버리지할 수 있는(즉 다른 이에게 위임할 수 있는) 일은 전부 '레버리지' 칸에 적는다.

두 번째인 '관리' 칸에는 점검할 일에 해당하는 것을 적는다. 타인에게 위임했거나 아웃소싱한 일들이 제대로 완료되도록 지속적으로 점검해야 한다. 마지막으로, '직접 하기' 칸에는 오로지 당신만 할 수 있는 일을 적는다.

이제 두 목록을 비교해보자. 원래의 '해야 할 일 목록'보다 이런 식으로 정리한 목록이 훨씬 낫지 않은가? 하루에 해야 할 일 여섯 가지 중 세 가지를 다른 이에게 위임한다면 일하는 시간은 절반으로 줄고 결과물의 질은 두 배가 될 수 있다. 당신을 위한 기회들에 더 집중할 시간이 생기는 것은 말할 것도 없다.

SUMMARY

'해야 할 일 목록'을 업그레이드해서 '레버리지 목록'을 만들어라. 할 일을 중요한 순서대로 적고 그중 다른 이에게 맡길 수 있는 것들을 추려내라. '레버리지(위임할 일)', '관리(위임 후 계속 점검할 일)', '직접 하기(당신만 할 수 있는 일)'라고 적은 세 칸짜리 표를 만들어라. 이렇게 관리하면 효율성은 높아지고 압도감은 줄어들며 기회를 위해 더 많은 시간을 쓸 수 있다.

TAKE ACTION   레버리지 목록을 만들어라

당신만의 '레버리지 목록'을 만들고 중요도가 가장 높은 일부터 처리하라.

23장

매일을 새롭게 시작하라

날마다 하루의 주인이 되어 인생을 사는 사람은 매일 하루를 다시 시작할 수 있다. 태양이 오늘 졌다가 내일 다시 떠오르듯 말이다. 어제의 짐과 과오를 어깨에 진 채 오늘을 살아야 할 이유가 있을까? 어제는 잊어라. 이미 지나간 날이므로 다 잊도록 하라.

과거를 절대 돌아보지 말라는 이야기가 아니다. 오늘 일어난 일을 돌아보며 성찰하고 뭔가 배우는 것은 매우 중요하다. 그래야 내일 승리하는 하루를 만들 수 있다. 내 말은 현재를 살라는 이야기다. 과거의 실수와 실패에 붙들리거나 놓친 기회를 후회하지만 말라는 이야기다.

죄책감과 후회는 당신이 과거에 지나치게 붙들려 있다는 두 가지 신호다. 가슴속의 그 감정을 찬찬히 살펴보라. 내면에 통제할 수 없는 소용돌이가 일고, 근육이 욱신거릴 만큼 호르몬이 급증하고, 머리가 어지러울지도 모른다. 그 반사적인 생물학적 반응을 관찰하며 원인을 생각해보자. 당신이 떼어놓지 못하고 과거에서 현재로 끌고 온 그 일은 무엇인가? 왜 그것을 놓지 못하는가? 무엇을 하면 자유로워질 수 있겠는가?

═══ 어제의 패배는 잊어라

앞에서 언급한 세네카를 다시 떠올려보자. 스토아 철학자들은 오늘 하루에 충실하면서 현재를 사는 것의 중요성을 강조했다. 그들 철학의 기저에는 '메멘토 모리(죽는다는 것을 기억하라)'가 깔려 있었다. 그들은 언젠가 죽는다는 사실을 상기하면서 현재에 충실하고자 했다. 스토아 철학자 에픽테토스(Epictetus)는 사랑하는 이들에게 입 맞출 때도 그들 또한 언젠가 죽는 존재라는 것을 기억하라고 제자들에게 가르쳤다.

흔히 사람들은 말한다. 우울한 죽음 따위 생각하지 말라고, 밝은 것만 생각하라고 말이다. 나는 그 말에 반대한다. 스토아 철학자들의 말처럼 우리 삶에서 100퍼센트 확실한 것은 죽음뿐이다. 이 불편한 진실을 잠시 속으로 음미해보자.

그리고 어제 또는 그저께 일어난 일 중 현재 당신을 괴롭히는 것을 떠올려보자. 그런 다음 당신이 죽는다는 사실을 떠올려보라. 그 일이 조금은 덜 중요하게 느껴지지 않는가?

죽음이라는 종착역을 기억하고 있으면 내려놓기가 좀 더 쉬워진다. 중요한 일에 더 집중할 수 있고, 매일을 마지막 날인 것처럼 살게 된다. 당신에게 중요한 건 언제나 나중이 아니라 '지금'이다. 내일도 어제도 아닌 오늘을 살아야 한다.

현재에 집중하는 삶을 살면, 어제 잘못된 일 때문에 무너지지 않고 오히려 뭔가를 배우면 더 많은 기회를 붙잡고 앞으로 더 좋은 날을 맞이할 수 있다. 날마다 하루씩 승리하면 결국 승리하는 인생이 된다. 물론 때로는 패배하는 날도 있을 것이다. 그러나 패배를 잊고 내일의 성공을 위해 다시 전진하는 것, 그것이 우리가 해야 할 일이다.

≡ 내일부터가 아닌 오늘, 지금 승리하라

혹시 최근에 이렇게 말한 적이 있는가? "내일 시작해야지." "월요일부터 시작해야지." "다음 달엔 꼭 시작할 거야." 다이어트, 운동하기, 새로운 사업 구상하기, 새 책 쓰기 등을 놓고 그렇게 말했을지 모른다.

우리는 '적절한' 때가 될 때까지 일의 시작을 미루곤 한다. '월요일에 시작하는 게 좋겠어. 하지만 다음 달 초가 더 낫지 않을까? 아, 그러고 보니 다음 달 첫날이 월요일이면 훨씬 더 좋겠네. 잠깐, 1월 1일에 시작하는 게 훨씬 낫지. 만일 1월 1일이 월요일이라면…. 그때까지 기다려야겠다!' 그렇게 '새로운 나'가 되는 일을 한없이 미룬다.

하지만 당신도 나도 너무나 잘 안다. 다 무의미한 짓이라는 걸 말이다. 숫자로 표시된 날짜는 의미가 없다. 인간은 수십만 년 동안 지구에서 살아왔지만 현재 우리가 쓰는 달력은 1582년 10월에야 만들어졌다. 우리 내면의 원초적 인간은 내일이 월요일이든 화요일이든 아무 상관도 없다. 그저 해가 떠오르면 자신의 모습으로 살기 위한 하루가 시작될 뿐이다.

'새로운 나'가 되겠다는 결심에는 맹점이 있다. 당신은 자신이 충분히 훌륭하지 않다고, 충분히 행복하지 않다고, 충분히 똑똑하거나 멋지지 않다고, 충분히 부유하지 않다고, 충분히 성공하지 못했다고 확신하고는 내일부터 개선하겠다고 결심한다. 또는 월요일, 다음 달, 1월부터 달라지겠다고 결심한다.

그런 일은 절대 일어나지 않는다. 자신을 정확하게 이해하고 받아들이지 않는 한 새로운 모습으로 변화하는 것은 불가능하기 때문이다. 그 새로운 자아는 당신에게 맞지 않는 옷처럼 느껴진다. 마치 딴사람이 된 것 같은 기분이 들고 부자연스럽다.

나는 우리 누구나 삶의 모든 영역에서 더 나은 사람이 될 수 있다고 굳게 믿는다. 하지만 자신을 정확히 이해하고 받아들이며 사랑하지 않는다면 진정한 변화를 꾀할 수 없다. 자신을 제대로 아는 것이 변화의 출발점이기 때문이다.

6장에서 나는 자신을 아는 것의 중요성을 설명했다. 장담하건 대 '진짜 당신'과 '당신이 생각하는 당신'은 꽤 다를 것이다. 아마도 당신은 자신을 가혹하게 비판하고, 자책하고, 자신을 공정하지 않게 대하고 있을 것이며 그 결과 '새로운 나'가 되기 위해 당신에게 맞지 않는 비현실적인 목표를 세웠을 것이다. 그래서 변화가 시작되지 못하는 것이다.

자신을 가혹하게 비판하는 영역, 새로운 시작을 계속 미루는 영역을 떠올려보라. 당신은 어떤 점을 놓치고 있는가? 당신의 진짜 모습은 무엇인가? 지금 보지 못하고 있는 당신의 모습은 무엇인가? 무엇이 변화를 방해하는가?

내면 가장 깊은 곳으로 들어가면(단단히 각오하라. 쉽지 않은 여정이니까) 발견과 충격과 받아들임이라는 과정을 거치게 된다. 그 충격은 당신이 '당신'임을 자각하는 데서 오는 충격이다. 그곳에서 새로운 누군가가 아니라 정확한 당신의 모습을 마주할 것이다. 그러나 이 내면 깊은 곳으로의 여행은 그럴 만한 가치가 있다. 당신이 현재의 당신이 된 '이유'를 이해할 수 있고, 따라서 변화를 위한 '방법'도 깨달을 수 있기 때문이다.

내일의 태양이 떠오를 때 주저 말고 변화를 시작하라.

SUMMARY

죽음은 우리 삶에서 유일하게 확실한 한 가지다. 과거에 얽매여 살지 마라. 하루하루 충실하게 살되 과거에 발목을 붙들리지 마라. 되돌아보며 성찰하고, 배우고, 앞으로 나아가라. 내일도 어제도 아닌 '지금'을 살아야 한다. 변화하고 싶다면 지금 당장 시작하라. 새 하루가 시작될 때마다 진정한 당신이 되어라.

TAKE ACTION　　　변화를 방해하는 것이 무엇인가?

당신이 떼어놓지 못하고 과거에서 현재로 끌고 온 일은 무엇인가? 마음에서 놓아주지 못하고 있는 일을 떠올려보자. 그것을 뒤로하고 앞으로 나아가려면 어떻게 해야 할까? '메멘토 모리'를 상기하라. 그 일이 정말 그렇게 중요한가? 만일 그렇다면 거기서 교훈을 얻거나 내일 잘못된 지점을 수정할 수 있을지 생각해보자. 잠자기 전에 작성하는 목록에 그것을 넣어라.

OPPORTUNITY
ROB MOORE

5부

기회를 부와 성공으로 이끌어라

24장

당신에게 성공이란 무엇인가

성공이 무엇이라고 생각하는가? 엄청난 돈을 버는 것인가? 많은 자유 시간을 누리는 것인가? 어떤 악기나 스포츠를 완벽히 마스터하는 것인가? 어떤 분야의 전문가가 되거나 기술을 익히는 것인가? 유명한 사람이 되는 것 또는 책의 저자가 되는 것인가? 자격증을 따는 것인가? 행복한 가정을 꾸리는 것인가?

— **성공** 「명사」 목표나 목적을 이룸.

위의 정의에 따르면 성공은 '목표나 목적을 이루는 것'이다. 따라서 성공의 의미는 당신의 목표에 따라 달라진다. 100만 달러를 버는 것이 목표인 사람은 100만 달러를 벌면 성공했다고 여길 것이다. 무술을 마스터하는 것이 목표인 사람은 가라데 검은 띠를 따면 성공했다고 말할 것이다. 가족과 멋진 집에서 사는 것이 목표인 사람은 밤마다 대궐 같은 집에서 아이들을 재울 수 있게 되면 성공했다고 느낄 것이다. 간단하다. 그렇지 않은가?

≡ 성공한 삶을 이루는 요소들

아니다. 사실은 그렇지 않다. 생각해보라. 만일 목표가 100만 달러를 버는 것이라면 실제로 100만 달러를 벌었을 때쯤엔 목표가 500만 달러로 올라 있을 테고, 따라서 당신은 성공했다고 느끼지 못할 것이다. 나는 그런 식으로 살아왔다. 내 인생은 성장과 발전과 도전의 삶이다. 나는 날마다 더 많은 것, 더 훌륭한 것을 향해 노력한다.

또한 성공을 위해서는 기회가 중요하다. 기회와 목표와 성공은 우리를 계속 앞으로 나아가게 하는 3원소다. 목표를 세우고, 기회를 붙잡고, 목표를 달성해 성공에 도착한다. 그리고 목표가 바뀌면 또 다른 기회를 붙잡아 그 목표를 이루고…. 이런 식으로 계속해서 목표를 하나씩 이뤄가며 성공을 좇는다. 그 과정의 성과를 측정하고, 발전 상황을 점검하고, 계속 더 높은 곳의 목표를 추구해나가는 것이다.

그러나 그것만이 전부가 아니다. 성공에는 또 다른 요소가 있다. 만일 이것이 없으면 나머지는 모두 무의미하다고 봐도 무방하다. 작가 마야 안젤루(Maya Angelou)는 이를 다음과 같은 말로 표현했다. "성공이란 자기 자신을 좋아하는 것이다. 자신이 하는 일을 좋아하고 자신이 하는 방식을 좋아하는 것이 성공이다."

은행 계좌에 100만 달러가 들어 있지만 자신이 하는 일을 싫어한다면 성공했다고 말할 수 있을까? 검은 띠를 땄지만 늘 자기 혐오에 시달린다면 그 사람은 성공한 사람일까? 궁전 같은 집에 살지만 모기지 대출금을 갚기 위해 매일 해야 하는 일이 끔찍이 싫다면 과연 성공한 것일까?

우리는 4부에서 매일을 놓치지 않고 충실히 살기 위한 방법과 프로세스를 살펴봤다. 그 모든 것의 기본은 우선순위 매기기다. 가장 중요한 것(삶의 기본 토대이자 당신의 성공을 결정짓는 것)을 언제나 우선순위 최상단에 놓아야 한다. 그래야 성공하는 인생이 될 수 있다.

가장 중요한 것, 즉 KLA에 속하는 일들을 먼저 돌보는 사람이라야 자신이 하는 일도 좋아할 수 있는 법이다. 아울러 자기 자신을 좋아한다는 것은 2부에서 설명한 자신을 제대로 아는 것과도 밀접히 연관된다. 나의 경우 멘토와 코치, 자기계발, 심리 상담을 통해 나 자신을 훨씬 더 깊이 이해하게 됐다. 당신도 당신만의 방법을 찾을 필요가 있다.

≡ 지나친 욕심을 경계하라

수시로 자기혐오와 자기 비하, 자책에 빠지는 사람이라면 자신을 좋아해야 한다는 말이 어색하게 느껴질 수 있다. 자신에 대한 애정을 소멸시키고 성공에서 멀어지는 지름길은 타인과 자신을 계속 비교하는 것이다. 소셜 미디어에 올라오는 남들의 멋지고 화려한 삶과 당신의 삶을 비교하는 짓은 하지 않도록 하자. 그렇게 타인과 비교하면 자신의 삶에 의문을 품게 되고 끊임없는 자기혐오의 늪에서 헤어나지 못한다.

당신의 성공을 위태롭게 하는 것은 비교뿐만이 아니다. 어느한 극단으로 치우치는 것 또한 경계해야 한다. 나는 지금까지 역설과 균형에 대해 자주 말했다. 모든 일에는 이쪽과 저쪽이 있고 중심을 잡아주는 균형추가 필요하다. 힘껏 밀었다면 다시 조금당기는 일도 필요하다.

간절하게 이루고 싶은 목표를 세운 상태에서 그 목표 달성을 도와주는 기회를 만나 정신없이 달리다 보면 자칫 시야가 좁아질 수 있다. 나도 그런 적이 많다. 시야가 좁아지면 극단으로 치우칠(즉 과도한 욕심을 부리거나 너무 이기적인 사람이 될) 위험이 있다. 그런 상태가 지속되면 처음 목표를 세웠을 때의 동기와 업무 능력, 인간관계가 삐걱거리기 시작한다. 하나의 목표에만 지나치게 집중하느라 나머지는 전부 잊어버리는 탓이다.

균형을 잃고 한쪽으로 치우치면 추진력을 잃고 당신에게 오는 기회도 차단하게 된다. 목표를 달성할 가능성도 희박해지고, 당신이 하는 일을 좋아하기도 힘들어진다.

진정한 성공으로 가려면 균형감을 잃지 말아야 한다. 당신이 세운 재정적 목표를 향해 힘껏 달리되 가족을 돌보는 일도 소홀히 해서는 안 된다. 운동을 시작할 때 세운 목표를 달성하려고 노력하면서 승진이라는 목표도 함께 추구하라.

═══ 목표를 측정하고 점검하라

균형을 추구하며 성공을 위해 달리는 길 위에서 문득 어떤 날은 평소보다 더 밀어붙여 많이 전진한 반면 어떤 날은 추진력이 부족하다고 느낄 수 있다. 그러다 '내가 왜 달리기 시작했지?' 하며 애초에 달리기 시작한 이유가 기억나지 않기도 한다. 그럴 때는 목표를 다시 상기하고 그 과정을 점검해보는 것이 좋다.

3장에서 마음속 시각화를 설명할 때 SMART 목표를 언급했다. 이는 구체적이고, 측정할 수 있고, 달성할 수 있고, 현실적이고, 기한이 있는 목표를 말한다. 많은 기업이 이런 접근법으로 목표를 관리한다(우리 프로그레시브에서도 마찬가지다). 이 말을 듣고 하품부터 나올지 모르겠지만 내 말을 믿길 바란다. 이 접근법은 대단히 효과가 클 뿐 아니라 당신이 세운 어떤 목표에서도 활용할 수 있다.

이것을 다시 언급하는 이유는 SMART 목표를 세우면 이 목표에서 활용하는 측정 요소를 통해 지금 당신의 목표와 발전 상황을 관리할 수 있기 때문이다. 각각의 측정 요소를 다시금 살펴보면 다음과 같다.

- 구체적인(Specific) 목표: 최대한 구체적인 목표를 세운다. '좋은 집에 살아야지'가 아니라 '15번가에 있는 집을 사야지'라고 생각한다.
- 측정할 수 있는(Measurable) 목표: 결과, 더 이상적으로는 결과에 이르기까지의 진전 상황을 측정할 수 있어야 한다.
- 달성할 수 있는(Achievable) 목표: '화성의 지하 호수에서 수영하기'가 목표라면 실패가 보장된 것이나 다름없다.
- 현실적이거나 적절한(Realistic or Relevant) 목표: 자신이 삶에서 중요하게 여기는 것과 가치관에 부합해야 한다.
- 기한이 있는(Time-bound) 목표: 목표 달성의 기한을 정해야 한다. 완료일이 끝도 없이 늘어지는 걸 원치 않는다면 말이다. 마감일이 없으면 일은 반드시 늘어지게 돼 있다.

여기서 나는 특히 '측정할 수 있는' 목표를 강조하고 싶다. 목표를 세웠다면 이를 향해 달려가기 전에 먼저 생각해보자. '레이스가 끝난 후 내가 만날 성공은 어떤 모습인가?' 물론 도중에 목표가 바뀌기도 할 것이다. 하지만 출발할 때 일단 목적지에 대한 그림을 그려둬야 한다. 그러지 않으면 배가 엉뚱한 항로로 나아갈 수 있다. 다음을 생각해보자.

- 내가 생각하는 성공은 어떤 모습인가?
- 성공했을 때 그 사실을 어떻게 알 수 있는가?
- 목표 달성을 위해 밟아야 하는 단계들은 무엇인가?
- 그 단계들을 어떻게 측정할 것인가?

이런 것들을 명확히 해두면 목표에 더 집중할 수 있다. 집중도가 높아지면 달성 가능성이 커지는 것은 두말할 것도 없다.

SUMMARY

성공의 의미는 사람마다 다르며 목표와 연관되어 있다. 당신은 원하는 목표를 이루면 성공했다고 느낄 것이다. 하지만 그게 전부가 아니다. 목표에 다가가는 동안 당신의 목표는 또다시 바뀔 것이며, 계속 더 높은 목표를 추구해나갈 것이다. 타인과 자신을 비교하는 것 그리고 극단으로 치우치는 것을 경계하라. 자칫 방향을 잃고 탈선할 수도 있다. SMART 목표를 세우고 발전 상황을 측정하라.

TAKE ACTION   당신에게 성공이란 무엇을 의미하는가?

인생에서 성공이라고 생각되는 세 가지 목표를 적어보자. 만일 5년 전에 적은 목록이 있다면 꺼내어 살펴보자. 그 목표들은 지금 적은 세 가지와 다른가? 내용은 같은데 규모만 커졌는가? 세 가지 목표 중 하나를 골라 SMART 목표로 만들어보자. 당신은 성공을 어떻게 측정할 것인가?

25장

성장하고 전진하는 길을 택하라

몹시 의기소침했던 시기, 우울했던 시기가 있었는가? 무엇에도 의욕이 없고 사는 게 재미없고 어디서도 밝은 면을 볼 수 없었던 시기가 있었는가? 그때 어떤 기분이 들었는가? 정체된 느낌이었는가? 수렁에 빠져 더 나아갈 수 없을 것만 같았는가? 때로 뭔가를 이해하려면 그와는 정반대 개념을 살펴봐야 한다.

행복이 뭔지 알고 싶다면 먼저 불행을 생각해보자. 불행은 정체 상태다. 그렇다면 행복은 성장이며 전진이다. 무언가를 향해 나아가는 것, 어려움을 극복하거나 문제를 해결하기 위해 열심히 노력하는 것이 행복이다. 행복은 가치 있는 목표를 향해 나아가는 것이다.

≡ 행복은 편안함이 아니라 고통에서 온다

이번에는 행복했던 순간, '황홀할 만큼' 행복했던 순간을 떠올려 보자. 그때 당신은 무엇을 하고 있었는가? 왜 그토록 행복한 기분이 들었는가? 한 가지 확실한 건 우리가 어려운 무언가, 축하할 만한 무언가, 의미 있는 무언가를 이뤄낼 때 최고의 행복을 느낀다는 점이다. 예를 들면 자신의 삶이나 타인의 삶에서 중요한 문제를 해결했거나 산의 정상에 올랐을 때(말 그대로든, 비유적으로든) 그렇다.

나는 행복이 대체로 선택의 문제라고 믿는다. 우리는 자신이 직면한 도전을 감사히 여기기로 '선택'할 수 있다. 지금 이 순간에 행복하기로, 밝은 면을 보기로 선택할 수 있다는 이야기다. 그러나 더 나은 사람이 되기보다는 그저 편안하게 살고 싶어서 힘든 상황을 의도적으로 피한다면, 어떻게든 고통을 회피하고 쉬운 삶을 살려고 한다면 문제를 해결할 때 느끼는 강력한 희열은 절대로 경험하지 못한다. 즐거움을 주는 행위만 좇는다면 내면의 깊은 자신감을 발견할 기회를 얻을 수 없다.

행복은 그저 흡족한 감정이 아니다. 무언가를 성취하고 성장하며 극복하고 시도하고 성공할 때 오는 벅찬 감정이 행복이다. 물론 행복이란 감정을 생물학적 측면에서도 설명할 수 있다. 어려움을 극복하고 승리했을 때 우리의 뇌에는 옥시토신과 엔도르

핀, 도파민을 비롯해 그 승리를 축하하기라도 하듯 일련의 화학 물질이 분비된다. 승리는 좋은 것이다. 승리하면 우리의 머릿속에는 호르몬의 폭죽이 터진다!

나는 뭔가를 위해 끊임없이 노력하다가 마침내 해냈을 때 그런 기분(진짜 행복)을 느낀다. 의미 있는 승리를 거둘 때, 가치 있는 목표를 달성할 때 말이다. 그러나 터널처럼 좁은 시야에 갇힌 채 목표를 향해 달린다면, 오로지 터널 끝에 보이는 빛, 즉 결과에만 너무 집중한다면 '여정'을 누릴 수 없다. 막상 도착하고 나면 처음의 목표 지점은 다시 자리를 옮겼을 것이다. 그 과정은 계속 반복될 것이고, 목표 하나를 이뤘다면 그다음 목표를 정해야 한다.

목표만 중요한 게 아니다. 또한 목표를 달성하기까지 성장하는 과정만 중요하다고 할 수도 없다. 둘의 균형을 맞춰야 한다. 진정한 행복을 위해서는 목표를 성공적으로 이뤄내기도 해야 하지만, 은퇴하고 나서 고양이가 제 엉덩이를 핥는 광경이나 지켜보며 시간을 보내선 안 된다. 저명한 심리학자 데이비드 J. 리버만(David J. Lieberman) 박사는 이렇게 말했다. "성장하지 않는 사람은 죽어간다. 살지 않는 사람은 썩어간다."

리버만 박사는 행복을 연구하면서 삶의 의미와 목표를 찾기 위해서는 불편함과 도전을 감수해야 한다는 사실을 깨달았다. 그는 2016년 프로젝트 인스파이어 컨벤션(Project Inspire

Convention) 강연에서 이렇게 말했다. "그저 편안하게 살고 싶다면 자존감을 높이는 일은 포기해야 합니다." 백번 맞는 말이다. 고생과 도전을 거부한다면 승리도 누릴 수 없다.

≡ 가치 있는 목표에 오롯이, 몰입하라

우리가 가치 있는 목표를 향해 제대로 나아가고 있음을 알려주는 한 가지 확실한 지표는 바로 '몰입'이다. 아마 당신도 경험해 봤을 것이다. 무아지경의 상태, 무언가에 완전히 몰두해 시간이 얼마나 흘렀는지, 바깥세상이 어떻게 돌아가는지 전혀 의식하지 못하는 상태 말이다. 그 순간에는 오로지 자신과 지금 몰두하고 있는 일만 존재한다. 대개는 중요한 문제에 완전히 열중할 때, 거기에 사로잡혀 푹 빠져 있을 때 그런 상태가 된다. 모든 지적 능력과 에너지가 그 일에 투입되는 순간이다. 쉽게 도달할 수 있는 상태는 아니지만 큰 희열을 느끼게 해주는 상태다.

뭔가를 하면서 몰입 상태에 빠져봤다면 더 자주 그런 상태가 되도록 노력해보자. 이는 가치 있는 목표를 향해 꾸준히 나아가는 효과적인 방법이다. 앞서 20장에서 소개한 21일의 일지를 작성할 때 몰입 상태에 빠졌던 순간이 있었다면 따로 메모해놓자. 그리고 어떤 상황에서 그런 몰입을 경험했는지 써놓자. 그때그때 적어도 좋고, 일과를 마무리할 때 적어도 좋다(너무 지체하지는 않도록 하자. 시간이 오래 흐르면 잊어버릴지도 모른다).

- 그 순간에 무엇을 하고 있었는가?
- 어디에 있었는가?
- 어떤 도구나 장비를 사용하고 있었는가?
- 주변 환경은 어땠는가? 집중을 방해하는 요소는 없었는가?
- 그때 느낌이 어땠는가? 더웠는가? 서늘했는가? 기운이 넘쳤는가? 초조했는가?

상세히 기억할수록 21일이 지난 후 그간의 삶을 더 정확하게 분석할 수 있다. 21일의 기록이 끝났다면 당시 몰입했던 순간들이 어땠는지 꼼꼼히 훑어보자.

- 그 순간들의 공통점은 무엇인가?
- 어떻게 하면 그와 비슷한 상황을 주기적으로 조성할 수 있는가?

이렇게 분석하고 나면 뭔가를 할 때마다 몰입하기가 더 수월해진다. 적절한 때를 정하고 필요한 것을 준비한 뒤 스마트폰 등은 꺼놓도록 하자. 가치 있는 목표를 위해 기꺼이 몰입에 빠져보자.

몰입은 당신이 좋아하는 일과 직업이 맞닿는 지점에서 일어날 수도 있고, 삶의 다른 두 영역이 교차하는 지점에서 일어날 수도 있다. 그 지점을 알아채면 몰입에 대해 더 깊이 이해하게 될 것이다.

≡≡≡ 끊임없이 성장하고 나아가라

성장하고 싶다면 부단히 노력해야 한다. 넷플릭스를 켜놓고 명상을 하는 건 성장을 위한 노력이라고 할 수 없다. 당신은 계속 이뤄내고 경쟁하고 발전하고 문제를 해결하고 성공해야 한다. 가치 있는 목표, 즉 성취했을 때 굉장한 행복을 안겨주는 목표를 추구하는 확실한 방법 하나는 인생에서 가장 크고 중요한 문제를 골라 소매를 걷어붙이고 달려드는 것이다. 어떻게든 그것을 해결하라. 끝까지 완수하라.

가치 있는 목표를 정했는가? 그렇다면 이를 SMART 목표로 전환하고, 목표를 달성하는 과정에서 언제 몰입 상태가 될 수 있는지 파악해보라.

이렇게 하면 성공과 행복을 주도적으로 만들어내는 사람이 될 수 있다. 삶의 모든 문제와 도전 과제에 이 방식을 적용해보길 바란다. 어차피 문제는 해결해야 한다. 그렇다면 그 문제를 해결하는 것이 인생의 과정인 동시에 목표라면 좋지 않겠는가? 힘든 과제에 직면할 때마다 당신에게는 새로운 기회가 열린다. 그것과 씨름하다 잘 안 되더라도 몰입이라는 값진 경험을 할 수 있으며 만일 성공한다면 문제 하나를 덜게 된다. 어느 쪽이든 의미 있는 결과 아닌가!

SUMMARY

푸른 하늘 아래 펼쳐진 하얀 모래사장에서 해먹 안에 누워 파도가 부서지는 소리를 듣는 게 진정한 행복일까? 그렇지 않다. 행복은 의미 있는 목표를 이루기 위해 노력할 때 찾아온다. 어떤 일에 몰입한 상태를 주도적으로 만들어라. 그러면 진정한 행복을 만날 수 있다. 아울러 해결할 문제도 하나 줄어들 것이다.

TAKE ACTION   가치 있는 목표에 몰입하라

가치 있는 목표를 정하라. 현재 직면한 어려운 문제는 무엇인가? 비즈니스 문제일 수도 있고, 돈 문제나 인간관계 문제일 수도 있다.

- 그 문제를 목표로 설정하라.
- 그 목표의 SMART 요소들을 적어보라. 어떻게 측정할 것인지 명확히 정해야 한다.
- 일정 기간 관찰을 통해 자신이 몰입에 빠지는 패턴을 파악했을 것이다. 이제 문제를 해결하면서 자주 몰입 상태가 될 수 있는 조건과 환경을 만들어라.
- 발전 상황을 점검하라. 또한 조금씩 발전하고 성장할 때마다 행복을 만끽하는 것도 잊어선 안 된다!

26장

일단 시작하고 나중에 수정하라

이제 본격적으로 행동에 착수할 때다. 기회를 붙잡았다면 행동하고 이뤄내야 한다. 변명은 통하지 않는다.

'완벽한 때'란 없다

일을 해내는 가장 좋은 방법은 그저 닥치고 시작하는 것이다. 많은 사람이 이 부분을 몹시 어려워한다. 바로 우리 안에 살고 있는 완벽주의자 때문이다. 하지만 솔직히 이야기하면 당신은 절대로 완벽해질 수 없다. 당신이 바라는 완벽한 조건과 환경은 갖춰지지 않으며 완벽하게 준비할 날은 끝내 오지 않는다. 그런 순간을 기다리다간 그전에 고꾸라질 것이다. 완벽해지려다가 미쳐버릴지도 모른다.

완벽주의에는 늑장이 따른다. 완벽주의와 늑장은 최고의 불량 커플이다. 완벽주의는 꾸물거리고 미루는 태도에 존재 이유를 부여한다. 게다가 우리는 이미 온갖 일들에 압도되어 있으며 자신을 속이는 데 귀재다. 완벽주의와 늑장이라는 조합에 그런 상황까지 더해지면 결국 아무것도 이루지 못하는 최적의 공식이 탄생한다.

내 경우 이런 상황을 극복하는 방법은 무조건 시작하는 것이다. 나는 일단 시작한 뒤 차츰 개선하고 변경하고 조정한다. 미국의 부동산 거물 그랜트 카돈(Grant Cardone)도 그렇게 말했다. 내 팟캐스트에서 그를 몇 번 인터뷰했는데 한번은 그가 책 쓰는 이야기를 들려주었다. 그는 오탈자가 있는 책이라도 출간하는 편이 책을 아예 출간하지 않는 것보다 낫다고 했다. 일단 출간한 뒤 독자들이 실수를 지적하면 수정해서 개정판을 내면 된다는 것이었다. 듣고 보니 꽤 좋은 생각이었다.

나는 많은 사람이 이와 비슷한 문제로 힘들어한다는 사실을 깨닫고 《결단》이라는 책을 썼다. 짤막하고 실용적인 장(章)들로 구성한 그 책에서 실행을 방해하는 여러 이유를 짚어본 뒤 실제로 실행하는 방법을 제시했다. 그 책의 내용 일부를 소개한다.

- 꾸물거림(미루기)을 이해하라: 우리는 누구나 꾸물댄다. 하지만 자신을 꾸물대는 사람으로 낙인찍지는 마라. 꾸물거림에도 나름의 역할이 있다는 사실을 이해하라.
- 도움을 구하라: 도움이 필요할 땐 주저 말고 청하라.
- 완벽주의에서 벗어나라: 완벽주의는 어떤 도움도 되지 않는다. 완벽해지는 일은 불가능하다.
- 지금 하라: 오늘 시작할 수 있는 일을 내일로 미루지 마라. 당신이 가진 시간은 '지금'뿐이다.
- 멀티태스킹을 경계하라: 이 일, 저 일 옮겨 다니는 것은 최악의 방식이다. 그렇게 하면 제대로 된 결과를 얻을 수 없다. 한 가지에 집중해서 몰입하라.
- 걱정을 줄여라: 당신이 상상하는 최악의 상황은 거의 일어나지 않으니 걱정하지 마라.
- 결단력을 가져라: 어쨌든 결정을 내려라. 대개는 나쁜 결정이 아무것도 하지 않기로 한 결정보다 낫다.
- 자신을 채찍질하라: 자신의 능력을 약간 넘어서는 일을 통해 흥미와 도전 의식을 유지하되, 선택의 가짓수를 줄여 결정 피로감을 없애라.
- 목표를 세워라: 명확한 목표를 세우고 마음속으로 상상하라.
- 우선순위를 정하라: 당신만 할 수 있는 일은 직접 하고, 나머지는 다른 이들에게 맡겨라.

- 책임감을 강화하라: 일단 시작하되 조금씩 수정하며 끝까지 완성시켜라.
- FOMO(Fear Of Missing Out, 기회를 놓치거나 소외될까 봐 느끼는 두려움)를 극복하라: 두려움을 인지하되 거기에 지배당하지는 마라.
- 최악을 상상하라: 미리 생각해보고 리스크를 이해하라.
- 일단 시작하라: 당장 자리를 박차고 일어나 행동하라!
- 최종 결정이란 없다: 결정은 필요에 따라 바꿀 수 있는 것이라고 생각하라.

핵심은 일단 움직여야 한다는 것이다. 지금 바로 하라! 가장 먼저 밟아야 할 단계를 밟고, 다음 단계로 넘어가라. 두려움과 완벽주의, 늑장을 깨부수고 일단 시작하라. 기회는 끊임없이 만지고 굴리지 않으면 곧 시들어 사멸해버리고 만다.

≡ 당신의 성공을 함께할 멘토를 찾아라

가장 속이기 쉬운 사람은 누구인가? 바로 자기 자신이다. 우리는 끊임없이 자신에게 거짓말을 하면서도 그 사실을 알아채지 못한다. 그것이 목표를 이루지 못하는 가장 중요한 이유다. 부정도 자신을 속이는 한 방법이다. 상황이 바람직하게 흘러가고 있지 않다는 사실을 받아들이지 않는 것이다. 우리는 종종 문제를 발견해도 모른 체하면서 그 실체를 직시하려고 하지 않는다.

이를 극복하는 방법, 더 이상 자신을 속이지 않는 가장 좋은 방법은 외적인 압력을 마련해 책임감을 강화하는 것이다. 당신에게 진실을 말해줄 사람, 당신이 목표를 완수하도록 지켜볼 사람을 찾으라는 뜻이다.

이것은 내가 하는 일에서 중요한 부분을 차지한다. 나는 멘토로서 기업가가 되는 법을 지도할 때 대개는 자상하고 다정하며 든든한(원래 내 성격이 그렇다!) 조력자이지만 가끔은 냉혹한 진실을 일깨우는 독설을 날리기도 한다. 이런 진실은 고통스럽다. 사람들은 대체로 그런 사실을 믿고 싶어 하지 않는다. 그러나 일단 받아들이고 나면 변화를 꾀하고 다시 궤도로 복귀해 목표를 향해 나아간다.

거인의 어깨에 올라서면 더 멀리 볼 수 있다. 멘토를 찾으면 당신이 올라설 거인의 어깨를 갖는 셈이다. 오프라의 멘토는 마야 안젤루였다. 이브 생로랑(Yves Saint-Laurent)의 멘토는 크리스티앙 디오르(Christian Dior)였다. 빌 게이츠의 멘토는 워런 버핏이었고 마크 저커버그의 멘토는 스티브 잡스였다.

멘토의 중요성은 익히 아는 이야기다. 우리는 멘토에게서 많은 것을 얻을 수 있다. 나 역시 다른 사람의 멘토 역할을 한다. 나를 만나는 비용이 저렴하지는 않지만(사람들은 내게 멘토링이나 코칭을 받기 위해 5만 파운드를 지불한다) 내 도움을 받은 사람들이 어떤 결과를 얻었는지 확실하게 증명할 수 있다. 그중 몇몇은 백만장자가 되었다. 사업을 일으키고, 어려운 목표를 이루고, 더 행복하고 부유하고 성공적인 삶을 누리게 된 사람이 셀 수 없이 많다.

물론 모든 멘토가 훌륭하다고 할 수는 없다. 따라서 멘토를 선택할 때는 매우 신중해야 한다. 훌륭한 멘토는 꼭 필요한 때 필요한 것을 알려주고 당신이 목표를 이루도록 돕는다. 나쁜 멘토는 당신에게 무엇이 필요한지, 그것이 언제 필요한지 모른다. 나는 아무런 도움이 되지 않는 멘토에게 엄청난 돈을 쏟아부은 사례를 수없이 목격했다. 그런 사기꾼을 피하고 정말로 훌륭한 멘토를 찾는 몇 가지 팁을 소개한다.

- 싼 게 비지떡이다. 공짜 조언은 괜히 공짜가 아니다. 훌륭한 멘토를 찾으면 투자 대비 엄청난 이익을 얻을 수 있다. 그러니 위험 요소만 없다면 기꺼이 돈을 쓸 각오를 하라.
- 당신보다 다만 몇 걸음이라도 앞서 있는 사람을 선택하라. 피아노를 배우고 싶다면? 피아노에 통달한 사람을 찾아라. 직원을 5명에서 10명으로 늘리고 싶다면? 직원을 100명쯤 둔 사람에게 조언을 구하라. 1억 파운드를 벌고 싶다면? 10억 파운드를 가진 사람을 만나라.

- 검증하라. 돈을 내기 전에 신중하고 꼼꼼하게 조사하라. 뭔가 이상한 느낌이 든다면 선택하지 않는 것이 좋다.
- 정말 훌륭한 멘토인가? 과거에 그 사람에게 지도를 받은 사람들을 만나보라. 한 분야에서 크게 성공했어도 다른 이들을 성공으로 이끄는 데는 젬병인 경우도 있다.

나는 내 소셜 미디어 그룹들, 특히 페이스북 그룹을 통해 많은 사람이 책임감을 갖고 목표를 추구하도록 돕는다. 파괴적 기업가 커뮤니티의 멤버들은 항상 그룹 내에서 목표를 공개하고 진척 상황을 공유하며 스스로 도전하면서 목표에 대한 책임감을 상기한다. 덕분에 많은 사람이 처음으로 페이스북 라이브 진행이라는 도전에 성공할 수 있었다.

내가 정기적으로 진행하는 '현금 만들기 챌린지'도 좋은 예다. 이 챌린지가 시작되면 사람들은 먼저 자신의 목표 금액을 발표한 뒤 매일 목표를 향해 단계를 밟아나간다. 많은 사람이 진척 상황을 허심탄회하게 공개하고 그룹 멤버들의 격려와 지도를 받는다. 훌륭한 동료 멘토링 시스템인 셈이다.

당신에게 가장 효과적인 접근법이 무엇인지, 당신은 무엇을 투자할 수 있는지, 당신의 목표는 무엇이며 누가 그것을 이루도록 도울 수 있는지 파악하라.

SUMMARY

기회를 찾았다면 반드시 실행이 뒤따라야 한다. 기회는 방치하면 눈앞에서 사라진다. 늑장과 완벽주의, 압도감, 우유부단함, 두려움을 극복하고 무조건 시작하라! 꾸준히 나아가기 위해 책임감을 강화하라. 멘토를 찾거나 도움을 주고받을 수 있는 그룹에 들어가라.

TAKE ACTION   당신을 가로막는 장벽은 무엇인가?

자신의 내면을 들여다보자. 완벽주의가 당신을 붙잡고 있는가? 스스로 세운 장벽이 있다면 무엇인지 적어보자. 그 내용을 살펴보고 인정한 뒤 이를 넘어서기 위해 노력하자.

- 가장 먼저 밟아야 할 단계를 밟아라. 기회가 시들어버리지 않도록 계속 만지고 굴리려면 무엇을 해야 하는가?
- 다음 단계에서는 무얼 해야 하는가?
- 계속 실행할 수 있도록 책임감을 상기시킬 사람을 한 명 이상 찾아라.
- 당신이 무엇을 할 것인지 그 사람에게 약속하라. 더 용기를 낼 수 있다면 공개적으로 서약하라(내 페이스북 그룹에 들어오는 것도 환영한다. 우린 꽤 좋은 사람들이다).
- 그냥 닥치고 시작하라!

27장

변화는 또 다른 변화를 부른다

이 책도 그렇듯, 모든 좋은 것은 언젠가 끝을 맞이한다. 기회도 마찬가지다. 삶에 더 많은 기회를 불러들이기 위해서는 현재의 기회를 언제, 어떻게 끝내야 할지 알아야 한다. 가끔은 불필요한 것을 정리하고 새로운 것을 맞이할 대비를 해야 한다.

불 꺼진 기회를 알아보는 법

얼마 전 나는 내 커뮤니티의 멤버 두어 명에게 계속 성공담만 듣고 있자니 별로 유용하지 않은 것 같다는 이야기를 듣고 지난 몇 년간 마크와 내가 겪은 수많은 어려움과 실패를 들려주었다. 그 경험들은 정든 기회를 죽인 사례이기도 했다. 때로는 성장 단계와 상관없이 기회의 플러그를 뽑아야 한다. 다시 말해 기회의 심장을 다시 뛰게 할 수 있는지 확인해보고, 이미 뇌사한 기회라면 그 사실을 받아들여야 한다.

지난 몇 년 동안 마크와 내가 생명을 끝낼 수밖에 없었던 몇 가지 기회는 다음과 같다.

- 적자가 난 여러 부동산과 허름한 집들.
- 불량한 임대중개 에이전시 세 곳(횡령한 곳과 모함한 곳, 매물을 훔친 곳).
- 열심히 일했지만 이런저런 이유로 내보낼 수밖에 없었던 직원들(마크와 나의 어머니도 포함된다).

기회는 영원히 지속되지 않는다. 불 꺼진 기회를 알아볼 수 있어야 한다. 비즈니스에서는 어떤 경우에 기회를 놓아야 하는지, 어떻게 놓아야 하는지 몇 가지 예를 들면 다음과 같다.

- 재정적 손실을 보고 있으며 나아질 기미가 보이지 않는다: 어디까지 허용할 수 있는지 (가능하면 사전에) 정해야 한다. 손실이 그 선을 넘는다면 중단해야 할 때다.
- 흥미를 잃었다: 관심이 가는 분야는 시간이 흐르면 바뀐다.

자신에게 솔직해져라. 더 이상 흥미를 못 느낀다면 아마 틀림없이 몰두하지 않을 것이다. 그런 곳에 시간을 낭비할 필요는 없다.

- 아무도 관심을 갖지 않는다: 이 부분은 놓치기 쉽다. 눈을 크게 뜨고 봐야 한다. 사람들에게 물어보라. 제품이든, 서비스든, 예술 작품이든 아무도 원치 않는다면 '중지' 버튼을 눌러야 한다.
- 감당하기에 너무 벅차다: 훌륭하다! 지금까지 정말 잘했다! 하지만 기회가 너무 커졌다면 내려놓는 것이 최선일 수도 있다.

한창 굴러가는 기회를 멈춰 세우는 좋은 방법도 있고, 나쁜 방법도 있다. 쓸데없이 다리를 불태울 필요는 없다. 모두에게 이로운 출구 전략을 준비해보자.

- 재정적 손실 때문에 중단해야 한다면 계약에 명시된 의무를 반드시 이행하라. 채무는 모두 갚아라.
- 여전히 핫하지만 당신에게 맞지 않는 기회라면 넘겨받을 만한 사람을 찾아라. 다른 사람이 그 기회로부터 가치를 얻도록 하라.
- 인기가 없고 시기상 너무 이르다고 판단되면(기술 분야에서 이런 일이 많이 일어난다) 잠시 놓아두고, 석 달 뒤에 다시 살펴보

기로 하라. 어차피 가망이 없다면 우아하게 퇴장하고 함께 참여한 사람들에게 충분히 설명하라. 열심히 힘써준 모두에게 고마움을 표하라.

- 당신이 감당하기 벅차다면 출구 전략의 실행을 고려하라. 출구 전략이 없다면 매각하거나 다른 사람에게 운영을 넘기면 어떨지 생각해보라.

하나의 기회가 사멸하는 것은 또 다른 변화를 끌어안는 계기가 된다. 그 변화로 당신은 한층 성장하거나, 비즈니스에 관한 지식을 쌓거나, 미래의 재정적 리스크를 완화할 수도 있다. 언제나 밝은 면을 보도록 하자. 그 기회가 어떤 결과를 낳았든지 간에 뒤이어 더 많은 기회가 찾아오는 조건을 조성하는 양분이 될 것이다. 그러면 이제 또 다른 기회를 잡을 준비가 되었는가?

SUMMARY

불 꺼진 기회를 알아볼 줄 알아야 한다. 그리고 그런 상황에서 무엇을 할지 알아야 한다. 비즈니스에서 손해를 보고 있거나 아무도 관심을 갖지 않을 때 혹은 감당하기 벅찰 만큼 기회가 커졌을 때는 손에서 놓아야 한다. 그렇다고 해서 돌아갈 여지가 전혀 없이 다리를 불태우지는 말고, 우아하게 퇴장하면서 모두에게 고마움을 표하라. 어떤 결과를 얻었든지 간에 다음 기회를 더 잘 대비할 수 있는 교훈을 얻을 것이다.

TAKE ACTION   출구 전략을 세워라

현재 굴리고 있는 기회 중 하나를 골라 출구 전략을 세워보자.

- 그 기회의 죽음을 알리는 신호는 무엇인가?
- 그 기회를 끝낼 때를 어떻게 결정할 것인가?
- 어떻게 끝낼 것인가?
- 결정에 영향을 받을 사람은 누구인가?
- 그 기회를 넘겨받을 수 있는 사람은 누구인가?

지금까지 내가 놓친 기회와 붙잡은 기회

인생은 우리가 붙잡은 기회들과 놓친 기회들로 이뤄진다. 우리가 내리는 모든 결정은 다음 일어날 일에 영향을 미친다. 그동안 내가 살아오면서 붙잡거나 놓쳤던 기회의 역사를 소개하면 다음과 같다.

2005년 이전에 놓친 기회

변화하기로 결심하고 실행하기 이전에 내가 놓친 기회의 목록이다. 좋은 정보이지만 흘려들어서, 막상 실천으로 옮길 용기가 부족해서, 준비 자세가 되어 있지 않아서 내 것으로 만들지 못했다.

- 아버지가 한 젊은 천재에 관한 뉴스 기사를 보여줬을 때 그와 관련된 주식을 사지 않았다(그때 샀더라면 지금 가치가 12배로 뛰었을 것이다).

- 부동산에 투자하지 않았다(영국의 집값은 지난 20년간 230퍼센트 이상 올랐다!).

- 내겐 성공한 대부(代父)가 있었지만 어떤 도움이나 조언도 구하지 않았다.

- 사립학교를 다녔지만 성공한 부모를 둔 부잣집 아이들과 어울리지 않았다. 남들에게 뭔가 배우는 데 관심이 없었고 인간관계를 넓히려 하지 않았다.

- 화가이면서도 공모전에 거의 출품하지 않았고 갤러리에 작품을 보여주지 않았다. 고객에게 추천을 부탁하지 않았고 에이전트를 구하려고 시도하지 않았다.

- 나보다 더 많이 아는 사람들에게 도움을 요청하지 않았다. 나는 너무 오만했고 한편으론 두렵고 쑥스러웠다.

- 책을 읽지 않았고 교육 프로그램이나 멘토를 찾지 않았다. 모든 걸 스스로 해결해야 하며 실수는 내 몫이라고 생각했다.

- 가치가 오르는 자산을 마련하지 않고 자동차, 옷, 전자제품 등 시간이 흐르면 가치가 떨어지는 물건을 사거나 술 마시는 데 돈을 썼다(학자금 대출금을 투자에 활용할 기회가 있었지만 놀러 다니고 옷과 비디오카메라를 사는 데 썼다).

≡≡≡ 2005년 이후 붙잡은 기회

나는 인생을 바꾸겠다고, 두렵거나 아는 게 부족해도 기회가 그냥 지나쳐 가도록 놔두지 않겠다고 결심했다. 2005년 12월부터 이 책을 쓰기 시작한 시점까지 일어난 일은 다음과 같다.

- 부동산 모임에 나가보라고 수개월 동안 권하던 갤러리 주인에게 적당한 모임을 추천해달라고 부탁했다. 그렇게 열린 문 하나가 이후 1,000개도 넘는 문으로 이어졌다.
- 2005년 12월 난생처음으로 부동산 네트워킹 모임에 참석해 사람들과 대화하고 명함을 건넸다. 그곳에서 15년간 함께할 사업 파트너를 만났고, 부동산 회사 사장에게 일자리를 제안 받았다.
- 나는 마크 호머(나의 현재 사업 파트너)가 추천한 책 세 권을 일주일 안에 다 읽었고, 덕분에 내세울 만한 경력이 없음에도 그가 일하는 부동산 회사로부터 입사 제안을 받았다(연봉은 낮았지만 실적에 따른 수수료가 높았다). 경험 없는 초짜라 두려웠지만 그 제안을 기꺼이 수락했다.
- 뭔가 판매하는 일을 끔찍이 싫어했지만 공부하기 시작했다. 세일즈와 자기계발 강좌를 듣기 시작했다(정말 힘들었지만 거절에 대처할 줄 알게 됐다).

- 2006년에 부동산 판매로 약 10만 파운드의 수익을 올렸다. 그전에 벌어본 1년 최고 수입의 네 배에 이르는 돈이었다(더 일찍 1999년에 부동산에 뛰어들었다면 어땠을지 상상해보라).

- 부동산 회사에서 마크와 함께 일하며 1년 동안 20개의 부동산을 매입했고, 2007년 1월 마크와 함께 프로그레시브 프로퍼티(Progressive Property)를 세웠다. 이 부동산 회사는 1억 파운드 이상 규모로 성장한 비즈니스 제국의 출발점이었다.

- 룸메이트에게 내가 시도한 변화에 대해 들려주었다. 나는 그 친구에게 방세를 받고 같이 살고 있었다. 2006년 이전에는 모기지 대출금 때문에 재정이 빠듯했기 때문이다. 친구는 이사를 나가면서 내게 CD 두 박스를 주었다. 나는 그림을 그리면서 그 CD를 들었는데, 미국인의 강연이었고 직설적이고 에너지가 넘쳐서 내 취향에 안 맞았다. 하지만 계속 들었다. 그 강연자는 토니 로빈스(Tony Robbins)였다. 그것이 내 인생을 완전히 바꾼 자기계발 여정의 출발점이었다.

- 토니 로빈스를 통해 크리스 하워드(Chris Howard)를 알게 됐다. 부동산 회사에서 지원해준 비용으로 크리스 하워드의 강좌를 들었고, 거기서 형성된 인맥 덕분에 우리 회사는 수수료 2만 5,000파운드 규모의 고객을 최소한 10명 확보했다. 나는 그의 강좌에서 우수한 학생이었기 때문에 그가 자기 프로그램을 홍보하는 과정에도 참여했다.

- 회사의 지원으로 오스트레일리아에 가서 크리스 하워드의 대중 강연 코스를 수강했다. 회사에서 개최하는 여러 행사에서 강연하고 상품을 판매했다. 또한 라이프 코치 교육을 받은 후 라이프 코치로 활동했으며, 이후 2006년 리빙 TV(Living TV)의 황금시간대 프로그램 〈겟 어 라이프(Get a Life)〉에도 출연했다.

- 라이프 코치로 활동한 덕분에 내 단골 미용사의 아버지로부터 꿈에 그리던 집을 사게 됐다(그 미용사는 내가 무료 코칭을 해주던 미용사였다).

- 회사 사장과 마크는 강연을 싫어했으므로 회사에서 개최하는 강연을 내가 맡기 시작했다. 대중 강연을 하면서 내게 늘 부족했던 자신감을 키울 수 있었다. 특히 낯선 사람과 대화하기 힘들어하는 성격이 개선됐다.

- 늘어난 자신감 덕에 어느 날 밤 놀러 나갔다가 여성들에게 말을 걸었다. 그들 중 한 명은 마크의 아내가 됐고, 나는 헬스클럽에서 봤던 다른 여성에게 데이트 신청을 해서 결국 결혼에 골인했다.

- 대중 강연 실력을 쌓은 후 최장 마라톤 강연 부문에서 세계기록 세 개를 깼다. 여러 자선단체를 위해 수십만 파운드를 모금했다.

- 강연을 계기로 여러 계약을 맺고 합작투자 사업이 성사됐으

며 지금까지도 강연은 내게 엄청난 수익을 가져다주고 있다.

- 크리스 하워드와의 친분 덕분에 홍보 파트너 회사 싱크 빅 에 듀케이션(Think Big Education)의 인수자로 추천받을 수 있었 다. 당시 이 회사는 경영난에 시달리고 있었다. 우리는 이 회 사를 5,000파운드에 인수했고 이후 2016년까지 매출 규모 1,100만 파운드의 회사로 성장시켰다.

- 교육 및 이벤트 사업체 두 개를 운영하며 이 사업 경험을 토 대로《부동산 투자 비법(Property Investing Secrets)》이라는 책 을 냈다. 이 책은 영국에서 부동산 사업 가이드 분야의 베스 트셀러다.

- 나는 18권의 책을 냈으며 그중 다수가 영국 내에서 베스트셀 러다.

- 《레버리지》의 성공 덕분에 세계 2위 규모의 출판사와 계약할 수 있었으며 15개 언어로 번역 출간 계약이 성사됐다.

- 《부동산 투자 비법》이 큰 호응을 얻어 부동산 교육 행사를 개 최하기 시작했다. 이 행사는 현재 우리에게 1억 2,000만 파운 드 이상의 매출을 발생시키는 사업 부문이다.

- 우리는 한 부유한 고객과의 만남을 계기로 케이맨제도에 가 서 개인 멘토링을 시작했다. 이후 10년 동안 케이맨 레거시 마스터마인드(Cayman Legacy Mastermind)를 진행했고 1년 중 한 달을 그곳에서 보냈다.

- 영국 최대의 부동산 네트워크 중 하나에 해당하는 프로그레시브 프로퍼티 네트워크를 설립했다.

- 2010년에 최대 규모의 부동산 콘퍼런스를 주최했다. 그곳에서 〈드래곤스 덴(Dragon's Den)〉의 제임스 칸(James Caan)을 만났다(〈드래곤스 덴〉은 사업 아이디어를 가진 사람이 투자자들 앞에서 사업 설명을 하고 투자금을 받아내는 TV 프로그램이다 – 옮긴이).

- 제임스 칸은 우리의 멘토가 되었고 이후 그를 통해 여러 백만장자 멘토를 만날 수 있었다.

- 마크와 내가 공동 소유한 20채의 부동산 덕분에 마크의 어머니와 양아버지로부터 자금을 지원받아 10개 이상의 부동산 계약을 더 체결했다. 그분들은 우리가 사무실과 교육 공간을 마련할 때도 재정적 도움을 주었다(나중에 이자를 붙여서 모두 갚았다).

- 위 계약 덕분에 각종 행사에 드는 막대한 비용으로 인한 리스크를 줄일 수 있었다. 과거에 우리는 1년에 2회 행사를 주최했지만 이제는 규모가 커져 1년에 진행하는 교육 및 행사 일수가 850일이 되었다.

- 우리가 보유한 부동산은 3년 만에 100개를 넘겼고 5년 후에는 250개가 되었다. 우리는 임대중개 에이전시 프로그레시브 레츠를 시작했다. 현재 프로그레시브 레츠는 약 1,000명의 임차인을 관리하고 있다.

- 2008년 금융위기 때 우리는 최고로 효율적인 계약을 다수 체결했다(코로나19 위기도 그런 기회가 될 수 있을까?).
- 우리의 교육 프로그램에 참여했던 여성의 남편이 합작투자 파트너가 되어 부동산 40채의 컨버전 프로젝트에 필요한 자금을 전액 댔다. 현재 그와 우리는 50 대 50의 공동 소유권을 유지하고 있다.
- 우리가 5,000파운드에 인수한 홍보 및 교육 회사가 2016년 '올해의 기업' 상을 받았다.
- 부동산 포트폴리오를 발판 삼아 피터버러에서 가장 규모가 큰 임대 부동산 컨버전 프로젝트를 사들였다.
- 부동산 사업으로 경제적 자유를 획득한 후 잠깐의 은퇴 기간을 여러 번 가졌다. 이때 세계 곳곳을 돌아다니며 아들을 골프 대회에 참가시켰다. 아들은 주니어 세계 골프 챔피언십(6세 이하)에 두 번 연속 참가했다. 여섯 살 때는 영국 챔피언십에서 공동 2위를 기록했고, 여덟 살이 될 때까지 여덟 번의 홀인원을 했다.
- 2016년 은퇴했을 때 《레버리지》를 썼다. 이 책은 출간된 지 수년이 지났지만 여전히 베스트셀러다.
- 시간적 여유가 생기면서 '파괴적 기업가' 팟캐스트를 시작했다. 이 팟캐스트는 1,000만 회의 다운로드 수를 기록했고 전 세계의 수많은 구독자를 보유하고 있다.

- 이 팟캐스트를 통해 여러 억만장자를 인터뷰했고 많은 유명 인사와 친분을 맺었다.
- 페이스북의 인플루언서가 되었다. 페이스북 스타스, 페이스북 서포터스, 페이스북 라이브 이벤트 등 여러 프리미엄 기능을 누리고 있다.
- 내 팟캐스트를 발판으로 우리는 영국 최대의 팟캐스트 에이전시 중 하나를 만들었다.
- 이 모든 것보다 더 중요한 건 좋은 사람들을 만났고, 그들과 우정을 쌓았고, 더 충만한 삶을 살았으며, 크게 웃고 더 많이 사랑할 기회들을 만났다는 사실이다.

≡≡ 이 책을 쓰기 시작한 후 붙잡은 기회

이 책의 집필에 들어간 이후에도 여러 기회가 찾아왔고, 내 것으로 만드는 데 성공했다.

- 제럴드 래트너와 함께 《삶을 재창조하라》를 썼다. 이 책은 출간 즉시 베스트셀러가 됐다.
- 자선단체 프린스 트러스트(The Prince's Trust)의 사회운동 그룹 RISE의 이사회 회원이 되어 '청년기업가회의(Young

Entrepreneurs Summit)'를 출범시켰다.

- 우리는 선불금과 고정 간접비에 대한 부담 없이 경쟁 회사를 인수했다.
- 우리의 시장점유율을 높이기 위해 몇 개의 회사를 더 인수하려고 진행 중이다.
- 코로나19 봉쇄 상황을 활용하는 방법을 주제로 돈을 받고 많은 강연을 했다.
- 5억 권의 책이 팔린 저자와 파트너십을 맺게 되었다.
- 쇼피파이(Shopify)와 관련된 새로운 전자상거래 교육 강좌를 시작했다.

최근 나는 '파괴적 기업가' 팟캐스트에 마크 빅터 한센(Mark Victor Hansen)을 초대해 인터뷰했다. 우리는 만나자마자 말이 잘 통해서 금세 친해졌다. 나는 예전에 그의 강연에서 들은 이야기를 꺼냈다. 그 강연에서 그는 목표 두세 개는 의미가 없다면서 101개의 목표를 세우라고 말했었고, 나는 그의 말을 따라 1년에 약 200개의 목표를 세웠다. 이 이야기를 들은 그는 무척 흥미를 느끼면서 내가 세우고 달성한 목표들 일부를 적어서 보내달라고 했다. 자기 책에 소개하고 싶다는 것이었다(그는 312권의 책을 썼고 무려 5억 부가 팔린 책의 저자다. 나는 다음 날 즉시 이메일을 보냈다)!

그 이메일에 담긴 목표들과 달성 시기는 다음과 같다. 지금 되

돌아보면 이 목표들을 이룰 수 있었던 건 굳건한 생각과 목적의
식, 기회를 붙잡은 결단 덕분이었다.

- 헬리콥터 조종법 배우기(29세에 달성).

- 백만장자 되기(31세에 달성).

- '올해의 기업' 상 수상(2016년에 달성).

- 다섯 살배기 아들의 스포츠 활동 지원하기(아들은 6세 이하 세
  계 골프 챔피언십에 여러 번 나갔다).

- 재단 설립하기(37세에 '롭 무어 재단'을 만들었다).

- 자선단체를 위해 100만 파운드 모금하기(목표액 이상을 달성).

- 꿈에 그리던 집 사기(35세에 달성).

- 꿈에 그리던 슈퍼카 사기(2010년에 페라리 테스타 로사 구매).

- 멋진 팟캐스트 진행자 되기(전 세계 수백만 명이 내 팟캐스트 '파
  괴적 기업가'를 듣고 있다).

- 베스트셀러 저자 되기(《머니》, 《레버리지》, 《결단》, 《확신》을 썼다).

- 인기 TV 프로그램의 진행자가 되거나 출연하기(2006년 리빙
  TV의 〈겟 어 라이프〉에 출연).

- 세계기록 깨기(최장 마라톤 강연 세계기록을 2013년에 처음 깼다).

- 멘토 되기(현재 영국의 많은 유명 인사의 멘토로 활동 중이다).

- 검은 띠 따기(현재 갈색 띠 보유. 검은 띠를 따려고 노력 중이다).

- 부동산 포트폴리오 갖기(현재 750채 이상을 관리하고 있다).

- 여러 개의 회사와 수입원 보유하기(우리는 현재 아홉 개의 사업을 운영 중이다).
- 큰 영감을 주는 세계적인 인물들 인터뷰하기(지금까지 15명의 억만장자를 인터뷰했다).
- 세금을 수백만 파운드 내기(자주 그런다!).
- 훌륭한 고용주이자 지역사회에 기여하는 사람 되기(현재 우리는 직원이 95명, 아웃소싱 인력이 수백 명, 지역 임차인이 750명 이상이다).
- 매출 및 커뮤니티 규모 면에서 영국 최대의 부동산 교육 회사 만들기(2016년에 달성).
- 글로벌 행사 기업 되기(코로나19 봉쇄 덕분에 달성).
- 최고의 멘토 구하기(현재 존 디마티니[John Demartini]가 나의 멘토다).
- 날마다 특별한 이유 없이(또는 이유를 갖고) 타인에게 친절 베풀기(지금도 계속 실천 중이다).
- 살고, 사랑하고, 웃기(날마다 노력한다).
- 내 책을 여러 나라에 번역 출간하기(15개 언어로 출간 계약을 맺었다).
- 세계적인 강연가 되기(세계 곳곳을 다니며 강연하고 있다).

기회는 운 좋은 사람에게만 찾아오는 것이 아니다. 스스로 행운을 만들고 기회를 창조해야 한다. 기회는 뭔가 이뤄지기를 기다리는 사람이 아니라 주도적으로 이뤄내는 사람을 위한 것이다. 그저 가만히 앉아 있어서는 안 된다. 빨리 실패하고 신속하게 다시 나아가야 한다. 일단 시작하라. 완벽해지는 건 나중에 해도 된다. 백 마디 말보다 실천이 중요하며 기회는 어디에나 무한하게 존재한다. 이 말을 항상 기억하라. '아무 위험도 감수하지 않으면 모든 것을 잃을 위험이 있다.'

참고 자료

롭 무어의 다른 저작 및 미디어 콘텐츠

I'm Worth More: Realize Your Value. Unleash Your Potential (John Murray Learning, 2019).

Life Leverage: How to Get More Done in Less Time, Outsource Everything & Create Your Ideal Mobile Lifestyle (John Murray Learning, 2016).

Money: Know More, Make More, Give More (John Murray Learning, 2017).

Start Now. Get Perfect Later. (John Murray Learning, 2018).

The Disruptive Entrepreneur, podcast, www.robmoore.com/podcast.

www.robmoore.com/.

이 책에 언급된 도서

Chopra, D., *The Seven Spiritual Laws of Success: A Practical Guide to the Fulfilment of Your Dreams* (Bantam, 1996).

Eastwood, J. D., Frischen, A., Fenske, M. J., and Smilek, D., 'The unengaged mind', *Perspectives on Psychological Science* 7.5 (2012): 482–95.

Ferriss, T., *The 4-Hour Workweek: Escape the 9-5, Live Anywhere and Join the New Rich* (Vermilion, 2011).

Garcia, G., *The Secret: Law of Attraction: Guide for Absolute Beginners* (CreateSpace, 2015).

Hill, N., *Think and Grow Rich* [1937] (TarcherPerigee, 2016).

Ratner, G., *Gerald Ratner: The Rise and Fall... and Rise Again* (Capstone, 2008).

Ratner, G. and Moore, R., *Reinvent Yourself* (Progressive, 2020).

Wallace, D., *Yes Man* (Ebury Press, 2005).

Wiseman, R., *The Luck Factor: The Scientific Study of the Lucky Mind* (Arrow, 2003).

기타 자료

Blinkist.

Seth Godin, *Akimbo*, podcast.

Inside Bill's Brain: Decoding Bill Gates (Netflix, 2019), documentary, directed Davis Guggenheim.

Matt Januszek, *Escape Your Limit*, podcast.

McQueen (2018), film, directed Ian Bonhôte and Peter Ettedgui.ted. com.

가능성을 현실로 만드는 방법
롭 무어 부와 성공의 기회

제1판 1쇄 발행 | 2022년 9월 5일
제1판 3쇄 발행 | 2023년 12월 15일

지은이 | 롭 무어
옮긴이 | 이수경
펴낸이 | 김수언
펴낸곳 | 한국경제신문 한경BP
책임편집 | 김종오
교정교열 | 김순영
저작권 | 백상아
홍보 | 서은실 · 이여진 · 박도현
마케팅 | 김규형 · 정우연
디자인 | 권석중
본문 디자인 | 디자인 현

주소 | 서울특별시 중구 청파로 463
기획출판팀 | 02-3604-590, 584
영업마케팅팀 | 02-3604-595, 562   FAX | 02-3604-599
H | http://bp.hankyung.com   E | bp@hankyung.com
F | www.facebook.com/hankyungbp
등록 | 제 2-315(1967. 5. 15)

ISBN 978-89-475-4842-7   03320